乔 刚 著

研究生教育治理中的
社会组织行为

THE BEHAVIOR

OF

SOCIAL ORGANIZATION

IN

GRADUATE EDUCATION

GOVERNANCE

社会科学文献出版社
SOCIAL SCIENCES ACADEMIC PRESS (CHINA)

序　言

党的十八届三中全会将完善和发展中国特色社会主义制度、推进国家治理体系和治理能力现代化作为我国全面深化改革的总目标，为新时代中国经济社会发展指明了方向。研究生教育处于国民教育体系的顶端，是国家培养造就大批德才兼备的高层次人才的基本途径，是国际人才竞争的重要支柱，是建设创新型国家的核心要素。研究生教育治理体系和治理能力现代化是国家治理体系和治理能力现代化的重要组成部分。2020 年 7 月，习近平总书记在对研究生教育工作做出的重要指示中强调，研究生教育在培养创新人才、提高创新能力、服务经济社会发展、推进国家治理体系和治理能力现代化方面具有重要作用。特别是在我国全面建设社会主义现代化国家的新征程上，推动研究生教育适应国内外新形势的需要，加快建设研究生教育强国，实现研究生教育的高质量、内涵式发展，不仅需要政府简政放权，更需要社会组织等其他治理主体的主动作为、协同参与、合作共治。

进入 21 世纪以来，中国学位与研究生教育学会等全国性、学术性、非营利性的社会组织，已经成为我国学位与研究生教育的高端智库和全体会员的研讨交流平台。我国研究生教育的社会组织在开展研究生教育规律探讨、加强研究生教育管理队伍建设、促进研究生培养模式改革和为政府决策提供咨询建议等方面发挥了重要作用，做出了突出贡献。

2020 年 7 月，全国研究生教育会议的召开，开启了我国研究生教育事业发展的新征程。为此，如何更好地发挥社会组织在研究生教育治理中的作用，助推研究生教育治理体系和治理能力现代化，是新时期我国研究生教育改革的重要命题。

乔刚博士的著作以国家治理体系和治理能力现代化为时代背景，以研究生教育为研究范畴，以社会组织为研究对象，运用文献分析法、比较研究法、案例分析法、访谈法等质性研究方法，在理论和实践结合的基础之上，对我国社会组织在研究生教育治理中的行为模式进行了深入、系统的研究。该著作选题极具时代特征，视角独特，论点鲜明，内容丰富，对于我国社会组织有效参与研究生教育治理提供了一定的理论遵循和实践指导。

我国研究生教育肩负着高层次人才培养和知识创新创造的重要使命，是国家发展、社会进步的重要基石。我国高等教育已经迈入普及化阶段，人民群众追求高水平研究生教育的愿望越来越强烈，研究生教育的地位越来越高、作用越来越大。只有加快研究生教育发展，建设研究生教育强国，推进研究生教育治理体系和治理能力现代化，才能为我国建设社会主义现代化强国提供更坚实的人才和智力支撑，才能为国家治理体系和治理能力现代化做出应有的贡献。

王战军

中国学位与研究生教育学会副会长

北京理工大学特聘教授

2020 年 9 月于北京

摘　要

　　推进国家治理体系和治理能力现代化是我国深化改革的总目标。研究生教育治理体系现代化是国家治理体系现代化的重要组成部分。加快推进我国研究生教育治理体系和治理能力现代化的基本路径是充分激发社会组织的内在活力，有效发挥其自身优势。

　　本书从社会组织的视角出发，对研究生教育治理问题进行了深入探讨。研究指出，社会组织是研究生教育治理的重要主体之一。本书以治理理论、组织理论、利益相关者理论和博弈理论为指导，以社会组织与其他治理主体之间的权责边界为基础，从理论层面构建了社会组织在研究生教育治理中的三种基本行为模式：委托－代理模式、松散关联模式、分离自主模式，并分析了它们的特质特征。其中，委托－代理模式、松散关联模式是政府等主体自上而下的改革行为，分离自主模式是社会组织自下而上的改革行为。

　　本书运用比较分析法，通过对美国、英国、法国三种不同行政体制下社会组织在研究生教育治理中的行为研究发现，在分权制的美国，社会组织是研究生教育治理的核心力量；英国的研究生教育治理则形成了由政府和社会组织共同参与的局面；在集权制的法国，具有政府背景的社会组织，在政府指导下独立自主开展研究生教育治理活动。此外，这些国家的社会组织在开展学术研讨、参与政策制定、提供咨询服务、独立实施评估等行为方式上具有共性。

本书运用组织理论和案例分析法、历史比较法等研究方法，对中国学位与研究生教育学会和中国高等教育学会的运行模式、组织职能等进行了系统分析，指出我国社会组织以加强研究生教育研究、主动发挥参政议政职能、开展第三方评价、创新研究生教育治理手段、完善自身制度建设、形成完整组织体系等为途径，为我国研究生教育治理体系和治理能力现代化做出了重要贡献。新时代，它们也面临着如何加强自身能力建设、发挥智库作用、提升服务水平和提高国际影响力等挑战。

本书在大量访谈、文献分析、国内外比较分析的基础之上提出，分离自主模式是我国社会组织在研究生教育中的理性选择。在分离自主模式下，社会组织要树立独立自主的行动理念，构建主动服务的行为意识，采取主动作为的行动方式，实施长效服务的行动机制。社会组织要以创新驱动为基础完善内部治理结构，以深化改革为核心强化自身公信力建设，以"管办评"分离为目标明晰多元主体关系，以提高服务为根本增强核心竞争力建设，构建多元主体和谐共治的关系。

关键词： 研究生教育　社会组织　治理　行为模式

Abstract

The governance system and the modernization of governance capacity are the general goals of deepening reform in China. The modernization of the graduate education governance system is an important part of the modernization of the state governance system. The basic approach to speeding up the development of graduate education governance system and modernizing its governance capabilities in China is to fully stimulate the inherent vitality of social organization and effectively bring its superiority into full play.

From the perspective of social organization, this thesis discusses the issues of graduate education governance in-depth. Social organization is one of the main subjects of graduate education governance. Based on governance theory, organization theory, stakeholder theory and game theory, with the foundation of boundary of rights and responsibilities between social organization and other governance subjects, this paper theoretically constructs three basic behavior patterns of social organization in the governance of graduate education, the principal-agent model, the loose association model and the separation autonomy model, and analyzes the traits of the three. Among the three model, the principal-agent model and the loose association model are the top-down reform behavior of the government and other subjects. The separation autonomy model is the bottom-up reform behavior.

Using comparative analysis to analyze the behavior of social organization in the governance of graduate education under three different administrative systems, the United States, Britain and France, it is found that social organizations are the core force of graduate education governance in decentralized America. While in the United Kingdom, the situation is the government and the social organizations work together. And in the centralized system of France, the social organizations, with the government background, independently carry out graduate education governance activities under the guidance of the government. It is also found that the social organizations in these countries share commonalities in the aspects of conducting academic seminars, participating in policy formulation, providing advisory services, and independently implementing assessment.

This thesis systematically analyzes the operation modes and organizational functions of the Chinese Association of Degree and Graduate Education and the Chinese Association of Higher Education by using the organization theory, case analysis and the historical comparative method. It points out that social organizations in China should strengthen graduate education study, take the initiative to play a full part in political participation, carry out the third party evaluation, innovate the means of graduate education and management, perfect the construction of its own system and form a complete organizational system in order to make important contributions to the modernization of China's graduate education governance system and governance capacity. In the new era, the Chinese Association of Degree and Graduate Education and the Chinese Association of Higher Education also face the challenges of how to strengthen their capacity building, play the role of a think tank, improve their service standards and enhance their international influence.

Based on a large number of interviews, literature review and comparative analysis both home and abroad, this thesis proposes that the separation autonomy mode is a rational choice for social organizations in graduate education in China, and it would make a difference. Under separation autonomy mode, the social organizations should establish a concept of independent operation, construct a sense of initiative service behavior, adopt a proactive approach and implement long-term service and action mechanisms. Social organizations should also use innovation as basis, improve the internal governance structure, deepen the reform as the core, strengthen the building of their own credibility, aim at the separation of management and evaluation, clarify the relationship with multiple subjects, improve services and enhance the construction of core competitiveness, build a harmonious relationship with multiple subjects.

Keywords: Graduate Education; Social Organization; Governance; Behavior Model

目　录

第一章　绪论

第一节　研究背景

党的十八届三中全会提出我国全面深化改革的总目标是完善和发展中国特色社会主义制度，推进国家治理体系和治理能力现代化。全面深化改革，需要不断创新社会治理体制，充分激发社会组织活力。为此，一方面需要正确处理政府和社会的关系，加快实施政社分开，推进社会组织明确权责、依法自治、发挥作用。① 另一方面，政府需要将适合由社会组织提供的公共服务和解决的事项，交由社会组织承担，并重点培育和优先发展行业协会等社会组织。与此同时，与世界其他国家相比，我国社会组织在发展过程中还面临着参与社会活动领域少、层面低等诸多困境。随着我国市场经济的逐步发展，政府日益认识到，单一的政府管理模式根本无法适应社会经济发展的长久需要。实现由全能型政府向有限型政府转变，需要调动多元主体的力量，共同参与社会公共事业的治理。就我国研究生教育事业而言，当前我国研究生教育事业发展面临的问题更

---

① 《中共中央关于全面深化改革若干重大问题的决定》，http://cpc.people.com.cn/n/2013/1115/c64094-23559163.html，最后检索时间：2020年6月11日。

加复杂，利益相关者更加多元，单一依靠政府的管理已经无法满足我国研究生教育发展的现实需要。破解我国研究生教育发展中的深层次矛盾，加快推动我国研究生教育由外延式扩张向内涵式发展，实现我国研究生教育由大向强的发展目标，需要我国研究生教育由单一管理走向多元共治。

一 我国研究生教育快速发展使研究生教育治理问题日益突出

自 20 世纪 90 年代治理理论兴起以来，经过 20 多年的发展，这一理论已经成为当今世界各国治国理政的基本理念。党的十八届三中全会将推进国家治理体系和治理能力现代化作为我国社会改革的总目标，为我国经济社会发展指明了方向。党的十九届四中全会审议通过了《中共中央关于坚持和完善中国特色社会主义制度推进国家治理体系和治理能力现代化若干重大问题的决定》。在这一时代背景下，实现我国研究生教育从管理走向治理、加快推进研究生教育治理体系和治理能力现代化，成为新时代我国研究生教育综合改革面临的一项重要而紧迫的任务。

经过 40 多年的持续发展，我国研究生教育逐步由外延式扩张向内涵式发展转变。截至 2019 年，我国研究生培养机构共 828 个，其中，普通高等学校 593 个，科研机构 235 个。[①] 2019 年，全国共招收研究生 91.65 万人，是 1978 年的 85.59 倍（见表 1-1）。截至 2019 年，全国在学研究生 286.37 万人，其中，在学博士生42.42 万人，在学硕士生 243.95 万人，是 1978 年的 261.91 倍（见表 1-2）；毕业研究生 63.97 万人，其中，毕业博士生 6.26 万人，

---

① 中华人民共和国教育部：《2019 年全国教育事业发展统计公报》，http://www.moe.gov.cn/jyb_ sjzl/sjzl_ fztjgb/202005/t20200520_ 456751.html，最后检索时间：2020 年 6 月 11 日。

毕业硕士生 57.71 万人。截至 2019 年，全国共有研究生导师 462099 人，其中，博士生指导教师 19341 人，硕士生指导教师 346686 人，博士、硕士生指导教师 96072 人。2010～2019 年，导师规模增长了 77.41%。2018 年，来华留学硕博研究生总人数达到 8.5 万人。20 多年间，来华研究生人数增长了 69.48 倍（见表 1－3）。对此，我们不能只看到我国研究生教育规模的扩展，更应该深刻地认识到，我国研究生教育系统的利益相关者版图发生了深刻变化，研究生教育主体更加多元化、组织更加复杂化、结构更加多样化和诉求更具多样性，研究生教育比以往任何时候都更加复杂。同时，研究生教育主体本身结构的复杂性、规定的多重性和需求的多样性，导致了价值的多维性、多重性和多面性。①

表 1－1 1978～2019 年全国研究生招生人数

单位：人

年份	研究生招生人数
1978	10708
1979	8110
1980	3616
1981	9363
1982	11080
1983	15642
1984	21970
1985	39891
1986	37007
1987	36738
1988	34169
1989	27729

① 王战军、乔刚、李芬：《高等教育质量保障新类型：监测评估》，《高等教育研究》2015 年第 4 期，第 39～42、60 页。

续表

年份	研究生招生人数
1990	28434
1991	29602
1992	33348
1993	41889
1994	50756
1995	50925
1996	54588
1997	63749
1998	72508
1999	86778
2000	128484
2001	165197
2002	202611
2003	268925
2004	326286
2005	364831
2006	397925
2007	418612
2008	446422
2009	510963
2010	538177
2011	560168
2012	589673
2013	611381
2014	621323
2015	645055
2016	667064
2017	806103
2018	857966
2019	916503

　　资料来源：1978～1996年数据引自历年《中国教育统计年鉴》，1997～2019年数据来自教育部发展规划司编印的历年《中国教育事业发展统计简况》。

表 1 - 2　1978~2019 年全国在学研究生人数

单位：人

年份	在学研究生总数	在学博士研究生数	在学硕士研究生数
1978	10934	0	10934
1979	18830	0	18830
1980	21604	0	21604
1981	18848	0	18848
1982	25847	536	25311
1983	37166	737	36429
1984	57566	1243	56323
1985	78806	3639	75167
1986	98963	5654	93309
1987	113452	8969	104483
1988	108901	10525	98376
1989	98946	10998	87948
1990	92030	11345	80685
1991	87873	12331	75542
1992	93975	14558	79417
1993	106405	17570	88835
1994	127651	22660	104991
1995	145148	28752	116396
1996	149570	30190	119380
1997	175629	39927	135702
1998	198356	45246	153110
1999	232563	54038	178525
2000	300437	67293	233144
2001	392364	85885	306479
2002	500873	108737	392136
2003	650802	136687	514115
2004	819896	165610	654286
2005	978610	191317	787293
2006	1104653	208038	896615
2007	1195047	222508	972539
2008	1283046	236617	1046429
2009	1404179	242996	1161183
2010	1537652	258802	1278850

年份	在学研究生总数	在学博士研究生数	在学硕士研究生数
2011	1644991	271055	1373936
2012	1718948	283615	1435333
2013	1792788	297828	1494960
2014	1847689	312676	1535013
2015	1911406	326687	1584719
2016	1981051	342027	1639034
2017	2639561	361997	2277564
2018	2731257	389518	2341739
2019	2863712	424182	2439530

资料来源：1978～2013 年数据引自历年《中国教育统计年鉴》，2014～2019 年数据来自教育部发展规划司编印的《中国教育事业发展统计简况》。

表 1-3 1996～2018 年来华留学研究生人数

单位：人

年份	研究生人数	硕士生研究生人数	博士生研究生人数
1996	1207	869	338
1997	1562	1088	474
1998	2757	1907	850
1999	2896	2000	896
2000	3251	2192	1059
2001	3571	2377	1194
2002	5247	2858	1389
2003	5034	3397	1637
2004	5815	3883	1932
2005	7111	4807	2304
2006	8643	5966	2677
2007	10846	7628	3218
2008	14281	10373	3908
2009	18978	14227	4751
2010	24866	19040	5826
2011	30376	23453	6923
2012	36060	27757	8303
2013	40602	30828	9774

年份	研究生人数	硕士生研究生人数	博士生研究生人数
2014	47990	35876	12114
2015	53572	39205	14367
2016	63867	45816	18051
2017	(7.58 万)	——	——
2018	85062	59444	25618

资料来源：1996～2003 年资料来源于历年《中国教育统计年鉴》，2009～2018 年资料来源于历年教育部国际合作与交流司出版的《来华留学生简明统计》，2017 年教育部未公布确切数据，特用括号标记。

除了我国研究生教育自身发生了巨大变化外，我国研究生教育面临的外部环境也日趋复杂多变。首先，我国研究生教育规模的不断扩大，使得研究生教育利益相关者群体显著增加。他们不仅要求了解我国研究生的教育状态，甚至要求参与到研究生教育的日常活动当中。其次，我国市场经济的建立需要研究生教育体制与之相适应。特别是随着我国研究生教育经费来源日益多元化，利益相关者对研究生教育的关切也随之增加。最后，研究生就业形成了供大于求的局面，市场在研究生就业中发挥着决定性作用。此外，我国研究生教育国际合作与交流的深度和广度前所未有。这些情况都表明，我国研究生教育的外部环境发生了重大变化。

我国研究生教育发展的内外部环境变化提醒我们，破解研究生教育发展中的矛盾和冲突，推动研究生教育的长久发展，要求我们必须转变观念，实现从政府单一管理走向多元主体共治，这是我国研究生教育发展的必然趋势。为此，不仅需要政府转变职能、简政放权，更需要社会组织贡献智慧，从而实现在研究生教育的利益相关者之间重新分配权力，如此才能从根本上厘清彼此的权力与责任边界和运作规则，达到治理主体之间权力与责任的一致，进而实现研究生教育治理的民主化、科学化、法制化和理性化。

二 研究生教育治理过程中社会组织的作用越来越凸显

教育现代化是国家现代化的基石。研究生教育治理体系和治理能力现代化是研究生教育现代化的重要组成部分，也是研究生教育综合改革的核心任务。研究生教育治理的现代化是对以往研究生管理的历史超越，它所呈现的是政府、研究生培养单位、社会组织等研究生教育治理主体之间互相信任、整体协调、相互啮合及集体行动的最佳状态。在研究生教育治理中，大多数利益相关者意志和主张彰显的程度，利益相关者之间真实享有和行使权力的范围和大小，以及彼此的协调性，是衡量研究生教育治理体系和治理能力现代化的重要标准。推进研究生教育治理的现代化，就是要顺应经济社会发展的新形势、新阶段、新要求，以实现研究生教育现代化为目标，以构建政府、研究生培养单位、社会新型关系为核心，以全面推进"管办评"分离为切入点，建立系统完备、科学规范、运行有效的制度体制和管理体制，形成政府宏观管理、研究生培养单位自主培养、社会广泛参与的格局，更好地调动中央和省级研究生管理部门的积极性，更好地发挥每个研究生培养单位的自主性，更好地激发全社会的活力。为此，需要将社会组织等利益相关者纳入进来，改善我国研究生教育治理结构，优化政府、研究生培养单位、社会、市场之间的关系，增强我国研究生教育的适应性，从而使研究生教育的现代功能得到更好发挥。这也是新时代有效提升社会组织在研究生教育治理中的地位，更好地发挥社会组织在研究生教育治理中的作用，实现我国研究生教育治理现代化的必然趋势。

此外，当前我国研究生教育与世界发达国家相比、与经济社会发展需求相比、与人民群众对优质教育的期盼相比，还存在较大差距。比如，部分研究生培养单位的研究生教育发展还跳不出外延式发展思维，提高培养质量的内生动力不足；研究生知识水平与实践能力还不匹配，创新能力亟待提升，研究生质量保障体系需进一步健全；研究生教育对国家重大发展战略的支撑还不够等。① 与此同时，我国研究生教育长期处于单一的、自上而下的政府管理模式，社会组织等利益相关者参与研究生教育治理的程度不够、活力不足，在很大程度上制约着我国研究生教育事业的长久发展。为此，提高我国研究生教育质量，满足广大人民群众对研究生教育的多样化需求，实现研究生教育现代化，国家必须创新研究生教育治理体系，提升研究生教育治理能力。其中，治理体系创新的核心就在于社会组织主动参与研究生教育治理活动，发挥其在协调、评价、监督等方面的作用，为我国研究生教育治理体系和治理能力现代化贡献智慧和力量。

三　"放管服"改革为社会组织参与研究生教育治理提供了良好环境

深化"放管服"改革作为我国行政管理体制改革的核心，是政府职能转变的核心理念。其中，"放管服"的核心就是重新界定政府、市场、社会之间的边界和权责关系，通过激发市场活力和社会创造力，避免政府在公共事务管理中的缺位和越位。近年来，我国政府加大转变政府职能、简政放权力度，把原先由政府承担的部分服务性、公益性、社会性事务，逐步交由社会组织承担。在研究生教育领域，政府出台了一系列规章制度，加大"放管服"改革的力度，为社会组织积极参与研究生教育治理提供了制度保障。特别是党的十八大以来，我国政府及研究生教育行政管理部门先后出台的一系列重要文件，都明确提出要充分发挥社会组织在研究生教

---

① 刘延东：《在国务院学位委员会第三十三次会议上的讲话》，http：//www. moe. gov. cn/jyb_xwfb/moe_176/201703/t20170313_299224. html，最后检索时间：2020 年 6 月 11 日。

育治理中的作用。如《教育部 国家发展改革委 财政部关于深化研究生教育改革的意见》（教研〔2013〕1号）提出，加快建设以教育行政部门监管为主导，行业部门、学术组织和社会机构共同参与的质量监督体系。《国务院学位委员会 教育部关于加强学位与研究生教育质量保证和监督体系建设的意见》（学位〔2014〕3号）明确指出，要充分发挥中国学位与研究生教育学会等学术组织在研究生教育质量调查研究、标准制定、评估论证及学风建设等方面的重要作用。2017年教育部、国务院学位委员会印发的《学位与研究生教育发展"十三五"规划》（教研〔2017〕1号），从研究生招生到研究生质量监督，从专业学位人才培养过程与评价到来华留学生奖学金体系，都强调要建立健全社会力量支持、参与、监督的研究生教育发展长效机制。全国专业学位研究生教育指导委员会、中国学位与研究生教育学会等组织机构，要根据规划目标任务和职责定位，积极发挥在质量标准制定、跟踪评价、咨询与信息服务等方面的作用。随着我国政府"放管服"改革的不断深入，政府逐渐成为公共服务的需求者和购买者，社会组织在研究生教育治理中的作用必将日益凸显。

四 社会组织的发展为其参与研究生教育治理奠定了良好基础

在党的十八届三中全会发布的《中央关于全会深化改革若干重大问题的决定》中，我国政府首次在国家重大方针政策中使用了"治理"一词，并提出"国家治理""社会治理"等概念。"治理"是各类权力部门、公共部门及各类社会组织等利益相关者对于国家和社会事务的平等参与、共同协商、多向互动过程。社会组织作为现代社会治理的重要主体之一，其参与社会治理的深度和广度，在很大程度上决定了我国社会治理的总体水平和能力。1994

年《国务院关于〈中国教育改革和发展纲要〉的实施意见》明确指出，为保证政府职能的转变，使重大决策经过科学的研究和论证，要建立健全社会中介组织，包括教育决策咨询研究机构、高等学校设置和学位评议与咨询机构、教育评估机构、教育考试机构、资格证书机构等，发挥社会各界参与教育决策和管理的作用。党的十八大以来，我国政府更是日益突出社会组织在社会发展和改革进程中的地位，并采取多项举措鼓励和支持社会组织的持续健康发展。数据显示，截至 2018 年底，全国共有社会组织 81.7 万个，其中教育类社会团体 10102 个①。

　　研究生教育治理作为国家治理的重要组成部分，更需要社会组织的积极参与和推动。近年来，我国社会组织在研究生教育治理中的作用日益增强，成为研究生教育治理的重要力量。特别是中国学位与研究生教育学会、中国高等教育学会等社会组织，在承接政府职能、为政府建言献策、开展教育科学学术活动、研讨教育理论、提升实践经验、进行科研项目规划和成果评选、开展国际交流与合作、组织科研机构协作等方面发挥了重要作用，为我国教育治理的科学化和理性化提供了大量的智力支持。如中国高等教育学会在2008 年启动"遵循科学发展，建设高等教育强国"重大研究课题，诸多研究成果直接影响了政府的教育决策。如"建设高等教育强国"已被正式列入《国家中长期教育改革与发展规划纲要（2010-2020 年）》，这标志着建设高等教育强国从民间讨论和学术研究正式转化为政府行为和国家意志。② 中国学位与研究生教育学

---

① 中华人民共和国民政部：《2018 年民政事业发展统计公报》，http：//www.mca.gov.cn/article/sj/tjgb/201908/20190800018807.shtml，最后检索时间 2019 年 9 月 17 日。

② 中国高等教育学会：《"遵循科学发展　建设高等教育强国"重大研究项目教育理念创新结题鉴定会会议纪要》，http：//www.hie.edu.cn/old/zhuanti（xin）/20110726/1/1.html，2017 年 4 月 25 日。

会通过搭建多种服务平台，在组织开展研究生教育的科学研究和学术交流，研究生教育的专题调研和评估，向国家及研究生教育管理部门建言献策，开展国际合作与交流，研究生质量评价，服务会员及社会等方面发挥了重要作用。[①] 如果说利益相关者的参与集中体现了治理民主化的要求，那么社会组织参与教育治理则集中体现了治理科学化和理性化的要求。[②]

第二节　问题提出

在当前国家加快推进治理体系和治理能力现代化、建设研究生教育强国的进程中，如何加快推进研究生教育治理体系和治理能力现代化成为一个亟待解决的理论与实践问题。本书以研究生教育的"管办评"分离为切入点，试图运用治理理论、组织理论、利益相关者理论和博弈论等理论作为分析工具，以推动我国研究生教育治理体系和治理能力现代化为目标，提出社会组织在研究生教育治理中的行为模式，并聚焦以下六个方面的问题：（1）长期以来，我国社会组织在研究生教育治理中的地位如何，发挥了哪些作用？（2）当前制约我国社会组织在研究生教育治理中有效作为的核心要素都有哪些？（3）国外相关社会组织在研究生教育治理中行之有效的经验和做法，哪些值得我们去借鉴和学习？（4）国外社会组织的组织制度、运行体制机制、组织结构等，对其在研究生教育治理中有效发挥作用都起到了哪些帮助？（5）我国社会组织的运行模式是什么，其组织职能等有哪些，它

---

① 赵沁平：《中国学位与研究生教育学会的价值与定位》，《学位与研究生教育》2015年第4期，第1~4页。

② 褚宏启、贾继娥：《教育治理中的多元主体及其作用互补》，《教育发展研究》2014年第19期，第1~7页。

们在参与研究生教育治理的过程中都遇到了哪些机遇和挑战？
（6）在研究生教育治理体系和治理能力现代化建设进程中，我国
社会组织可以在哪些方面发挥更大的作用，其理性的行为模式是
什么？

一　本研究的逻辑起点

推进国家治理体系和治理能力现代化，是当前和今后一个时期
我国深化改革的总目标。研究生教育综合改革作为我国深化改革的
重要领域，一切改革的核心要义和行动方向，都应该自觉围绕这一
总目标开展，服务于这一总目标、落实这一总目标。深化研究生教
育综合改革，需要激发社会活力，充分发挥社会力量的作用。《国
家中长期教育改革与发展规划纲要（2010－2020年）》作为21世
纪我国重要的教育政策文件，明确提出"积极发挥行业协会、专
业学会、基金会等各类社会组织在教育公共治理中的作用"。在该
文件中，发挥社会组织在教育治理中的作用首次正式出现在国家重
大教育政策当中，表明国家日益重视和强调发挥社会力量在教育治
理中的作用。《中共中央关于全面深化改革若干重大问题的决定》
作为我国全面深化改革的全方位战略部署，在"推进社会事业改
革创新"部分详细论述"深化教育领域综合改革"时，再次明确
指出，"深入推进管办评分离，……委托社会组织开展教育评估监
测"。在"创新社会治理体制"部分，专门论述了激发社会组织在
社会公共事务中活力的多项具体举措。《学位与研究生教育发展
"十三五"规划》作为"十三五"时期我国研究生教育事业发展的
纲领性文件，更是多次提及应充分发挥社会力量在研究生教育治理
中诸多方面的作用。在国家一系列政策中，有关社会组织作用的论
述，构成了本书的政策根基。

透过以上国家有关研究生教育重大政策的文件可以发现，发挥

社会组织在社会各项事业治理包括研究生教育治理中的作用，已经在国家层面达成共识，获得了强大的政治推动力。可以预期，社会组织在我国研究生教育治理中必将发挥日益重要的作用，必将会改变我国研究生教育管理的内在结构和外在功能，从而改变我国研究生教育的权力分布格局和改革走向。在这些国家重大政策的文本表述中，无论是"发挥社会组织在教育治理中的作用"，还是具体到"发挥中国学位与研究生教育学会等组织在质量标准制定、跟踪评价、咨询与信息服务等方面的作用"，均面临着理论分析和实践探索，即这些政策如何真正落实的问题，进而涉及社会组织到底在哪些方面、如何发挥作用的问题。因此，本书认为，只有从学理角度探讨社会组织在研究生教育治理中的行为模式，使之具有坚实的理论根基，才能在实践层面做到有的放矢、有序推进，这也是本书问题开展的逻辑起点。

二 研究的主要问题

明确研究问题，是科学研究的出发点。本书选择社会组织在研究生教育治理中的行为作为研究问题进行深入系统研究，是基于多方面的思考。一方面，近年来，国内外社会组织广泛参与到社会生活的诸多方面，特别是在医疗、养老、教育等公共服务领域中长期发挥着重要作用。对社会组织在社会生活中的实践活动，各国学者给予了高度的关注和深入研究。尤其是社会组织如何参与教育治理，已经成为社会学、政治学、教育学和公共管理学等学科研究的热点问题。就我国而言，在当前我国政府正在大力推进转变职能、简政放权、优化服务的进程中，社会组织获得了一定的资源和地位，得到了较快的发展。但是，社会组织自身是否已经具备承接政府职权的能力和条件，它们今后在哪些方面、如何发挥自身功效，去推动我国研究生教育事业的长久发展？要想深入探究这些问题，我们要以社会组织为研究对象，对其进行深入系统的剖析，才能更好地回答这个问题。另一方面，社会组织作为研究生教育的重要利益相关者，它全面参与到研究生教育治理活动当中来，有助于深化研究生教育综合改革，也能够为我国经济社会发展提供强大的智力支持。

同时，研究生教育治理是一个非常宏大的研究命题，选择切入点是其中的一个关键因素。当前我国社会组织整体还不成熟，特别是长期关注和服务于研究生教育的社会组织更是少之又少，如何寻找二者之间的契合点是本书研究的关键。为此，本书关注的问题为我国有哪些社会组织长期参与研究生教育领域的治理活动？它们参与的范围、程度如何，发挥了哪些作用？它们在研究生教育治理中的行为方式都有哪些？制约其行为方式的核心因素都有哪些？与其他主体之间如何划分权力边界？此外，目前国外类似的社会组织如何在本国研究生教育治理中发挥作用，有哪些经验值得借鉴？国外社会组织在参与研究生教育治理过程中遇到了哪些困难，需要我国社会组织在研究生教育治理活动中去规避？当前和今后一个时期我国社会组织应从哪些方面，采取何种行为模式参与研究生教育治理，才能更好地推动我国研究生教育治理体系和治理能力现代化。围绕这一系列的问题，本书将逐步进行深入系统阐释。当然，本书并不是为了归纳或总结出社会组织参与研究生教育治理的几种固定行为模式，而是为社会组织在研究生教育治理中发挥更大的作用提供新理念、新思维、新路径。本书认为，基于"管办评"分离的角度，去探讨社会组织在研究生教育治理中的作用，并在此基础之上构建不同的行为模式，才能真正有助于发挥社会组织在研究生教育治理中的作用，才能加快推进我国研究生教育治理体系和治理能力现代化，实现我国建设研究生教育强国的目标。

三　研究意义

当前，我国正处于全面建成小康社会的决胜时期。实现中华民族伟大复兴的中国梦和"两个一百年"的奋斗目标，对研究生教育的需要比以往任何时候都更加迫切，对创新型卓越人才的渴求比以往任何时候都更加强烈。推进我国经济社会持续健康发展，建设经济强国、科技强国、文化强国、教育强国，对研究生教育提出了新的、更高的需求和期望。这就要求我们深刻认识、全面把握我国研究生教育在党和国家发展全局中的战略地位，认清肩负的神圣使命，加快改革发展步伐。近年来，国家出台了一系列政策积极鼓励和支持社会组织参与社会治理活动，加快推动了我国社会组织的快速发展；社会组织的快速健康发展，也持续助推了我国社会各项事业的改革。特别是党的十八届三中全会提出我国全面深化改革的总目标以来，充分发挥社会组织在加快推进国家治理体系和治理能力现代化中的重要作用，成为当前和今后一个时期我国深化综合改革的重要突破口。

（一）理论意义

研究生教育是一个复杂的组织体系，其治理的过程是利益相关者之间互相进行权力博弈、共同承担责任、共同分享资源、实现社会公共利益最大化的过程。研究生教育治理的重心在于从内部治理和外部治理两个层面上获得社会的广泛参与，形成政府宏观管理、高校自主办学、社会广泛参与的研究生教育治理格局，才能最终实现善治的目标。为此，必须明晰社会组织在研究生教育治理中的责任边界、提升社会组织在研究生教育治理中的地位，发挥社会组织在研究生教育治理中的独特作用，有助于形成科学、有效的研究生教育治理体系，推动我国研究生教育生态系统健康发展，提升研究生教育治理的能力，保障研究生教育利益相关者的权益。我国研究生教育经过 40 余年特别是近十多年的规模发展，正式进入以质量和内涵为主题的"质量时代"。① 全面提高我国研究生教育质量，推动我国研究生教育走内涵式发展道路，坚定不移地深化研究生教育综合改革，既需要加强研究生教育的顶层设计，更需要研究生教育的各利益相关者积极参与、共同努力，才能真正发挥研究生教育作为高端人才聚集器、国家科技创新倍增器和中华优秀文化传承创新推进器的作用。

本书从学理角度探讨当前我国社会组织在研究生教育治理中地位缺失、作用失灵等问题，并深入分析产生该问题的缘由，有助于丰富和拓展我国社会组织发展的相关理论。构建社会组织在研究生教育治理中的基本行为模式，有助于拓展我国社会组织服务研究生教育治理的范畴。从我国社会组织在研究生教育中的现实困境出发，阐释我国社会组织在研究生教育治理中的应然举措和实然行为，有助于明确当前我国社会组织在研究生教育治理中的地位，为更好地发挥社会组织在研究生教育治理中的作用提供重要理论参考。社会组织参与研究生教育治理活动，是实现教育范式由"自上而下"向"自下而上和自上而下相结合"转变的具体表现，是启动和激活研究生教育综合改革的重要机制，也是实现研究生教育治理民主化的本质要求。它既能够推动社会组织自身的建设和发展，也能够为我国研究生教育治理体系和治理能力建设提供理论参考和实践支撑，为实现我国建设研究生教育强国目标做出贡献。

（二）现实意义

当前，我国社会事业发展迈入新时代，社会主要矛盾已经转换为人民日益增长的美好生活需要和不平衡不充分的发展之间的矛

---

① 研究生教育质量报告编研组：《中国研究生教育质量年度报告（2015）》，中国科学技术出版社，2016，第 1 页。

盾。为了适应我国经济社会事业发展的新形势、新要求，准确把握我国研究生教育发展中所面临的新机遇、新挑战，实现研究生教育事业发展的新突破，需要包括社会组织在内的利益相关者共同努力。但是，在研究生教育治理过程中，到底哪些社会组织能在研究生教育治理中有所作为，在哪些方面有所作为，这些社会组织在研究生教育治理中的地位与作用、价值取向、行为方式、行为效果等，是研究生教育治理过程中亟待解决的实际问题。

本书以当前我国全面深化综合改革、加快推进国家治理体系和治理能力现代化为背景，对社会组织在承接政府有关研究生教育职能转移过程中如何界定彼此责任边界、准确进行自身定位及如何开展活动进行了深入研究。通过研究，构建适合我国社会发展实际需要、满足教育发展基本规律并切合我国社会组织实际的行为模式，能够推进我国社会组织自身的发展和建设，有助于加快政府职能转变、简政放权，更好地推动我国研究生教育综合改革。对美国、法国、英国三国社会组织在研究生教育治理中的行为进行比较，能够帮助我们更好地认识和把握国外社会组织在研究生教育治理中的价值取向、运行模式、与政府的责任边界和权力分配等，为我国社会组织的发展及其在研究生教育治理中发挥作用提供现实经验。以中国学位与研究生教育学会和中国高等教育学会为案例进行实证研究，从实践层面探讨它们在研究生教育治理中的地位和作用，具有明确的研究对象和研究内容，现实针对性较强，能为它们自身的建设和发展提供有益的、可供参考的具体建议；同时，通过分析它们在研究生教育治理中的发展目标、组织定位、运行模式、管理体制、行为方式与外部环境等内容，寻找出制约我国社会组织为研究生教育治理提供服务的关键因素，深入剖析深层次缘由，并提出针对性对策，帮助我国社会组织精准定位，使之在研究生教育治理中更好地发挥作用。

第三节 核心概念界定

一 社会组织的界定

关于社会组织的定义，目前国内外学者还未达成共识，缺乏一个统一的界定。与之相类似的概念包括"第三部门""非营利组织""公民社会组织""民间组织""民间非营利组织"等。在实践方面，各国之间由于语言运用的习惯、意识形态的差异等，使用不同词语并对这些概念有不同的阐述。为此，在使用社会组织这一词语时，我们必须首先对其进行准确界定。因为对核心概念进行科学准确、清晰的界定，是深入开展研究的基础和前提。

社会组织一词最早在我国政府的正式文件中出现，是在第十届全国人大二次会议的《政府工作报告》中。报告在强调政府职能转变、全面推进依法行政时明确提出："要加快政企分开，进一步把不该由政府管的事交给企业、社会组织和中介机构，更大程度地发挥市场在资源配置中的基础性作用。"2006 年 10 月，中国共产党第十六届六中全会做出的《中共中央关于构建社会主义和谐社会若干重大问题的决定》（以下简称《决定》）中对社会组织的地位与作用进行了系统阐述。《决定》指出："健全社会组织，增强服务社会功能。坚持培育发展和管理监督并重，完善培育扶持和依法管理社会组织的政策，发挥各类社会组织提供服务、反映诉求、规范行为的作用。发展和规范律师、公证、会计、资产评估等机构，鼓励社会力量在教育、科技、文化、卫生、体育、社会福利等领域兴办民办非企业单位。发挥行业协会、学会、商会等社会团体的社会功能，为经济社会发展服务。发展和规范各类基金会，促进公益事业发展。引导各类社会组织加强自身建设，提高自律性和诚信度。"此后，在多次《政府工作报告》和相关政府文件中，社会组织作为一个专有名词频繁出现，并涉及我国社会生活的各个方面。

当前，我国所谓的社会组织这一概念主要作为对国内民间组织、第三部门、非营利组织与非政府组织的统称。王浦劬等认为，社会组织是一个中文语境下的概念，广义的社会组织是指除党政机关、企事业单位以外的社会中介组织；狭义的社会组织是指由各级民政部门作为登记管理机关，纳入登记管理范围的社会团体、民办非企业单位和基金会这三类社会组织。① 王名认为，社会组织泛指在一个社会里由各个不同社会阶层的公民自发成立的、在一定程度上具有非营利性、非政府性和社会性特征的各种组织形式及其网络形态。② 马庆钰认为，中国社会组织就是那些相对独立于国家政府系统和政党系统，以社会成员的自我组织、自主管理为基础，以社会公益活动或者互益活动为主旨的非营利性、非政治性、非宗教性的一类组织。③ 民政部社会组织管理局将社会组织划分为社会团体、民办非企业单位、基金会三大类。无论是国外学者还是国内学者对社会组织的界定，他们都普遍认为社会组织具有非官方性、非营利性、自愿性等基本特征。

较之于国内外学者对社会组织的界定，本书所指的社会组织既不是一般广义上对社会组织的统称，也区别于政治领域、经济领域和社会领域的社会组织，而是具有专指性。本书所谓的社会组织是指由非政府性、非企事业单位性等特性的组织和个人共同构成，依法从事教育研究活动的学术共同体。一方面，它具备社会组织的非政府性、非营利性、自愿性、独立性和利他性等基本特征。另一方

① 王浦劬、〔美〕莱斯特·M. 萨拉蒙等：《政府向社会组织购买公共服务研究：中国与全球经验分析》，北京大学出版社，2010，第 6 页。
② 王名主编《社会组织概论》，中国社会出版社，2010，第 1 页。
③ 马庆钰：《治理时代的中国社会组织》，国家行政学院出版社，2014，第 3 页。

面，它又有自身的特性，即它是由非政府、非企事业单位等组织和个人共同构成一个学术共同体。因此，学术性是本书所谓的社会组织区别于其他类别社会组织的核心特征。所谓学术性，一是指社会组织的宗旨是为发展和繁荣我国的学术事业服务；二是指其成员都长期从事与本领域相关的学术研究或工作；三是指其从事的各项活动直接或间接地与学术有关。因此，本书所谓的社会组织，是在特定研究范畴之内，一个更加灵活、变通的概念。

二　研究生教育治理的界定

党的十八届三中全会确定的我国全面深化改革总目标，为我国社会各项事业改革和发展指明了方向，是新时期我国社会发展的指南针和风向标。该次会议首次从国家层面正式提出"治理"这一理念，并将推进国家治理体系和治理能力现代化作为总目标，是国家在执政理念的一次重大解放，在治国方略上的一次重大转变。研究生教育治理作为我国社会生活的重要组成部分，其治理体系是否科学、合理、有效，治理能力是否能持续增强和提高，在很大程度上制约着我国社会治理的现代化进程。因此，加快推进研究生教育治理体系和治理能力现代化，是新时期我国研究生教育事业发展的首要目标和核心任务。

自 1989 年世界银行首次使用"治理危机"这一词语后，"治理"被广泛应用于学术界和政治界。正如联合国社会发展研究所休伊特所说的："今天的联合国、多边和双边机构、学术团体及民间志愿组织关于开发问题的出版物很难有不以它（治理）作为常用词来使用的。"① 与此同时，关于治理这一概念的界定，世界银

---

① 〔法〕辛西娅·休伊特·德·阿尔坎塔拉、黄语生：《"治理"概念的运用与滥用》，《国际社会科学杂志》（中文版）1999 年第 1 期，第 105～113 页。

行、全球治理委员会及国内外学者均对其进行了界定并就其内涵和外延达成了一定的共识。其中，全球治理委员会在 1995 年所做的界定极具代表性和权威性而被国内外学者一致认可。在教育领域，由于"治理"这一词语是近年才广泛运用的，因此对于什么是教育治理特别是什么是研究生教育治理，目前国内外学者并未达成共识。

本书结合国内外学者对治理的界定，认为研究生教育治理是指国家机关为实现研究生教育改革和发展的目标，通过一系列正式与非正式的制度和规则安排，协调各利益相关者共同管理研究生教育事务的诸多方式的总和。它是一个各利益相关者通过平等协商、共同参与并采取联合行动以缓和甚至化解彼此矛盾与冲突的持续性过程。其内涵主要包括为促进研究生教育和研究生培养单位的持续健康发展，政府发展研究生教育、提供服务的机制，研究生培养单位履行使命、自主办学的机制，以及社会组织等利益相关者表达诉求、实施监督评价的机制。因此，研究生教育治理具有主体的多元性，方式的民主性、合作性、协商性，行为的自主自治等特征。

对于研究生教育治理而言，它必须回答三个基本问题：研究生教育治理的主体是谁（Who），治理什么（What），如何治理（How）。就研究生教育治理的主体而言，包括政府、研究生培养单位、在校研究生、研究生导师、用人单位、社会组织等。其中，政府是研究生教育的举办者和宏观管理者，研究生培养单位是研究生教育的具体举办者和实施者，社会组织等是研究生教育的支持者或制约者。治理内容主要包括协调研究生教育体制机制、各利益相关者之间的关系。研究生教育治理的关键在于厘清不同主体间的权力、责任边界和相互关系，进而对相关的决策权、执行权、参与权、监督权、评价权等进行结构性调整。如何治理这一问题包括治理的依据、原则，治理的手段和方式，治理效果的评价等子要素。

就治理的依据而言，研究生教育治理要依据我国的有关法律法规和制度，特别是要依据教育的相关法律法规和制度。治理的原则，包括民主原则、平等原则、公平原则等。同时，协商是研究生教育治理的主要手段和方式。治理效果的评价，则包括评价的主体、评价的标准、评价的方式及评价结果的落实等。

研究生教育治理体系和治理能力现代化，是我国社会现代化的必然要求，也是我国教育现代化的表征。衡量研究生教育治理现代化的标准主要包含五个方面：权力运行的制度化和规范化、治理过程的民主化、治理结构的一体化、运行机制的法制化、治理效果的最优化。这五个方面相互融合、相互促进，构成了一个整体性的有效制度运行体系。其中，制度化、民主化和法制化贯穿于这一体系当中。制度化是研究生教育治理现代化的基础和前提，民主化是这一体系得以实现的内在要求和题中应有之义，法制化为研究生教育治理现代化提供了制度保障。

我国研究生教育治理的实施，必须以深化研究生教育综合改革为契机，以政府"放管服"为突破口，以构建政府、研究生培养单位和社会之间的和谐关系为核心，明晰多元主体之间的权责界限。在这一过程中，政府必须通过赋予社会更多的自治空间和自治权力，明确界定政府、培养单位和社会之间的责任界限，不断加强研究生教育的民主化、法制化建设进程，才能真正形成政府宏观管理、研究生培养单位自主办学、社会广泛参与的研究生教育格局，进而实现研究生教育的善治。

三　行为模式的界定

行为一词，英文为 Behavior，现代汉语词典将其解释为受思想支配而表现出来的外表活动。不同学科对行为的界定有所不同。社会学所谓的行为是指，人类在日常生活中表现出来的生活态度及具体的生活方式。它是在一定的条件下，个人或群体表现出来的基本特征，或对内外环境因素刺激所做出的能动反应。根据行为主体的不同，可以将行为主体的行为划分为个体行为和群体行为。根据个体行为的属性，可以将行为划分为社会行为和本能行为。心理学所谓的行为，无论是认知心理学、行为心理学，还是社会心理学，都侧重于从心理学的角度去阐述个体行为特征及其产生的原因。

就组织行为（Organization Behavior）而言，它是指组织成员或组织本身从组织的角度出发，在组织内部各要素之间及组织与外部环境相互作用过程中所形成的行动和作为。从研究的范畴角度进行划分，组织行为可以分为宏观组织行为和微观组织行为。其中，宏观组织行为把组织成员或组织本身看作一个整体，研究其在组织结构、组织运行、组织文化建设及与外界环境相互作用时表现出来的行为等。微观组织行为，侧重于研究组织中个人或群体的行为。

一般而言，把模式理解为样式或范式，是使系统中的要素最优化配置的设计思路和框架。① 对于社会组织而言，其行为模式是根据主体之间的权责界限和行为方式，界定彼此的责任关系，明确自身的行为目的、行为原则、角色扮演、行为特征和行为方式等，并协调与其他主体之间的关系。社会组织的行为模式是从社会组织的大量实践行为中概括出来的，是社会组织行为的基本框架、方式和路径。

总之，本书对社会组织，是将其作为一个整体进行研究，探讨在研究生教育治理中的社会组织基本行为模式。这些基本模式是在社会组织参与研究生教育治理活动过程中所逐步形成的，是具有

---

① 陈德权主编《社会中介组织管理概论》，东北大学出版社，2014，第52页。

持续性、稳定性特征的行为方式和方法的总和。同时，社会组织在研究生教育治理中的行为模式，在我国经济社会发展环境、研究生教育自身和社会组织三方面要素共同作用下，也在不断地变化和调整。

第四节 文献综述

党的十八大，党的十八届三中、四中、五中、六中全会以及党的十九大、十九届四中全会报告内容中多次使用了社会组织这一概念。社会组织作为我国社会生活中一个重要组成部分，正在日益成为影响我国社会发展的重要力量。本书通过对 CNKI、SAGE 等中外文献数据库的检索和分析发现，目前国内外有关社会组织及社会组织在教育治理的研究分为两大类：一是社会组织的相关研究，包括社会组织的概念界定、组织功能、发展方向和策略等；二是对教育治理及高等教育治理的内涵、高等教育治理的模式、高等教育治理的现代化等的研究。而关于研究生教育治理，以及如何发挥社会组织在研究生教育治理的相关文献数量较少。具体而言，目前国内外文献的研究概况如下。

一 国内外有关社会组织的研究

20 世纪 70 年代，西方公共管理存在的一系列危机引起了一场规模持久的行政改革。这一改革使公共事务的管理模式由政府主导，转向多元主体共同参与。社会组织在社会各项事务中的作用日益增强，并广泛影响着社会的各个方面。由此，关于社会组织的研究进入国外学者视野，并成为研究的焦点。

（一）社会组织的定义及分类

社会组织有广义和狭义之分。广义上的社会组织是指人们在目标一致的基础上，以群体形式共同从事各种活动，包括政府、军队、氏族及学校等；狭义的社会组织是指群体有意识地组合、集聚资源，达到实现特定目标而非以营利为目的的各类社会团体。① 自 20 世纪 80 年代以来，随着我国改革开放的持续深化和全球化的不断加快，我国社会逐渐涌现出一批介于"公域"和"私域"之间的组织。有学者根据这类组织的特征，将它们称为"非政府组织""非营利性组织""公共组织""第三部门"等。与此同时，我国学者也从多视角、多角度对社会组织进行了界定。其中，王名把社会组织又称为"民间组织""非政府组织"，认为社会组织是泛指那些在社会转型过程中由不同社会阶层的公民自发成立的，在一定程度上具有非营利性、非政府性和社会性特征的各种组织形式及其网络形态。② 张尚仁在将社会组织的基本特性界定为合法性、自主性、自律性和服务性的基础之上，将社会组织界定为政府与企业外，面向社会提供某个领域的公共服务的法人实体。③ 周晓梅等认为，社会组织是依法在经济和社会活动中发挥服务、沟通、协调、监督、维权、自律等作用的各类组织。④

在国外，因为不同的文化、风俗及观察视角，社会组织在各国的称呼不尽相同，包括非营利组织、第三部门、非政府组织等。在美国，所谓的非营利组织这一概念，最早源于美国国

① 易轩宇：《社会协同治理中社会组织的博弈评价与优化对策》，《甘肃社会科学》2014 年第 6 期，第 190~194 页。
② 王名：《走向公民社会——我国社会组织发展的历史及趋势》，《吉林大学社会科学学报》2009 年第 3 期，第 5~13 页。
③ 张尚仁：《"社会组织"的含义、功能与类型》，《云南民族大学学报》（哲学社会科学版）2004 年第 2 期，第 28~32 页。
④ 周晓梅、谢水明、李蜜：《发展和规范社会组织——以广东省为例》，《中国行政管理》2008 年第 11 期，第 95~98 页。

内税法，并把它定义为："非营利组织系组织之一种，该组织限制将盈余分配给组织的人员，如组织的成员、董事或理事等。"[①] 沃尔夫指出，非营利组织是具有公共服务使命，其治理结构避免获得组织自我利益或个人私利，免付联邦税，给予它们的捐赠能够获得税收减免的特殊法律地位的一类组织。[②] 非政府组织简称为"NGO"，早在1949年联合国就使用了这一概念，并沿用至今。但是，目前国际上并没有关于非政府组织的统一定义。美国学者萨拉蒙认为社会组织具有组织性、非政府性、非营利性、自治性和志愿性特点。[③] 这一观点得到了国际学者的普遍认同。美国学者莱维特在1973年就提出，在政府和私人企业之间有大量的组织从事着政府与私人企业不愿意做或做不了、做不好的事情，这类社会组织可称作第三部门。[④] 有学者研究指出，社会组织这一概念使用得最为普遍，具体是指政府组织和以营利为目的的企业组织之外的一切志愿团体、社会组织或民间协会。[⑤]

在我国，有关组织和学者依据不同标准，对社会组织进行了分类。其中，以社会组织管理法规在民政部门正式登记和管理为标准，民政部社会组织管理局和刘淑珍等把社会组织划分为社会团体、基金会和民办非企业单位三大类（见表1-4）。

---

① 邵金荣：《非营利组织与免税》，社会科学文献出版社，2003，第29页。
② Tomas Wolf, *The Non-Profit Organizations' Management in 21th Century* (New Jersey: Prentice Hall Press, 1990), p.20.
③ 〔美〕莱斯特·M. 萨拉蒙：《全球公民社会——非营利部门视界》，贾西津、魏玉译，社会科学文献出版社，2002，第34页。
④ Theodore Levitt, *The Third Sector: New Tactics for a Responsive Society* (New York: AMACOM Press, 1973), p.15.
⑤ 刘金良、姚云云：《社会组织的发展路径选择：基于政府购买公共服务的研究》，《辽宁行政学院学报》2011年第5期，第11~14页。

表 1-4　我国社会组织分类体系

一级分类	二级分类	分类依据	备注
社会团体	学术类	《中华人民共和国学科分类与代码国家标准》和二级学科设置划分	学会、研究会等
	行业类	《国民经济行业分类》中门类标准划分	行业协会、商会等
	公益类	根据公益资格认定划分	
	联合类	《国民经济行业分类》中门类标准划分	一般以联合会、联谊会、促进会命名
基金会	公募基金会	《基金会管理条例》	
	非公募基金会		
民办非企业单位	教育事业类	《教育类民办非企业单位登记办法（试行）》	民办各级学校等
	卫生事业类		民办医疗保健机构
	文化事业类	《文化类民办非企业单位登记审查管理暂行办法》	民办艺术院校、民办艺术中心等
	科技事业类	《科技类民办非企业单位登记审查与管理暂行办法》	民办科技研究、咨询、服务院所等
	劳动事业类		民办职业培训中心和学校等
	体育事业类	《体育类民办非企业单位登记审查与管理暂行办法》	开展体育活动的民办中心（院、社）等
	社会中介服务类		民办信息咨询调查、服务中心等
	民政事业类		福利院、社区中心、养老院等
	法律服务类		民办、合办律师事务所等
	其他类		

资料来源：柯少愚等：《两岸社会组织分类管理比较研究》，民政部 2012 年社会组织理论研究课题，2012，第 13 页。

以职能为标准，王名把社会组织分为四种基本类型：准行政组织、事业组织、公益组织和中介组织。以社会组织是否在民政部门登记为依据，张萃萍将社会组织划分为三大类：合法存在的社会组织、纯民间组织和无须登记的合法社会组织。[①] 黄震海认为，我国社会组织主要包括社会团体、民办非企业单位、基金会和社区活动组织。[②]

（二）社会组织发展面临的问题

社会组织作为助推社会发展的重要组成部分，它是社会发展的助推器，是政府职能转变的重要承载体，也是加快国家治理体系和治理能力现代化的重要推动者。但是，当前我国社会组织在发展过程中面临着诸多问题。为此，国内学者从不同层面、运用多种视角，对这些问题进行了深入探讨。崔月琴认为，我国社会组织正在经历组织隶属、结构、制度、功能等方面的调整和转变。这一转变既涉及管理层公共性构造转换进程中的"官－民"转换难题、"制度性限制"，也包括公共性构造转换进程中的公益效率低下与信任缺失。[③] 严振书认为，当前我国社会组织面临着四个方面的挑战：政府对社会组织的"两难选择"、社会组织的"准政府模式"、现行法律法规和管理体制的"缺憾"，以及社会组织自身在发展中面临的人才短缺、资金缺乏、能力不足和社会支持欠缺等"四大现实因素"。[④] 文军认为，从社会组织的角色实践来看，中国社会组织的发展遭遇到一个很大的瓶颈使社会组织在现实中的发展面临着许多制约性因素，其中最为主要的是社会组织的自身能动性有待发挥，行动力也多有不足，由此导致社会组织的角色功能难以

① 张萃萍：《当前我国社会组织存在的问题及对策思考》，《求实》2010 年第 3 期，第 33～36 页。
② 黄震海：《促进我国社会组织发展的若干思考》，《学术界》2011 年第 6 期，第 210～215 页。
③ 崔月琴：《转型期中国社会组织发展的契机及其限制》，《吉林大学社会科学学报》2009 年第 3 期，第 20～26 页。
④ 严振书：《现阶段中国社会组织发展面临的机遇、挑战及促进思路》，《北京社会科学》2010 年第 1 期，第 12～17 页。

实现。①王建军的研究指出，我国的社会组织从总体上还尚未摆脱"登记难""生存难""发展难"和"监管难"的困境，存在的主要问题包括社会组织自身发展不足、政府和社会的扶持力度不够、对社会组织的监管不到位、组织内部管理不善。② 马庆钰指出，从发展现实来看，我国社会组织面临着：理念上，政府及行政部门对于社会组织的警惕多而信任少；政策上，说得多而落实少；体制上，层级多而效率低；管理上，管制多而服务少；法制建设上，法规多但效力低等五个方面的突出问题。③

（三）社会组织的发展策略

社会组织作为社会发展的重要力量，它既可以成为经济社会发展的积极推动力量，也可能成为消极的阻碍因素。因此，如何有效推动社会组织发展，建立社会组织与政府之间的合理关系，成为新时期中国社会发展的一个突出问题。刘淑珍认为，在公共治理结构转型的背景下，要推动社会组织职能定位向服务社会、代表社会利益转型；推动与政府的关系由传统的管理与被管理、领导与服从关系，向平等的合作互补关系、协作关系、契约关系、指导关系转型；推动社会组织管理体制由事实上的控制、防范为主转向真正的培育发展与监督管理并重转型。④ 周红云认为，我国社会组织管理体制改革要在遵循切实转变认识，建立政府与社会组织的伙伴关系；政府真正让渡空间，培育和扶持社会组织的发展；实行增量

---

① 文军：《中国社会组织发展的角色困境及其出路》，《江苏行政学院学报》2012年第1期，第57~61页。

② 王建军：《当前我国社会组织培育和发展中的问题与对策》，《四川大学学报》（哲学社会科学版）2012年第3期，第5~11页。

③ 马庆钰：《社会组织发展面临的突出问题》，《中国机构改革与管理》2015年第4期，第33页。

④ 刘淑珍：《公共治理结构转型背景下的社会组织发展与变革》，《理论学刊》2010年第12期，第83~86页。

改革，在完善现有社会组织管理体制三个原则的基础之上，提出社会组织管理体制改革应以社会组织的科学分类为前提，实施社会组织的分类管理；以现有法律法规为基础，完善社会组织的立法；以法治为前提，完善社会组织的行政监管体制；建立新型公共服务体系，发展公益服务类社会组织。[①] 陈莲凤认为，当前我国应以改革思路为导向，大力发展社会组织。通过加强法制建设、独立性建设，确保社会组织的主体性地位；通过推进政社分开，谋求社会组织发展的主体空间；通过加强社会自治，发挥社会组织的主体作用。[②] 对于国家而言，马庆钰认为，"十三五"时期国家应进一步提升对社会组织发展的注意力和扶持力，根据国家治理现代化来确立中国社会组织发展的方向、原则和目标，并以简政放权和促进参与为落脚点来确定党和政府推进社会组织发展的工作议程和改革重点。[③] 2015 年 6 月 30 日，中共中央办公厅、国务院办公厅印发《行业协会商会与行政机关脱钩总体方案》（中办发〔2015〕39 号）指出，加快形成政社分开、权责明确、依法自治的现代社会组织体制，理清政府、市场、社会关系，积极稳妥推进行业协会商会与行政机关脱钩，厘清行政机关与行业协会商会的职能边界，加强综合监管和党建工作，促进行业协会商会成为依法成立、自主办公、服务为本、治理规范、行为自律的社会组织。这一政策的出台，为我国社会组织的健康发展指明了方向。

---

① 周红云：《中国社会组织管理体制改革：基于治理与善治的视角》，《马克思主义与现实》2010 年第 5 期，第 113～121 页。
② 陈莲凤：《以社会治理为导向推进社会组织发展》，《福建论坛》（人文社会科学版）2014 年第 11 期，第 171～176 页。
③ 马庆钰：《"十三五"时期我国社会组织发展思路》，《中共中央党校学报》2015 年第 2 期，第 58～64 页。

二 国内外有关教育治理研究

自 1989 年世界银行在《撒哈拉以南的非洲：从危机到可持续增长》报告中描述非洲面临的可持续发展危机时使用了"治理危机"一词，之后该词在各国政治和管理等多个领域中被频繁使用，并成为当今世界各国治国理政的核心观念和主要趋势。正如联合国社会发展研究所休伊特指出的："今天的联合国、多边和双边机构、学术团体及民间志愿组织关于开发问题的出版物很难有不以它（治理）为常用词来使用的。"① 习近平同志在中国共产党第十九次全国代表大会所做的《决胜全面建成小康社会 夺取新时代中国特色社会主义伟大胜利》报告中"治理"一词被提及 42 次。

（一）治理及教育治理的概念

鲍勃·杰索普根据词源解释指出，英语中的治理（Governance）一词源于古拉丁语和古希腊语，原意是控制、引导和操作。② 长期以来治理与统治一词交叉使用并且主要用于与国家公共事务相关的管理活动和政治活动中。自 20 世纪 90 年代以来，西方政治学家和经济学家赋予它新的含义，使治理一词广泛运用于公共政策分析领域。在经济学领域，林毅夫、Townsend、Hirschman 等人所谓的治理主要指公司治理，它既可以是一种制度安排，也可以是一种组织结构框架，还可以是一种控制、决策过程。在政治学，尤其是国际政治领域，学者们对治理理论的论述通常在民族国家权力"空洞化"或民族国家"终结论"背景下展开。1991 年，世界银行把治理定义为：通过建立一套被接受为合法权威的规则而

---

① 〔法〕辛西娅·休伊特·德·阿尔坎塔拉、黄语生：《"治理"概念的运用与滥用》，《国际社会科学杂志》（中文版）1999 年第 1 期，第 105～113 页。

② 〔英〕鲍勃·杰索普、漆蕪：《治理的兴起及其失败的风险：以经济发展的论述》，《国际社会科学杂志》（中文版）1999 年第 1 期，第 31～48 页。

对公共事务公正而透明的管理。联合国全球治理委员会在 1995 年发表的《我们的全球伙伴关系》研究报告中对治理进行了较为全面的界定：治理是各种公共的或私人的个人和机构管理其共同事务的诸多方式的总和。它是使相互冲突的或不同的利益得以调和并且采取联合行动的持续的过程。这既包括有权迫使人们服从的正式制度和规则，也包括各种人们同意或认为符合其利益的非正式的制度安排。[①]

在学术界，治理理论的主要创始人詹姆斯·Z. 罗西瑙在其代表作《没有政府的治理》等文章中，将治理定义为一系列活动领域的管理机制，它们虽未得到正式授权，却能有效发挥作用。它既包括政府机制，同时也包含非正式、非政府机制，随着治理范围的扩大，各色人等和各类组织得以借助这些机制满足各自的需要，并实现各自的愿望。[②] 他认为，治理是一种由共同的目标支持的活动，这些管理活动的主体未必是政府，也无须依靠国家的强制力量来实现。罗伯特·罗茨详细列举了国家治理、公司治理、新公共管理治理、善治治理、社会一般控制系统治理和组织网络治理等六种不同的治理定义。[③] 格里·斯托克围绕五个论点对治理进行了系统阐述，并指出治理不同于统治之处。他认为，治理在为社会和经济问题寻求解答的过程中存在界限和责任方面的模糊点；治理明确肯定涉及集体行为的各个社会公共机构之间存在的权力依赖；治理指行为者网络的自主自治；办好事情的能力并不在于政府的权力和下命令或运用其权威，政府可以动用新的工具和技术来控制和指

---

① 全球治理委员会：《我们的全球伙伴关系》，牛津大学出版社，1995，第 23 页。
② 〔美〕詹姆斯·Z. 罗西瑙：《没有政府的治理》，张胜军、刘小林等译，江西人民出版社，2001，第 5 页。
③ 〔英〕R. A. W. 罗茨：《新的治理：没有政府的管理》，杨雪冬译，《经济管理文摘》2005 年第 14 期，第 41 ~ 46 页。

引，而政府的能力和责任均在于此。① 罗德斯认为，治理意味着一种新的统治过程，意味着统治条件已经不同于前，或是以新的方法来统治社会。② 弗朗西斯·福山将治理界定为：政府制定和实施规则及提供服务的能力，而不论这个政府民主与否。③

在国内，部分学者对治理的概念及内涵也进行了初步探索。俞可平认为，治理的基本含义是指在一个既定的范围内运用权威维持秩序，以满足公众的需要。从政治学的角度看，治理是指政治管理的过程，它包括政治权威的规范基础、处理政治事务的方式和对公共资源的管理。它特别关注在一个限定的领域内维持社会秩序所需要的政治权威的作用和对行政权力的运用。④ 因此，从这一角度进行分析可以发现，治理和统治存在包括权力主体、权力性质、权力来源、权力运行向度、权力作用范围等诸多不同，治理的权力主体既包括政府也包括社会组织等，其权力更多的是协商，权力的来源更多的是契约，权力的运行向度更侧重平行，权力作用的范围更广等。瞿振元认为，"治理"是指市场在资源配置中起决定作用的条件下，多元利益主体围绕共同的目标协调与互动的过程。⑤

教育治理是国家治理的重要组成部分，教育治理体系和治理能力现代化水平，在很大程度上影响和制约着国家治理体系和治理能力现代化的进程。为此，国内外学者对于何为教育治理等问题进行

① 〔英〕格里·斯托克：《作为理论的治理：五个论点》，《国际社会科学杂志》（中文版）1999 年第 1 期，第 19 ~ 30 页。
② Marsh, D., Rhodes, R. (eds.), *Policy Networks in British Government* (Oxford: Oxford University Press, 1992), pp. 652 – 653.
③ 〔美〕弗朗西斯·福山：《什么是治理》，刘燕、闫健译，《中国治理评论》2013 年第 2 期，第 1 ~ 22 页。
④ 俞可平：《治理与善治》，社会科学文献出版社，2000，第 5 页。
⑤ 瞿振元：《建设中国特色高等教育治理体系 推进治理能力现代化》，《中国高教研究》2014 年第 1 期，第 1 ~ 4 页。

了深入研究。托马斯·J. 萨乔万尼认为，教育治理关注的是联邦机构、州教育厅和地方学区等政治单位所行使的权力和工作职能，同时关注作为管理职责和管理功能的复杂的政治制度、法律体系、社会习俗。① 褚宏启认为，教育治理是指国家机关、社会组织、利益群体和公民个人，通过一定的制度安排进行合作互动，共同管理教育公共事务的过程。② 教育治理主体不仅包括政府和教育行政部门，而且包括非政府组织、各种社会团体等，它们进行合作管理、共同管理和共同治理。吴景松认为，教育治理是众多不同利益主体共同发挥作用在公共教育领域建立的一致获取的认同，以便落实公共教育目标，是政府与市场、政府与学校、政府与社会之间在发展过程中的一种良性互动。③ 上海市浦东新区社会发展局通过实践研究认为，教育治理是政府、社会组织、学校、公民个人等多元教育治理主体对教育公共事务进行协作管理，以增进教育公共利益最大化的过程。④

（二）高等教育治理的解析

随着治理理论的兴起，国内越来越多的学者开始探讨我国高等教育治理的问题。在推进教育治理体系和治理能力现代化建设进程中，我们必须要面对教育治理的主体、治理的机制、治理效果及其评价等问题。随着高等教育在经济社会发展中地位的提升，社会参与高等教育治理的广度和深度也随之发生着正向变

---

① Thomas J. Sergiovanni, *Educational Governance and Administration* (United States: Allyn and Bacon, 1999), p. 23.

② 褚宏启：《教育治理：以共治求善治》，《教育研究》2014 年第 10 期，第 4～11 页。

③ 吴景松：《政府职能转变视野中的公共教育治理范式研究》，华东师范大学博士学位论文，2008，第 13～16 页。

④ 上海市浦东新区社会发展局：《中国教育改革前沿报告：浦东新区教育公共治理结构与服务体系研究》，上海教育出版社，2009，第 46 页。

化，呈现出规律性。扩大高等教育治理的社会参与，对于经济社会发展和国际竞争力提升具有重要基础性作用，对于国家行政管理体制改革和扩大基层民主具有重要基础性作用。提高高等教育治理的社会参与程度，实现高等教育良治，需要政府、社会和高等教育机构共同做出努力。① 曾婧认为，高等教育的治理，首先意味着政府的角色或功能的重大变化，政府不再是高等教育产品的唯一供给者，在资源配置方面，将更多地引入市场机制。② 周光礼指出，高等教育治理的核心问题是决策权力的分配。中国高等教育治理现代化必须回答的十个问题是：政校分开、社会问责、举办体制、法人治理结构、大学董事会、大学校长遴选机制、学术权力、大学内部组织构架、基层学术组织自治和大学章程建设。③ 潘懋元等认为，高等教育治理具有特殊而复杂的规约机制，按其功效可分为：规范机制、动力机制、保障机制和协调机制。规范机制是通过政策法规、大学章程以明确彼此的权责边界；动力机制可使高等教育治理更为有效，在组织决策和目标激励方面发挥重要作用；保障体制是通过多样化的资金投入和明确的责任制以保证高等教育的高质量；协调机制通过分权制衡和多主体协同参与等方式来减少违约风险。④ 别敦荣指出，从功能看，高等教育治理包括参与投资举办、咨询决策、监督问责和权益保障等方面；从构成要素看，高等教育治理包括思想、组织、制度

① 范文曜：《高等教育治理的社会参与》，《复旦教育论坛》2010 年第 4 期，第 15～18 页。
② 曾婧：《公共治理视野下中国高等教育评估制度改革创新研究》，中南民族大学硕士学位论文，2011，第 24～26 页。
③ 周光礼：《中国高等教育治理现代化：现状、问题与对策》，《中国高教研究》2014 年第 9 期，第 16～25 页。
④ 潘懋元、左崇良：《高等教育治理的规约机制》，《吉首大学学报》（社会科学版）2016 年第 3 期，第 12～19 页。

和能力等方面。^① 游旭群等认为，高等教育治理是政府、高校和社会之间控制、协调和权力分配的方式。该研究运用利益相关者角色对高等教育治理进行了再造。再造意味着政府由教育提供者和操作者转变为教育质量的保证者和监督者；高校坚守学术研究，融入社会发展，成为具有学术属性和社会属性的独立法人，社会积极参与到高校的投资、创立及管理中。^②

与此同时，国内外相关学者对美国、英国、欧盟等国家及地区高等教育治理中的治理特征、治理模式、治理范式等问题进行了分析、比较和借鉴。徐来群把美国公立高等教育的治理模式概括为四种类型：一是以集权为主要特征的规制型治理模式，二是以分权为主要特征的市场型治理模式，三是以协调为主要特征的复合型治理模式，四是无缝隙治理模式。^③ 李忠华、单伟峰在对美国高等教育治理的历史演进进行了梳理的基础上，认为美国高等教育治理体系具有如下特征：全员共同治理，确保治理高效；坚持教授治学，保障学术自由；主体职责清晰，相互协调制衡；权责层次分明，确保决策效率。^④ 甘永涛则将全美50州公共高等教育治理模式划分为分割式、统一式、无缝隙式和社区服务式四大类型。^⑤ 在分权制的美国，虽然各州的传统、社会经济发展情况不同，但是各州政府在高等教育治理中均发挥着核心作用。20世纪80年代末，埃姆斯·

① 别敦荣：《治理体系和治理能力现代化与高等教育现代化的关系》，《中国高教研究》2015年第1期，第29~33页。
② 游旭群、杨睿娟：《高等教育治理中利益相关者的角色再造》，《重庆高教研究》2015年第2期，第28~34页。
③ 徐来群：《美国公立高等教育治理的模式及特点》，《高等工程教育研究》2008年第6期，第119~123页。
④ 李忠华、单伟峰：《美国高等教育治理体系》，《教育与职业》2014年第34期，第100~101页。
⑤ 甘永涛：《美国公共高等教育的治理架构与院校教师参与的界面》，《江苏高教》2013年第6期，第147~150页。

麦克基尼斯将美国各州高等教育管理机构划分为统一治理委员会、协调委员会和规划机构三类，该分类得到了广泛认同。[①] 20世纪90年代，弗兰克·博文等将州立高等教育治理模式划分为四类：联邦型管理系统、统一型管理系统、同盟型管理系统和同盟型院校。[②] 托德·杰巴兹依据各州教育官员产生的方式不同，将高等教育的治理模式划分为四大类。[③] 杨文明在对美国州级高等教育治理组织研究中认为，美国高等教育治理组织在定位方面具有地方性特色和中介性特点，职能具有多样性和市场性特征。[④]

　　欧洲高等教育作为世界高等教育的重要组成部分，其关于高等教育治理的研究成果一直非常丰硕，其未来的发展趋势也值得我们特别关注。Luciana Lazzeretti 和 Ernesto Tavoletti 在解释和比较近年来欧洲各国在向高等教育治理转变的过程中发现，瑞典、丹麦、法国、德国、英国和荷兰在中央政府层面和高校或"合作体"的转变水平方面都存在较大的差异。各国高等教育治理转变的首要特征是具有本国特色，但是，大多数国家在高等教育治理中一般倾向于新管理主义模型。作为欧洲传统高等教育大国的英国，其高等教育治理的有关内容更应引起我们的关注。当前，相对于日益强调政府主导的高等教育治理模式，英国的高等教育则日益走向分权化的治理模式。其中，教育基金会在英国高等教育治理中的作用逐渐强化是一个突出的表现。杨贺盈、徐春霞、张洪峰等分别

① Aims C., McGuinness, Jr, *State Postsecondary Education Structures Handbook* (Denver: The Education Commission of the States, 1988), pp. 3 - 4.

② Frank M. Bowen, etc, *State Structures for the Governance of Higher Education: A Comparative Study* (San Jose: The California Higher Education Policy Center, 1997), pp. 1 - 7.

③ Todd Ziebarth, *Models of State Education Governance* (Denver: Education Commission of the States, 2004), p. 1.

④ 杨文明：《美国州级高等教育治理组织：定位、职能与分类》，《外国教育研究》2013年第11期，第107~115页。

对英国的高等教育基金会在英国高等教育治理中的历史演变进行了深入研究，研究发现英国的高等教育基金委员会在英国高等教育治理体系中的作用日益增强，成为法律规定的新的高等教育治理主体。崔艳丽在《20 世纪 80 年代以来英国高等教育治理研究》中认为，高等教育市场化是英国高等教育治理的主要举措之一。历经 30 多年的发展，英国构建了政府掌舵、市场运行、社会参与的高等教育治理框架：政府决定高等教育治理路径，市场机制激发高等教育活力，中介组织作为政府代理及其与大学的缓冲，非政府力量参与政策网络协调。① 随着欧洲一体化的进程不断深化、博洛尼亚进程持续推进，欧洲一体化的高等教育治理模式更值得我们期待和关注。王处辉等的研究指出，目前欧洲高等教育治理的研究逐步形成了比较特定的分析框架，其最新的研究成果更是将教育治理的内容指标化。在此基础之上，该研究分别从国家中心模式、市场导向模式和学术自治模式对高等教育治理进行了深入分析。② 孔令帅等研究指出，随着全球化日益深入发展，全球高等教育面临着众多挑战和机遇，需借助联合国教科文组织等国际组织从宏观层面进行治理。联合国教科文组织全球高等教育治理政策经过不同阶段的发展，在全球高等教育治理领域扮演着协商者、倡议者、构建者及促进者的角色。③

（三）研究生教育治理解析

研究生教育治理是教育治理的重要组成部分。深入开展研究生教育治理的有关问题研究，是当前和今后一个时期我国研究生教育

---

① 崔艳丽：《20 世纪 80 年代以来英国高等教育治理研究》，南京师范大学博士学位论文，2014，第 13～18 页。

② 王处辉、朱焱龙：《欧洲高等教育治理研究的新动向及其启示》，《中国高教研究》2014 年第 5 期，第 13～19 页。

③ 孔令帅、张民选、陈铭霞：《联合国教科文组织全球高等教育治理的演变、角色与保障》，《教育研究》2016 年第 9 期，第 126～134 页。

研究的一个重点方向。赵娟娟等认为，治理视角下的我国研究生教育质量保障体系建设，应重新界定政府、社会、培养单位三者应有的权力和承担的责任。其中，社会组织作为研究生教育质量监督的主体，既要有独立组织并参与研究生教育质量评价、自我处理和决策组织内部诸事务的管理等权力，也要在提高自身学术的权威性、为社会及时发布研究生教育质量信息、反映不同利益主体的需求方面承担社会责任。[①] 特别是我国研究生教育迈入由外延式扩张向内涵式发展的新时期，优化研究生教育结构，提高研究生教育质量，需要重新调整和分配各利益主体权力，重构各利益主体之间的关系。白榕从治理的视角出发指出，研究生教育评价的社会主体包括各学术团体、专业协会、专门的社会评价中介机构、新闻媒体等。它们拥有自主组织并参与研究生教育质量评价的权力，对该社会组织内部诸事务的管理享有自我处理和决策的权力，对政府主体及高校主体进行监督的权力。同时，社会主体也要接受政府监督、信息公开和自我约束等责任。[②] 袁本涛等认为，我国研究生教育结构调整存在中央管理机构权力集中、省级管理机构权力缺失、高等学校主动性长期不足和中介组织作用难以发挥等一系列问题，要解决这些问题，需要从传统公共管理理念转变为治理理念，从计划经济下的研究生教育行政管理范式转变为市场经济下的研究生教育治理范式，需要各利益主体共同合作，明确彼此的职责和关系。[③] 杨斌认为，在研究生教育治理的权力关系重构中，需要对大学和政府、大学和社会、大学和院系这三种关系重新进行定义。在大学和政府的

① 彭国甫、梁丽芝：《治理视野中的研究生教育质量保障机制的完善》，《学位与研究生教育》2007 年第 1 期，第 39 ~ 44 页。

② 白榕：《治理理论视角下研究生教育质量评价主体的权责分析》，《中国校外教育（理论）》2008 年第 6 期，第 42 ~ 43 页。

③ 袁本涛、孙健：《治理视域下我国研究生教育结构调整问题研究》，《高等教育研究》2011 年第 11 期，第 38 ~ 42 页。

关系中，中央政府要从研究生教育的举办者、办学者、管理者，逐渐转为协调者和质量监督者；大学和社会的关系体现在大学与产业界的互动日益频繁，穿插在人才培养的不同阶段和过程当中；大学和院系之间的关系体现在研究生院管治、院系办、社会第三方评。① 陈一远认为，研究生教育治理体系建设中，回应性是研究生教育治理体系建设的起点，多中心是研究生教育治理体系建设的核心，治理主体、治理载体和治理方式的多元化是研究生教育治理体系建设的必然选择。②

三　社会组织的行为模式研究

（一）社会组织在公共事务中的行为模式

长期以来，人们对社会组织的行为进行了广泛深入研究。特别是随着心理学、社会学和管理学等学科的不断发展和完善，不同学科的研究者开始把有关学科的研究成果运用到组织理论当中，推动着组织行为理论的日益发展和丰富。社会组织作为组织的一种重要形式，其行为既与一般组织有一致性又区别于其他组织。董克难等根据发起人和组织性质，结合自发性和行政性两个因素，对参与广东省集思公益项目的四类社会组织行为模式进行的研究表明，社会组织的类型影响着社会组织的行为模式，而社会组织的行为模式又加速了社会组织的分化。③ 特别是社会组织积极参与到社会治理的方方面面，扮演着关键性的角色，发挥着重要的作用。易轩宇通过对社会组织参与社会治理的博弈分析发

① 杨斌：《治理视角下的研究生教育：权力重构与制度调整》，《学位与研究生教育》2015 年第 6 期，第 1 ~ 4 页。
② 陈一远：《研究生教育治理体系建设论析——来自政治治理理论的启示》，《研究生教育研究》2017 年第 3 期，第 18 ~ 22 页。
③ 董克难、林敏华：《社会组织分类与行为模式浅析》，《吉林省教育学院学报（下旬）》2015 年第 6 期，第 149 ~ 150 页。

现，协同治理模式中的社会组织是以超额收益的获取来决定合作还是不合作，进而判断与其他主体之间竞合关系建立与否。① 近年来，我国政府积极转变职能、简政放权，为社会组织的发展提供了良好的外部环境。同时，国家也出台了一系列政策加快推进社会组织建设，为社会组织的成长创造了社会空间和平台。因此，作为承接政府职能转变的主体，成为各国社会组织的重要功能和行动方向。正如著名管理学家德鲁克曾指出："为了转变政府的职能并且使它重新取得业绩，重要的一步是要在社会领域中培养自主的社会组织。"② 但是，在我国当前的社会政治环境下，完全脱离政府发展社会组织也是不现实的。为此，构建社会组织与政府的良好合作伙伴关系，一是政府要为社会组织提供足够的发展空间和法律环境、推动建立多中心治理结构、建立相应的财力和政策保障体系，二是社会组织要主动慎重处理与政府的关系，完善法人治理结构、及时有效表达公民利益、增加公共产品供给、主动服务政府决策。③

（二）社会组织在高等教育及研究生教育治理中的行为模式

当前，我国研究生教育进入全面深化综合改革的关键期，基本实现教育现代化进入全面攻坚阶段。深入推进教育行政职能从传统的公共行政管理向公共治理转变过程中，教育社会组织要采取多种模式，提高自主发展能力；政府要制定和完善相应的法律法规，将教育组织真正纳入法制轨道；进一步厘清教育行政部门的职能范围，合理让渡职能空间；培养市民社会，提高公众的责任意识和社

---

① 易轩宇：《社会协同治理中社会组织的博弈评价与优化对策》，《甘肃社会科学》2014 年第 6 期，第 190～194 页。

② 〔美〕彼得·F. 德鲁克：《社会的管理》，徐大建译，上海财经大学出版社，2006，第 73 页。

③ 甘肃省民政厅课题组、沙仲才、袁同凯、建宏、王进财：《社会组织与政府关系模式研究》，《甘肃社会科学》2009 年第 5 期，第 231～234 页。

会参与能力。^① 在高等教育治理视野下，政府不再是高等教育这一准公共产品的唯一提供者，其他社会组织也可以成为高等教育供给的重要主体，打破了政府对高等教育的垄断控制所形成的长久封闭关系，实现了高等教育服务方式由政府垄断的单一模式向多元模式的转变。^② 金绍荣等认为，由于受政治制度、法制建设等因素的影响，我国的社会组织参与教育治理的过程中存在深度性不够、独立性不强、法制不健全等问题，未能有效发挥其应有的民主效应、补偿效应和积能效应。为此，社会组织要实现三个转变：从"局外人"到"局内人"的转变、从"外在培育"到"内在修炼"的转变、从"单一作为"到"多元整合"的转变，才能推动我国教育治理的科学性和民主化发展。^③ 瞿振元认为，西方发达国家在建立高等教育质量保障体系时，普遍重视支持社会组织机构开展教育评估监测。这些社会组织机构大多受政府委托，在某种程度上扮演了政府、高校、社会三者之间的桥梁角色，又表现出明显的中立性、专业性和非营利性。因此，推进国家治理体系和治理能力现代化，应在治理理念下，创新高等教育评估机制。^④ 张中华认为，社会应当着力建设和发展专业协会、专业鉴定机构等民间独立的组织机构，使其承担对高校办学能力和水平的评价、监督功能，并积极提升自身业务能力和专业威信，保证其评估、监测的质量标准，以公正、客观、独立、权威的专业意见赢得社会公

① 胡伶：《教育社会组织发展与教育行政职能转变》，《国家教育行政学院学报》2009年第3期，第47~50页。
② 李明忠：《"治理"视野下的中国高等教育管理架构》，《现代教育管理》2010年第6期，第6~10页。
③ 金绍荣、刘新智：《非政府组织参与公共教育治理：目标、困境与路向》，《教育发展研究》2013年第5期，第49~54页。
④ 瞿振元：《建设中国特色高等教育治理体系 推进治理能力现代化》，《中国高教研究》2014年第1期，第1~4页。

众的信赖。①

与此同时，国内外专家学者围绕各国不同类型的协会，特别是美国各类教育协会的组织状况、运行机制、在高等教育治理中的行为等内容进行了深入研究，并取得了丰硕成果。修·霍金斯以美国大学联合会等美国教育协会为对象，对这些组织形成的背景、过程，组织框架及在高等教育立法等方面的作用进行了研究。他指出，美国协会组织在保障高等教育质量中发挥了不可替代的作用，在维护基本的质量标准和种类多元化之间取得了极为成功的平衡。② 艾伦·洛威尔分析高等教育协会时指出，该协会干涉大学教育和培训的途径包括设计技能框架，认证大学课程，颁发相应的资格证书等。③ 在此过程中，康斯坦斯·库克、路易吉·格雷兹诺、麦克·帕森斯等，在其各自的著作中，分别从利益集团理论、权力理论等视角，对美国高等教育协会组织参与教育立法、教育政策制定等问题进行了研究。研究表明，协会组织作为美国高等教育治理的重要力量，以游说等方式，影响着政府的教育决策等行为。

同时，国内学者对国外社会组织在高等教育治理中的作用进行了深入研究。谢秋葵认为，美国民间高等教育协会通过利益保护、政策影响、信息提供、咨询参考、社会服务等手段，有力地降低了政府由于"无知"而依靠权力推行教育政策所带来的损害，在保

---

① 张中华：《完善办学体制机制 推进高校治理能力建设》，《中国高等教育》2014年第1期，第14~17页。

② Hugh Hawkins, *Banding Together*: *The Rise of National Association in American Higher Education*, *1887 - 1950* (Baltimore: Johns Hopskins University Press, 1992), p. 9.

③ Alan Rawel, " How Far Do Professional Associations Influence the Direction of Public Relations Education?" *Journal of Communication Management* 1 (2002), pp. 71 - 78.

持美国高等教育第三部门属性的同时有效地促进了高等教育的良性
发展和稳定性。① 黄敏等人指出，美国高等教育协会组织作为美国
高等教育治理的重要力量，在多个领域承担着重要职能：促进高等
教育跨州区域协作，实现区域教育资源共享；传递高校和社会呼
声，影响政府高等教育政策制定；接受政府委托，协助政府调控高
等教育发展；规范高校及其专业办学行为，评估和保障高等教育质
量；制定高等教育领域职业活动规范，捍卫活动主体权益；参与院
校决策和建设，发挥监管和协同作用。② 张亚萍通过对美、英、
日、澳四国社会组织参与教育治理研究指出，四国社会组织在认
证、监督、咨询和质量保障方面发挥了重要作用。③

　　就研究生教育治理而言，完善研究生教育治理体系、提高研
究生教育治理能力，必须建立多种类型的教育社会组织，让其分
别承担评价、智库、咨询等功能，并通过影响政府对研究生教育
的政策行为，才能有效推动我国研究生教育综合改革。为此，部
分学者对社会组织在研究生教育治理的行为进行了深入研究。潘
武玲、宋平等通过对国外社会组织在研究生教育治理中的行为分
析指出，学术组织和专业协会等社会组织共同构成了美国研究生
教育质量评价的主导力量。针对当前我国研究生教育社会组织深
厚的官方背景现状，有研究指出，应建立多样化、独立的社会组
织。其中，评估中介组织主要负责对全国和各区域研究生教育结
构调整情况进行监督、评估和检查；拨款中介组织在充分调研各
地区及各高校研究生教育学科结构、类型结构等情况的基础上，

① 谢秋葵：《第三部门视野下美国高等教育的发展》，西南大学硕士学位论文，
　　2006，第18~28页。
② 黄敏、杨凤英：《第三方治理：美国高等教育协会组织的管理职能》，《河北师
　　范大学学报》（教育科学版）2014年第3期，第76~81页。
③ 张亚萍：《美英日澳四国社会团体参与教育的内部机制研究》，浙江师范大学硕
　　士学位论文，2015，第33~42页。

提出研究生教育经费分配方法，供相关政府部门参考；信息咨询中介组织主要负责向相关政府部门提供研究生教育信息，提出决策建议，利用自身的学术性、专业性优势，向社会提供研究生教育信息咨询服务，使得各利益主体能够更好地参与研究生教育结构调整的治理。① 以学术研究和专业化建设为主要内容的社会组织向社会类智库转变，这是社会活力的体现，更是社会发展理性化的显现。②

中国学位与研究生教育学会原会长赵沁平以中国学位与研究生教育学会为研究对象指出，作为社会性学术组织的中国学位与研究生教育学会，其作用和价值就是提供各类学术服务：服务会员，提高会员的研究生教育职业水平；服务学科，引领研究生教育的学术研究，促进研究生教育学学科建设；服务社会，推动我国研究生教育健康发展。③ 人才选拔与评价委员会作为中国学位与研究生教育学会的二级学会，从学术共同体、智库、第三方和会员之家四个维度明确自身定位，打造了研究、交流、咨询、培训、评价和信息六大平台，为我国研究生教育改革做出了重要贡献。④

综上所述，国内外众多学者以多样化的视角，对社会组织的内涵、分类等问题进行了阐释；围绕治理和教育治理、高等教育治理、研究生教育治理的概念、特征等进行了深度解析；针对社会组织自身及其在高等教育中的行为模式，运用多种研究方法、从多层

---

① 袁本涛、孙健：《治理视域下我国研究生教育结构调整问题研究》，《高等教育研究》2011 年第 11 期，第 38 ~ 42 页。

② 杨斌：《治理视角下的研究生教育：权力重构与制度调整》，《学位与研究生教育》2015 年第 6 期，第 1 ~ 4 页。

③ 赵沁平：《中国学位与研究生教育学会的价值与定位》，《学位与研究生教育》2015 年第 4 期，第 1 ~ 4 页。

④ 吴小林：《充分发挥专业学会作用 服务我国研究生教育改革》，《研究生教育研究》2015 年第 6 期，第 3 ~ 6 页。

面开展了系统研究。国内外研究成果的取得，为本书研究的开展奠定了坚实的基础，拓宽了研究视野，有利于本书在吸收和借鉴相关研究成果的基础之上，进一步探索社会组织在研究生教育治理中的价值取向、地位与作用，明晰社会组织与政府等利益相关者之间的责任边界等。

综观国内外现有的研究成果可以发现，关于社会组织在研究生教育治理中的行为模式研究还存在以下不足之处：一是在视角上缺乏将社会组织作为研究生教育治理主体之一的相关系统性研究成果；二是缺乏对社会组织在参与研究生教育治理中的动力与阻力、功能与行为模式、责任与权力边界等问题的深入、细致研究；三是现有研究成果中对我国社会组织在研究生教育治理中的行为方式、运行机制、组织框架等问题的研究不足；四是对国外相关社会组织在本国研究生教育治理中的作用、行为模式，内部组织结构、运行方式，与政府、研究生培养单位之间的关系等问题研究不够深入、系统。总之，国内外学者对本书中的相关问题研究的不足，为本书以社会组织为研究对象，探讨其在研究生教育治理中的行为模式提供了空间。

第五节　研究设计

一　研究思路

本书以研究生教育治理为研究范畴，以社会组织为研究对象，探讨社会组织在研究生教育治理中的行为模式。作为破解西方国家在日益复杂的社会事务中政府失效和市场失灵问题而出现的一种新的理论，治理理论认为社会组织是现代社会治理的重要主体之一，在其中扮演着重要角色。因此，治理理论强调要充分向社会组织分权，以更好地发挥社会组织的作用。社会组织参与社会治理，体现了社会治理的民主化和科学化，是社会现代化的重要体现。当前，我国政府正在从传统的全能型政府向有限型政府治理范式转变。政府治理范式的变革，构建政府、高校、社会之间的新型关系，为社会组织采取主动措施、积极发挥自身功效提供了现实基础。特别是在我国加快推进国家治理体系和治理能力现代化的时代大背景下，实现研究生教育治理体系和治理能力现代化，成为我国研究生教育领域紧迫而现实的任务。研究生教育处于我国教育体系中的最顶端，自身承担着科学研究、人才培养、服务社会、文化传承、国际交流与合作的功能，这使其在与政府、社会和市场的关系中具有自身独特性。加快推进研究生教育治理体系和治理能力现代化，需要包括社会组织在内的多元主体积极参与。社会组织参与研究生教育治理活动，是研究生教育治理的典型特征。而多元主体共同参与治理是研究生教育的实施路径，善治是研究生教育治理的目标。善治的要素包括治理的合法性、透明性、责任性、法治、回应和有效等。① 研究生教育善治的最终目标是实现各主体利益的最大化，使之成为人民满意的教育。

面对我国研究生教育需求的多元化与优质研究生教育资源供给不足之间的矛盾，充分发挥社会组织在研究生教育治理中的利益表达、利益分配等方面的作用，成为加快实现我国研究生教育治理体系和治理能力现代化的基本途径。因此，研究生教育治理只有真正明确了社会组织与政府、培养单位等众多利益主体具有同样的地位，划分彼此的权责界限，并在此基础之上实现多元主体之间的平等对话、互相协作、共同参与，才能真正加快推动研究生教育治理

---

① 俞可平：《治理和善治：一种新的政治分析框架》，《南京社会科学》2001年第9期，第40~43页。

体系和治理能力现代化。否则，仅仅从研究生教育内部探讨研究生教育治理的问题，并不能完全显示治理的成效。

本书在对上述问题有了深刻认识的基础之上，首先，提出社会组织参与我国研究生教育治理，不仅是适应我国经济社会改革发展需要的，更是为了有效满足我国研究生教育以主动服务、提高质量为核心，建设研究生教育强国的现实需要。为此，本书界定了社会组织的内涵，对社会组织和研究生教育治理的现状进行了评述，指出国内外已有研究的不足。在理论基础分析的基础之上，本书构建了社会组织在研究生教育治理中的三种基本行为模式。其次，本书通过比较分析和历史梳理，对美国、英国、法国三种不同行政体系下的社会组织的组织特征、行为模式、与政府之间的权责关系等进行深入研究，为我国社会组织在研究生教育治理中更好地发挥作用提供了经验借鉴。以中国学位与研究生教育学会和中国高等教育学会为案例，本书分析了我国社会组织的组织结构、运行模式及其在研究生教育治理中的行为方式，并以此为基础，深入探讨了社会组织在"管办评"中行为缺失的具体表现，并探析了问题产生的深层次缘由。最后，在前面的研究基础之上，本书指出我国社会组织在研究生教育治理中的理性选择模式，为促进社会组织自身发展及研究生教育综合改革，建设研究生教育强国提供实践指导。结语部分，本书在总结全部研究的基础上得出了五条基本结论，并指出本书的创新点、不足、展望及今后努力的方向。

二 技术路线

本书遵循理论与实践、经验研究与案例分析相结合的方式，以问题为导向，综合运用理论分析、模型建构、案例调查等研究方式，统筹使用治理理论、利益相关者理论等理论，对研究问题进行深入探讨（见图1-1）。

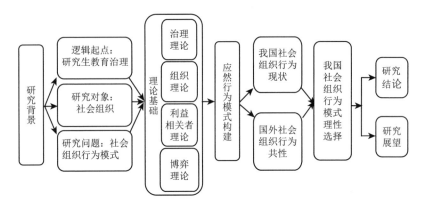

图 1 - 1　本书技术路线

基于以上技术路线，本书各章的主要内容如下。

第一章：绪论。主要阐明本书的研究背景、研究问题和研究意义，界定本书的核心概念，对国内外相关研究进行文献梳理，阐述本研究的思路、研究方法等。

第二章：理论基础。通过对治理理论、组织理论、利益相关者理论和博弈理论的内涵、特征进行解析，为本书的研究提供了理论基础。

第三章：社会组织在研究生教育治理中的应然行为模式。此章节在分析了社会组织在研究生教育治理中的行为内涵与应然角色基础之上，在理论基础的指导下，构建了社会组织在研究生教育治理中的三种基本行为模式：委托－代理模式、松散关联模式和分离自主模式，并指出了这三种模式的特质。

第四章：国外社会组织在研究生教育治理中的行为研究。通过对美国、英国和法国不同行政体制下，社会组织在研究生教育治理中的行为横向比较指出，这些国家的社会组织在研究生教育治理中的行为方式既有各自特点，又具有很多共性特征。

第五章：我国社会组织参与研究生教育治理的行为研究。以中国学位与研究生教育学会和中国高等教育学会为案例进行实证研究。该章对两个学会及其分支机构的运行模式、组织结构、主要职能等进行了系统分析，总结了我国社会组织在参与研究生教育治理过程中所取得的主要经验，并指出了其面临的主要挑战。

第六章：社会组织在研究生教育治理中行为模式的理性选择。该章指出了社会组织参与研究生教育治理的困境及其缘由，提出分离自主模式是我国社会组织在研究生教育治理中行之有效的理性选择。为此，该章探讨了社会组织持续提升自身能力的实施路径，以及多元主体之间和谐关系的构建，为我国社会组织在研究生教育治理中发挥更加有效的作用提供理论与实践指导。

第七章：研究结论。本部分主要对全文进行总结分析，指出本书的创新点与不足，并对今后的研究进行展望等。

三　研究方法

研究方法既是研究得以顺利开展的工具，也是研究得以顺利实施的基础和条件。研究方法的选择是否得当，决定着该研究能否顺利开展及研究结论的正确与否。本书依据研究的主要问题采用定性研究方法，将访谈调查法、案例分析法、文献研究法、比较研究法等贯穿于整个研究过程，并结合各章节内容实际采用不同的研究方法。

（一）文献研究法

为了突出研究的精准性，本书对国内外相关文献进行了广泛的检索，并将文献研究法贯穿于本书的始终。一是围绕社会组织的概念、发展困境和发展策略，教育治理的内涵及特征，社会组织的行为模式等，从期刊论文、学位论文、研究著作和报告等方面，对国内外学者的研究成果进行了检索、梳理和综述，掌握了上述文献的研究概貌和缺陷。二是本书收集了美国、英国和法国研究生教育管理体制，社会组织在研究生教育治理中的行为方式等方面的文献，其中有关国外社会组织的运行体制机制等文献，是通过浏览这些国家政府部门和社会组织的网站获取的第一手资料。

（二）比较研究法

研究社会组织在研究生教育治理中的行为模式，不能脱离国际视野。本书选取美国、英国和法国，对这三个国家的社会组织在研究生教育治理中的行为进行比较研究。这不仅仅是因为美、英、法三国的研究生教育具有悠久的历史，更在于由于这三个国家的行政体制不同，使得社会组织在这些国家的研究生教育治理中的作用各有特色，形成了比较有代表性的研究生教育治理模式。同时，这些国家的社会组织行为有很多共性。剖析总结国外社会组织行为的共性，能够为新时代我国社会组织在研究生教育治理中发挥更大、更好的作用提供有益借鉴。

（三）案例分析法

案例分析法是教育研究中的一种基本方法。通过对典型案例的深入剖析，能够更好地增强对研究对象的认识。本书以中国学位与研究生教育学会和中国高等教育学会为案例，从组织内部出发，深入研究了它们的组织结构、运行模式、主要职能等内容，探讨了它们在研究生教育治理中的主要行为，并以此为基础，指出我国社会组织在参与研究生教育治理时所面临的机遇与挑战，从而为我国社会组织在研究生教育的新时代进行理性行为选择提供参考。

（四）访谈调查法

为增强对社会组织的感性认识，获得社会组织参与研究生教育治理的现状及制约因素等方面的第一手资料，本书采用了访谈调查法。本书使用的访谈调查法是半结构性访谈，即在访谈中以访谈提纲为基础，采取灵活的方式对相关人员进行了深度访谈，获得了大量的资料。本书共选取了 30 位专家作为访谈对象，他们中既有社会组织的主要领导、分支机构的管理人员，也有社会组织的理事，更有长期从事研究生教育研究的人员。同时，他们在研究生教育研究领域和实践层面皆有一定的知识积累和实践经验。通过访谈调查，一方面为本书的理论解释、模式结构提供了验证信息，另一方面也能为本书提供佐证材料。

第二章　理论基础

　　有效发挥社会组织在研究生教育治理中作用的根本目的在于，实现研究生教育治理体系和治理能力的民主化、理性化和现代化。我国研究生教育治理的改革与创新离不开社会组织的积极主动参与。通过社会组织的行为推动我国的研究生教育治理和社会发展，是未来我国研究生教育综合改革和发展的基本趋势。本书从治理理论、组织理论、利益相关者理论和博弈理论的内涵、特征出发，阐释社会组织在研究生教育治理中的行为，进而为本书奠定坚实的理论基础。

第一节　治理理论

　　"治理"是当今世界各国治国理政的基本理念。自 1989 年世界银行首次使用该词语描述非洲的情形之后，"治理"的理念和思想日益被世界各国所认同，全球治理、国家治理、社会治理、经济治理、教育治理等，充分体现了治理理论的广泛适用性。目前，治理理论已经形成了一套完整的理论体系和分析框架，"更少的统治，更多的治理"已经成为各国发展的基本思想。

一　治理理论的产生背景

　　任何一种理论的产生，都有其深刻、复杂的社会背景，治理理

-

论的产生同样遵循这一规律。为了准确把握治理理论的内涵和实质，我们有必要对治理理论产生的社会背景做简要分析。从治理理论产生的背景来看，主要有以下三个方面。

一是全球性问题日益增多需要各国共同治理。当今世界，全球政治经济一体化和世界多极化趋势的加快，在全球范围内产生了大量具有共性和一致性的问题，单纯依靠各国自身的力量已经无法解决，亟待各国通过协商与合作的方式共同应对。特别是新兴市场经济的兴起，新兴国家已经成为世界经济发展的新动力，并由此带来的利益、权利与义务的重新分配，使得全球政治经济格局发生了深刻变化。为此，各国需要打破利益壁垒，在政府之间、政府与非政府组织、非政府组织之间构建双边及多边合作的治理机制，实现全球的共商、共建、共享。全球治理并不以创建新的世界秩序为目的，而是要借助于各种国际力量，确认全球治理责任，建立一种与世界秩序的霸权观念相反的模式，它意味着国家与非国家行为主体之间的合作，以及从地区到全球层次解决共同问题的新方式。①

二是各国应对"政府失灵"和"市场失灵"而进行的制度创新和理念创新。20 世纪 70 年代，在西方市场经济中，由于垄断、信息不完全，以及在公共物品领域仅仅依靠价格机制来配置资源无法实现效率的帕累托最优，出现了失业、市场垄断甚至是经济危机。同时，这一时期西方政府机构臃肿、职能扩张、服务低劣、财政危机频发等问题不断涌现。面对政府和市场的双重失灵，各国都努力探索全新的社会管理模式，而以民主、平等、协商为特征的治理被认为是应对市场失灵和政府失灵的重要机制。因此，越来越多

---

① 龙献忠：《从统治到治理——治理理论视野中的政府与大学关系研究》，华中科技大学博士学位论文，2005，第 18～33 页。

的人热衷于以治理机制应对市场或国家政府协调的失败。^① 在公共管理领域，随着社会经济的发展，社会结构不断变化，公民意识不断增强，政府与社会的关系发生了深刻变化，传统的政府管理模式已经无法适应社会发展的需求，需要多元力量共同推动社会变革。

三是社会组织的日益壮大和发展，为治理理论的发展提供了现实基础。治理理论的一个重要预设就是有发育较为成熟的非营利组织的存在，这是治理理论得以产生、发展并应用于公共管理实践的一个必不可少的社会条件。自 20 世纪 80 年代以来，各国社会组织在规模上得以快速扩大，成为推动各国社会发展的重要力量。随着社会组织的不断发展和壮大，它们参与的社会公共事务的领域和范围不断扩大，在社会公共事务管理中的作用日益增强。与此同时，随着社会组织的不断扩大，它们对于平等参与社会管理的诉求也不断增强，期望与政府和其他社会主体共同行使管理社会的职责和权力，以更好地表达和维护自身及利益相关者的利益。

二 治理理论的特征解析

治理一词英文为 Governance，其本意是引导、控制和操纵。长期以来，治理理论主要运用于公共事务管理和政治管理活动。自 20 世纪 90 年代以来，治理理论在西方政治学、经济学和管理学领域被广泛应用。特别是在公共管理领域，治理一词逐渐获得话语权，日益取代了长期使用的"管理"一词。公共行政学引入治理概念，并对其加以发展和改造而形成的包括政府行政管理和公共部门管理在内的新的学科范式，标志着公共行政学发展到了一个新的阶段。作为一种新的理论范式，治理理论并不是对新公共管理理论的

---

① 〔英〕鲍勃·杰索普、漆燕：《治理的兴起及其失败的风险：以经济发展为例的论述》，《国际社会科学》（中文版）1999 年第 1 期，第 32 ~ 48 页。

简单修补和完善，而是在汲取、整合并超越新公共管理模式的基础之上，构建的一种新范式和新理念。这一理论以政府、社会和市场之间的合作网络为理论起点，对三者之间的责任边界重新进行了界定和划分，构建了民主、平等、互动和合作的集体行动状态，突出强化了社会组织在公共治理中的地位和作用，体现了人们对公共管理的全新认识。较之于传统的公共行政学，治理理论呈现出以下特征。

第一，治理主体的多元化。治理理论强调社会管理不仅仅是政府的责任和权力，更需要充分调动其他主体的积极性和创造性，明确各自的定位、分工和角色，实现平等、协商、民主地参与公共治理。换言之，社会治理的主体不仅仅包括政府部门，还应涵盖各种非政府部门、社会组织、私人部门甚至公民个人等。在某些领域，社会组织或个人甚至比政府拥有更大的优势。治理主体的多元化，强调了以往由国家包揽的部分权力和承担的责任，开始向社会组织等其他主体横向分权的观念，体现了社会治理模式从政府的一元管理模式向以政府为主导，政府、市场和社会组织共同参与的多元共同治理模式转换。在此过程中，多元主体之间形成了一种权力相互依赖制约而又合作的伙伴关系。这种关系的维系需要多元主体依靠自身的实力和资源，通过协商、对话、沟通等方式增强彼此的理解，确立共同的奋斗目标，并适当放弃各自的部分权利，以实现对社会的共治。

第二，主体间权力的互相依赖性和互动性。所谓权力的相互依赖是指参与社会治理的各个主体，无论是政府部门还是社会组织，都没有足够的权力和资源去独立解决一切社会问题，而是需要依赖于其他主体的共同协作。这种权力的依赖性也决定了多元主体之间只有建立互动的关系，才能真正实现对社会各项事务的有效治理。同时，这种互动不是单一的、自上而下的一种约束，而是在建立平等和协商的基础之上的一种自下而上的互动管理，其权力向度是多元的、互动的，彼此是合作式伙伴关系。这种合作既包括政府与非政府之间的合作、私人机构和公共机构的合作，也包括社会组织与政府的合作等。

第三，多元主体权力边界的模糊化。所谓权力边界的模糊化是指在政府与社会、政府与市场、市场与社会之间的权力日趋模糊。这种模糊化的背后实际是隐含着政府的公共权力向社会组织等治理主体的下放和让渡。它要求政府实行分权制改革，将理应由社会组织等主体享有的权力，转移和下放给它们，以充分发挥它们参与社会治理的积极性和主动性。同时，政府权力的多中心化，是政府深化简政放权、放管结合、优化服务改革，持续推进政府由全能型向有限型转变的具体体现。

第四，参与是公共治理的核心价值。在治理理论形成以前，各国政府管理大致经历了四种模式：重商主义政府模式、古典自由主义模式、凯恩斯主义模式和新自由主义模式。这四种模式虽然在一定时期发挥了各自的优势，但是都存在社会组织不能有效参与公共事务管理的缺陷。治理理论正是看到了这一不足，把"参与"作为核心价值。多元主体"参与"治理，是建立在彼此地位平等的基础之上的。它们以民主、协商、沟通与合作等方式，共同推动社会治理，并最终实现社会善治的目标。社会组织参与治理是社会民主化的重要表现，其价值的落脚点在于，多元主体对公共事业的平等协作、共同参与，共同承担公共管理的责任。社会组织参与公共事务管理的实质是通过权力和利益的分配，促进公共利益的最大化。

第五，社会组织是治理的重要组成部分。在治理理论中，社会组织被认为是治理的重要主体之一和重要组成部分。在社会公共物品或准社会公共物品的提供方面，较之于传统公共管理中政府作为唯一的公共物品提供者，治理理论下的社会组织被认为是社会公共服务的重要供给者。社会组织不仅可以组织活动调动公民参与社会生活的积极性，促进公民与政府、社会与国家之间的合作，也可以通过发挥自身的专业特性，减轻政府治理社会的负担。

与政府相比，社会组织参与治理具有自身独特的优势：一是它提供的服务以非营利性为宗旨，具有很强的公益性质，能够把公平和效率有机地结合起来。二是社会组织具有较强的灵活性。与政府科层制组织结构和等级权力不同，它的组织结构是灵活的、扁平式的，因而在提供某些公共物品时比政府更具高效率和灵活性。三是社会组织拥有很强的独立自主性。社会组织是在公民志愿参与的基础之上建立的自治性组织，它的生存和发展不依赖于政府部门的权力和资源，而是依靠自身的专业知识和专业队伍，通过为多元主体提供服务获得发展。社会组织的相对独立自主性，能够保证它参与活动时的客观性和科学性。四是它能够把市场机制和社会组织自身的优势有机结合。作为社会治理的主体之一，社会组织运用市场化的机制和手段，向公众提供各种服务，能够降低政府投入的总资本，减轻政府的负担，提高政府效率。

表 2-1　三种政府管理范式比较

项目	要素	公共行政理论	新公共管理理论	公共治理理论
环境特征	时代背景	政府统治	政府失灵	政府和市场双重失灵
	价值基础	公共伦理	竞争和市场化的效力	分散和竞争
	理论基础	政治科学和公共政治	理性选择理论、管理主义	制度和网络理论
	国家性质	单一化	管制型	多元主义
主要内容	关注对象	政治体制	组织	环境中的组织
	资源配置	等级制	市场、古典或新古典合同	网络和理性合约
	服务系统	封闭式	理性的开放	选择性开放
运行模式	管理目标	遵守规则和程序	产生的效率和效果	创造公共价值
	组织结构	官僚组织	市场机制	协作网络
	问责机制	层级制	市场化	多元方式
	政府角色	设计和执行政策	释放市场活力	维护协商、协作网络

资料来源：Stephen P. Osborne, *The New Public Governance? Emerging Perspectives on the Theory and Practice of Public Governance* (London: Taylor & Francis, 2010), pp. 42-62。

三　治理理论的指导价值

综观国内外研究发现，目前国内外学者对于治理具有的共性已经达成了某些共识。这些共识的价值在于，为在研究生教育治理中更好地界定多元主体的权责边界提供了一个系统的分析框架。

一是治理是社会发展的必然趋势。这一趋势意味着国家（政府）－社会关系的调整，即原先国家（政府）中心的地位，被国家、社会、市场"三权分立"所替代。相对于传统的全能型政府，当代社会的政府，一方面要发挥宏观指导作用，积极转变管理职能和方式，保障社会公共事务运行的良好制度环境。另一方面要向其他社会力量分权，允许其参与公共事务管理当中。社会组织作为政府职能转变的承接者和社会公共服务的主要供给者，其在研究生教育治理中的地位必将日益提高，作用日益增强。

二是社会组织是研究生教育治理的主体之一。社会组织作为国家治理的主体之一，以其专业性、科学性、独立性等特性，为社会提供了多元化的社会服务。研究生教育治理作为国家治理的重要组成部分，必须依靠并充分调动社会组织的积极性和主动性，发挥其自身优势，才能更好地推动研究生教育治理体系和治理能力的现代化建设。发挥社会组织在研究生教育治理中的作用，一方面要界定多元主体之间的责任边界，另一方面政府也需要向社会组织放权和分权。同时，只有明晰多元主体之间的权力配置及相互关系，才能为研究生教育治理主体提供基本的激励结构和策略空间。

第二节　组织理论

社会组织是组织的一种类型。简明扼要地阐释组织的基本概念和基本范畴，认真梳理组织理论的核心要义，系统分析组织的基本结构、职能定位、层级关系、运行模式等，有助于更好地发挥社会组织在研究生教育治理中的作用，为构建其在研究生教育治理中的行为模式提供重要依据和理论支撑。

一 组织理论的基本内涵

在管理学研究中，组织是其研究的核心内容之一。20 世纪初，"科学管理之父"弗雷德里克·温斯洛·泰勒（Frederick Winslow Taylor）、法国的亨利·法约尔（Henri Fayol），分别从科学管理和行政管理的角度，针对企业组织的局部问题进行分析和研究，以期找到导致组织效率低下的缘由，提高组织运行效率。但是，早期学者有关组织的研究，并未有意识地将组织作为一个独立的研究对象进行研究，更没有对组织进行科学界定。最早对组织进行界定的是被称为"现代组织理论之父"的马克斯·韦伯（Max Weber）。他在《社会组织和经济组织理论》一书中，将组织定义为："组织成员在追逐共同目标和从事特定活动时，成员之间法定的互相作用。"1938 年西方现代管理理论中社会系统学派的创始人，美国著名管理学家切斯特·巴纳德（Chester I. Barnard）在其经典著作《经理人员的职能》中把组织定义为：一个有意识地对人的活动或力量进行协调的体系。[①] 巴纳德认为，一个正式组织的建立需要具备三个基本条件：协作意愿、共同目标和信息交流。在这三个条件中，巴纳德突出强调协作的作用。他认为，组织继续下去的必要条件是彼此协作。在此基础之上，他从组织自身特性出发，以组织结构的逻辑分析为重点，提出了一套协作和组织理论。

20 世纪 70 年代初，罗宾斯（Stephen P. Robbins）对众多学者关于组织的定义进行了分类，并归纳出 10 种基本定义。在此基础

---

① 〔美〕C. I. 巴纳德：《经理人员的职能》，孙耀君译，中国社会科学出版社，1997，第 59 页

之上，罗宾斯认为，组织是对人员的一种精心安排，以实现某个特定目的。[①] 同时他指出，虽然各组织的类型、结构和运行机制不同，但是所有组织都具有三种共同特征：每个组织都由人构成，具有明确的目标和精细的结构。现代著名管理学家彼得·德鲁克（Peter F. Drucker）认为，组织的结构特别要满足以下一些最低要求：清晰性、经济性、愿景的方向、对个人任务和共同任务的理解、决策、稳定性和适应性，以及永存性与自我更新。[②] 在德鲁克的管理思想当中，他强调组织结构既要以任务为中心，也要以人为中心，既要形成权力机制，又要突出责任。在迈克尔·希特（Michael A. Hitt）看来，组织为了进行管理工作，需要对资源进行系统整合，这种职能就被称为组织。它包括确定职位之间关系的适当结构，以及担任这些职位的人员之间关系的适当结构，并将这种结构与组织的整体战略方向联系起来。[③]

综观诸多学者对于组织的界定，我们可以将组织划分为两类，一是作为实体的组织，二是作为过程的组织。所谓实体的组织，它更加强调组织是由人构成的系统集合，组织成员之间有共同的目标、明确的分工和合作、不同层次的权力和责任制度。作为过程的组织，则是从职能角度对组织进行的界定。它把组织看作是一种管理的活动，表现为一系列的行动过程。

二 组织的结构特征解析

组织结构是组织体系得以建立的基础和前提，为组织的控制、

---

① 〔美〕斯蒂芬·P. 罗宾斯、〔美〕玛丽·库尔特：《管理学（第11版）》，李原等译，中国人民大学出版社，2012，第7页。

② 〔美〕彼得·德鲁克：《管理、使命、责任、实务（实务篇）》，王永贵译，机械工业出版社，2008，第167页。

③ 〔美〕迈克尔·希特、〔美〕斯图尔特·布莱克、〔美〕莱曼·波特希特：《希特管理学（原书第2版）》，张骁译，中国人民大学出版社，2009，第9页。

管理、决策提供了蓝图。组织的结构受到战略、规划、规模、环境等几个关键因素的影响。组织的设计要充分考虑自身的目标、任务，以及组织所面临的内外部环境变化，并且组织化的结构受到差异化、正规化、一体化、集权与分权等要素的制约。组织结构的设计只有充分考虑到这些因素，才有利于实现组织结构的最优化和组织功能的最大化。否则，组织的内部各部分就无法有效运作，更无法保证组织各项目标和任务的有效实现。

随着经济社会的不断发展和组织自身功能的不断完善，组织的结构也日益呈现多元化的趋势。但是，认真考察现有的组织结构可以把它们归纳为直线型、职能型、直线职能型、事业部型、矩阵型、网络结构型、虚拟组织等七类（见表2-2）。

表2-2　各类组织结构的特点

类型\特点	优点	缺点
职能型	各部门责任、职责和管理明晰;垂直沟通;维护权威,任务专业化;能发挥各部门的职能特长;资源利用率高。	权力扩张和官僚作风;远景狭隘、创新受限;任务责任不明确;弱化目标、分工过细,减弱了协作。
矩阵型	组织灵活性强;成员之间更易于沟通和理解;人员和资源易于整合;管理者角色多样化;以成果为导向,各部门的协作性强。	责任界限模糊;言多于行;各部门的职能冲突明显,难以实现对各部门的统一指挥。
直线型	各部门职权结构清晰,责权明晰;决策快速;指挥系统清晰、统一。	管理者承担责任过多,过度依赖少数员工;缺乏专业分工。
直线职能型	组织专业化程度高,结构灵活;成员参与活动的积极性高;部门工作效率高、持续久。	下级缺乏自主权;部门联系较差,信息反馈较慢。
网络结构型	组织结构灵活,易于各部门发挥自身优势,独立开展各项工作。	领导者缺乏对组织的有效控制;难以保护成员的创新成果。

类型＼特点	优点	缺点
事业部型	对各部门的管理比较灵活,专业化程度高;内部协作性较好,有利于实现任务目标。	管理层次较多,不利于彼此合作,整体目标效果差。
虚拟组织	组织运行成本低,效率高;动态化的团队,能快速解决问题;能广泛整合各类资源;成员之间彼此信任。	对管理者沟通与合作能力要求较高;组织文化缺乏。

资料来源:〔英〕蒂姆·汉纳根:《管理—理念与实践》,周光尚、龙桑田、刘文华译,中国社会科学出版社,2006,第55~76页;〔美〕海因茨·韦里克、马春光、〔美〕哈罗德·孔茨:《管理学精要:国际化视角(原书第7版)》,机械工业出版社,2009,第24~36页;〔美〕安德鲁·吉耶尔:《真实情境中的管理学》,耿云等译,中国人民大学出版社,2010,第34~58页;翟学智、王强、刘元元:《管理学基础教程》,清华大学出版社,2010,第18~34页;〔美〕迈克尔·希特、〔美〕斯图尔特·布莱克、〔美〕莱曼·波特希特:《希特管理学(原书第2版)》,张骁译,中国人民大学出版社,2009,第9页。

通过对以上不同类型组织的特点进行分析,可以看出不同的组织结构,适用于不同的组织类型。而不同的组织在定位、运行机制、权力分配等方面也存在差异性。明茨伯格在深入研究了各种类型组织后,对组织进行了分类,并归纳出不同类型组织的协调机制、关键部分和分权类型等(见表2-3)。

表2-3 部分组织的结构、协调机制、关键部分及分权类型

结构	主要协调机制	关键部分	分权类型
机械化组织	工作流程的标准化	技术机构	有限横向分权
专业化组织	技能的标准化	运作核心	水平分权
多元化组织	产出的标准化	中层	有限纵向分权
创新性组织	互相调整	辅助性职员	选择性分权
政治性组织	无	无	各种分权

资料来源:〔美〕亨利·明茨伯格:《明茨伯格论管理》,闾佳译,机械工业出版社,2010,第86页。

三 组织理论的指导价值

组织理论作为指导和推动组织自身发展及完善的一种理论体系，只有运用其深入系统地分析组织内部的基本特征、组织结构、运行机制，阐明组织内部各要素各系统之间、组织与外部系统的关系，才能够更好地促进组织自身的建设和发展。社会组织作为组织的一种类型，有效提升自身在研究生教育治理中的地位，推动自身在研究生教育治理中发挥更大、更有效的作用，必须运用组织理论作为指导自身建设和发展的基本理论。为此，在研究生教育治理中，社会组织必须充分运用组织理论指导自身的发展理念、发展方向、发展目标、发展方式和发展路径，明晰自身的定位和作用，不断完整自身的组织体系和组织结构，不断拓展自身服务研究生教育治理的功能，不断增强自身的内部权力分配与运行体制机制，不断提高自身的组织能力、协调能力、决策能力、资源获取与整合能力、管理能力和公信力等核心能力。只有这样，才能提高社会组织运行的效率和效益，才能使之真正成为加快推进我国研究生教育治理体系和治理能力现代化建设的重要力量。反之，如果不从组织内部去探讨其组织体系、运行体系等问题，就无法真正发挥社会组织在研究生教育治理中的作用。

第三节 利益相关者理论

研究生教育治理体系是一个复杂的体系，它涉及政府、研究生培养单位、研究生导师、在校研究生、研究生家长、用人单位、社会等众多主体的利益。为此，我们必须明确划分研究生教育治理中的利益主体，明晰彼此的责任边界与权责关系。利益相关者理论为本书中涉及的这部分内容提供了有力的理论支撑。

一 利益相关者理论的基本内涵

利益相关者是一个源于经济学的概念。《牛津词典》中关于利益相关者的最早解释是，它是用来表示人们在某一项活动或企业中"下注"，在活动进行或企业运营的过程中抽头或赔本。① 利益相关者理论最早源于 1932 年哈佛学者杜德驳斥波利时发表的一篇文章，文章指出：公司董事必须成为真正的受托人，他们不仅要代表股东的利益，而且要代表其他利益主体如消费者、员工，特别是社会的整体利益。② 但是，这一观点在当时并没有引起广泛关注。1963 年美国斯坦福研究所（SRI）研究人员界定了"利益相关者"这一概念后，利益相关者理论才逐渐受到学术界的关注。他们把利益相关者界定为：一些团体，没有其支持，组织就不可能生存。③ 20 世纪 80 年代中期，利益相关者理论开始在全球兴起。1984 年，弗里曼（Freeman）出版了其里程碑式的著作 *Strategic Management：A Stakeholder Approach*。在这本著作中，弗里曼提出了利益相关者的经典定义：利益相关者是能够影响一个组织目标的实现，或能够被一个组织实现其目标的过程影响的所有个体和群体。④ 这一著作的问世，引发了众多学者关于利益相关者的广泛探讨，并逐渐将这一理论纳入战略管理研究的范畴之内。1990 年美国宾夕法尼亚州参众两院以压倒性票数通过《宾夕法尼亚州 1310 法案》，作为 1983

---

① 贾生华、陈宏辉：《利益相关者的界定方法述评》，《外国经济与管理》2002 年第 5 期，第 13~18 页。
② E. Merrick Dodd, "For Whom are Corporate Managers Trustees?", *Harvard Law Review* 7 (1932), pp. 1145 – 1163.
③ 〔美〕弗里曼：《战略管理——利益相关者方法》，王彦华、梁豪译，上海译文出版社，2006，第 37 页。
④ R. Eduard Freeman, *Strategic Management：A Stakeholder Approach* (London：Cambridge University Press, 2010), pp. 220 – 231.

年宾夕法尼亚州公司法的修正法案。这一法案的通过，使利益相关者理论成为当今企业和社会中至少某一个重要方面的主旋律。[1] 20世纪 90 年代以后，以弗里曼（Freeman）、多纳德逊（Donaldson）、琼斯（Jones）、克拉克森（Clarkson）、科林斯（Collins）等为代表的众多学者对利益相关者理论的不断丰富、发展和完善，使得这一理论逐步成为人们认识和分析一个组织行为的既定理论框架，广泛应用于企业战略管理、公司治理等经济领域，并逐渐扩展至社会生活的其他领域，包括高等教育及研究生教育领域。与此同时，利益相关者理论在经历利益相关者影响和利益相关者参与两种治理模式的发展阶段之后进一步完善，并最终在 20 世纪末期促成了利益相关者共同治理观的形成与发展。到 20 世纪末 21 世纪初，利益相关者理论的影响已经远远超出当初的公司治理领域，以致它在社会科学的广泛研究领域开始得到甚至是不加界定的运用。[2]

在利益相关者理论中，逐步形成并发展的利益相关者共同治理模式，日益对社会公共治理产生着重要的影响。这一模式认为，应以契约安排和治理制度为基础，来分配所有利益相关者的控制权，并通过吸收所有的利益相关者来参与治理，共同分享并承担相关的风险，以实现共同治理。进一步说，所有利益相关者都应该参与到治理活动当中来，他们通过索取权的重新分配来实现自身利益，通过充分分配控制权来实现相互之间的制约与均衡，从而达到长期稳定合作的目的。因此，共同治理模式将利益相关者视为平等的主体，遵循平等合作治理逻辑。也正是在这一模式下，利益相关者被

[1]　Thomas Donaldson, Lee E. Preston, "The Stakeholder Theory of the Corporation: Concepts, Evidence, and Implications," *Academy of Management Review* 20 (1995), pp. 65 – 91.

[2]　Tomas M. Koontz, "We Finished the Plan, So Now What? Impacts of Collaborative Stakeholder Participation on Land Use Policy," *The Policy Studies Journal* 3 (2005), pp. 459 – 481.

视为治理的主体,并最终分享组织的决策权。因为在这一模式下,被赋予权力就决定着权利的分配和确定,而权力决定了权利的多少和参与的程度,从而制约权力影响的参与。因此,利益相关者被赋予权力并共同分享权力,以合作的模式共同治理体现了治理理念和实践的一次飞跃。

随着以多元化、分权化、利益化等为特征的社会形态的不断发展,以及人们对利益相关者认同感的不断提升,利益相关者也更加突出和强调在公共事务中的共同治理。究其原因,一方面,在公共领域公众参与治理的动力严重不足,已经无法满足社会发展的需要,因此各国都在努力探索新的治理模式。即使在像美国这样公众参与治理比较普遍的国家,公众在政策制定中的角色也"已经发生了实质性的变化……众多利益相关者之间的合作正在呈现出上升的趋势"。① 另一方面,随着利益相关者在经济活动中的地位不断提高,他们必然要求参与其中并分享政治权力。

二 利益相关者理论的特征解析

从利益相关者理论的主要特征可以看出,它强调多元利益主体在治理中的作用,以合作的模式深化共同治理,是对传统股东至上主义的有效修正。无论是查克汉姆把利益相关者划分为契约型利益相关者和公众型利益相关者、克拉克逊把利益相关者划分为自愿利益相关者和非自愿利益相关者,还是米切尔运用多位分析法划分出确定型、预期型和潜在型利益相关者,他们都认为利益相关者包括了众多的群体和个人。在公共事务领域,利益相关者包括政府、各种社会组织、团体及个人等。它们在公共事务领域活动中有着共同

---

① Tomas M. Koontz, Elizabeth Moore Johnson, "One size does not fit all: Matching breadth of stakeholder participation to watershed group accomplishments," *Policy Sciences* 37 (2004), pp. 185-204.

的目标或利益，它们的行为直接或间接地影响各利益相关者权力的实现方式，从而制约着彼此合作治理的方式和途径。该理论认为，无论是在公司治理方面还是社会公共事务治理过程中，都需要充分调动所有利益相关者的积极性，并推动其共同参与，以保证所有利益相关者的正当利益得到有效维护。因此，多元主体共同参与治理，是利益相关者理论的核心要义。该理论的实质是在综合所有利益相关者主体的利益和责任的基础之上，去维护它们长远的、共同的利益。在公共治理活动中，能否以及如何科学把握和有效协调利益相关者的利益，不仅成为衡量治理能力强弱和治理水平高低的标尺，也成为最终决定治理成败的关键。①

三 利益相关者理论的指导价值

将利益相关者理论引入并指导本研究，具有重要的意义和价值。一方面，由于研究生教育治理活动涉及众多利益相关者，需要运用利益相关者理论指导和协调彼此的利益与关系，划分彼此的权责界限。研究生教育利益相关者可以划分为两大类：内部利益相关者和外部利益相关者。所谓内部利益相关者主要是指，研究生培养单位、研究生导师、在校研究生、培养单位的研究生教育管理者等。外部利益相关者主要包括政府、社会组织、用人单位等。以政府为例，其作为研究生教育的重要外部利益相关者，扮演着研究生教育的管理者、监督者和服务者等角色。社会组织作为公众利益的代表，它既要求政府和研究生培养单位对社会公众关注的研究生教育相关问题给予回应，也代表社会公众参与到研究生教育的管理和监督活动。另一方面，研究生教育治理体系和治理能力建设的主要

---

① 王身余、刘曼华：《中国公共治理领域利益相关者研究的现状与展望》，《湖湘公共管理研究（第六卷）》，2015，第 141～147 页。

任务是满足多元主体的利益需求。因此，重视利益相关者在研究生教育治理中的地位与作用，维护其相关利益，强化彼此权力的均衡与制约，推动利益相关者共同参与研究生教育治理，才能提高我国研究生教育质量，才能增强研究生教育的公共服务能力，从而实现研究生教育的长久发展。

第四节　博弈理论

在研究生教育治理活动中，社会组织的行为，是社会组织与其他利益主体相互合作与竞争、对话与互动的过程。究其本质而言，这一过程是社会组织与其他利益主体进行利益和权力博弈的过程。因此，我们只有充分运用博弈理论分析研究生教育治理中社会组织与其他利益主体之间博弈的缘由，才能够划清彼此的权责界限，明晰社会组织与其他主体之间的关系。

一　博弈理论的基本内涵

博弈论（Game Theory），又称决策论，它是现代数学的一个分支，是运筹学的一个重要学科，也是经济学的重要分析工具。20世纪30年代，古诺等人在经济学文献中对博弈论进行了探讨。1944年，约翰·冯·诺依曼（John von Neumann）和奥斯卡·摩根斯坦（Oskar Morgenstern）共著的《博弈论与经济行为》（Theory of Games and Economic Behavior），奠定了这一学科的基础和理论体系。之后，在约翰·福布斯·纳什（John Forbes Nash Jr.）、莱因哈德·泽尔腾（Reinhard Selten）、约翰·海萨尼（John Charles Harsanyi）等人的推动下，目前博弈论已经被广泛运用于政治学、国际关系等众多学科当中。博弈论是研究一定规则下，各决策主体行为发生相互作用时的决策及决策结果的均衡问题。其中，参与人、行动、信息、策略、收益、均衡和结果等是博弈论的核心要素。一般任何一个博弈必须具备三个结构性要素：博弈参与人的全体或集合；每个参与人可供选择的全部策略或策略集合；每个参与人对不同策略组合结果的偏好或所获得的效用。① 根据不同的分类标准，可以将博弈理论划分为不同类型。根据当事人之间是否具有约束力的协议，分为合作博弈和非合作博弈。依据行为的时间序列，分为静态博弈与动态博弈两类（见表 2 - 4）。博弈论指出，利益主体之间形成博弈关系的前提是，一方面各利益主体之间拥有独立的利益诉求和目标，以及独立的决策自主权。另一方面是各利益主体之间利益的相互制约与依赖。一般来说，博弈论是在经济人或理性人的基础之上假设的，它通过各利益主体之间权力的博弈，以实现彼此利益均衡的目标。

表 2 - 4　博弈的基本类型及其对应的均衡理论

类型	静态	动态
不完全信息	不完全信息静态博弈/贝叶斯纳什均衡 代表人物:约翰·海萨尼	不完全信息动态博弈/潇练贝叶斯纳什均衡 代表人物:莱因哈德·泽尔腾
完全信息	完全信息静态博弈/纳什均衡 代表人物:约翰·福布斯·纳什	完全信息动态博弈/子博弈精练纳什均衡 代表人物:译尔腾

　　博弈论与公共政策的结合始于 20 世纪 70 年代。1977 年美国公共政策研究学者尤金·巴达克（Eugene Bardach）将博弈理论引入公共政策的执行研究当中，并出版了《执行博弈》一书。此后，以利益博弈的视角分析公共政策，成为西方国家公共政策研究的重

---

① 杨冠琼、刘雯雯：《国家治理的博弈论研究途径与理论洞见》，《中国行政管理》2017 年第 6 期，第 54~61 页。

要方向。与此同时，随着我国经济社会的不断发展，以及行政体制改革的不断推进，利益主体的多元化成为时代发展的基本特征。这也使得政府单一公共决策的方式，已经无法适应时代发展的新要求，需要在公共决策中引入新理论——博弈论。它是"研究决策主体的行为发生直接作用时候的决策，以及这种决策的均衡问题"。① 博弈论强调，个人收益的最大化不仅取决于个人行为，更取决于他人的选择。因此，个人在做出决策时，要考虑在他人最大利益的基础上实现自己利益的最大化。同时，它强调应充分尊重所有当事人参与决策的自由和权利，以及彼此的规制与均衡。博弈论下的公共决策主体区别于传统的政府单向度决策，它是多元主体共同决策。现代社会"人们已经不能再接受这样的观念，即政府的公共政策是由那些掌握权力，声称代表公共利益，但拒绝公民参与政策过程的少数领导人制定的。"② 现代西方公共决策的主流理论派别把公众参与公共决策当作实现民主化的重要手段。萨缪尔·亨廷顿（Samuel P. Huntington）指出，实现政治现代化的三大要素之一就是社会各阶层广泛的参与。而公共决策的过程是包括政府、社会等多元主体共同作用的过程，是多元主体之间相互博弈的过程。在决策过程中，由于决策主体之间的利益不同、目标不同，必然会在决策过程中产生冲突，冲突体现了多元主体之间权力和权利之间的限制，而冲突解决则是多元主体之间在权力与权利之间相互妥协的结果。博弈论认为，公共政策的决策是政府、社会组织和社会公众等利益主体，为了实现自身利益而在各种策略中选择一个最优化策略的过程，它是多种决策主体通过竞争、对抗和博弈等方式，达

①　张维迎：《博弈论与信息经济学》，格致出版社、上海三联书店、上海人民出版社，1996，第 2 页。
②　陈晓燕：《论我国公共决策机制的完善》，《湖北社会科学》2007 年第 6 期，第 24～26 页。

到利益相对均衡的结果。因此，社会组织与公权力进行博弈，则必
将促进公共决策的公平公正。

二　博弈理论的特征解析

博弈理论作为现代社会的重要研究范式和分析工具，被运用到
诸多研究领域，并有多人因在博弈理论研究中的突出贡献而获得诺
贝尔经济学奖。这说明，博弈理论在现代社会中的作用日益被认可
和重视。归纳起来，博弈理论具有如下基本特征。

第一，利益是各主体之间博弈的基础和目标。公共利益是指一
定范围内不特定多数人的共同利益。① 对于任何一个组织而言，其
生存和发展都需要一定的利益存在。但是，对于不同的利益主体而
言，他们之间的利益又存在非一致性和非均衡性。因此，获取并维
护自身利益成为各主体之间博弈的出发点和归结点。

第二，规则是各利益主体之间博弈的前提条件。博弈规则是利
益主体共同认可和遵循的规章和制度，对多元主体的行为具有制约
作用。一旦规则制定后，所有博弈主体必须遵守，否则就无法进行
博弈。根据规则约束力的大小，可以将规则分为正式规则和非正式
规则。其中，正式规则主要包括法律、制度等，非正式规则包括文
化、道德等。

第三，策略是利益主体之间博弈的关键所在。在博弈过程中，
利益主体根据所掌握的信息和所处的状态，进行最优化的策略选
择，以追求自身利益的最大化。为此，各利益主体需要掌握博弈的
标的、规则、其他利益主体的信息并权衡不同策略所带来的利益。
在此基础之上，选择最优化的策略，与其他利益主体进行博弈。

---

① 谢明：《公共政策导论（第四版）》，中国人民大学出版社，2015，第 14 ~ 15
页。

三 博弈理论的指导价值

研究生教育治理是一个复杂的系统，涉及众多主体的利益关系与权力博弈。推动研究生教育由管理走向治理的转变，必然涉及既有利益关系的重新分配与组合，也包括权力格局的深度调整等。厘清这些复杂的博弈关系，是深入分析与研究研究生教育治理问题的基础与前提。就研究生教育治理而言，其治理的主体包括政府、研究生培养单位和社会（包括社会组织、用人单位等）等。研究生教育治理的过程是研究生教育各利益相关者之间在民主、合作、平等、协商的基础之上的权责博弈过程。它们在不同的管理体制下的相互博弈与权力制衡，形成了不同的治理模式。就治理结果而言，是为了追求公共利益的最大化和均衡化。研究生教育治理体系和治理能力的现代化，不仅是理念的变革，制度的创新和机制的创新，也意味着多元主体之间关系的变革与重建。这一变革的目标是多元主体之间通过规制博弈、竞争博弈和权力博弈等，实现彼此利益的制约与均衡。因此，本书以博弈理论为指导，能够明晰多元主体共同治理研究生教育的权力基础和范围，加强社会组织与其他利益主体之间的协调、协商、协作和协同，助推其在研究生教育治理中发挥更加积极的作用。

总之，国外学者对治理理论、组织理论、利益相关者理论、博弈理论的概念界定、基本特征、与外部环境关系等进行的系统化研究和论证，为本书从社会组织的视角研究研究生教育治理问题提供了理论工具，并为从内部深入分析社会组织的运作机制、组织框架、行为方式提供了理论框架。同时，我们需要深刻把握我国经济社会发展的新形势、新阶段、新特点，在现有理论成果的基础之上，不断吸收借鉴、推陈出新，以新的理念、新的思维，构建具有中国特色的社会组织理论体系和研究生教育治理体系，不断提高我国研究生教育治理的能力。

第三章　社会组织在研究生教育
治理中的应然行为模式

自 20 世纪 80 年代以来，社会组织以其广阔的视野、独特的灵活性，成为西方国家公共事务治理的中坚力量。在国内，伴随着我国经济社会改革步伐不断加快，特别是政府积极转变职能、简政放权，社会组织在国家治理中的地位日益凸显，提供公共服务的功效不断增强，影响力不断扩大。就我国研究生教育而言，新时代我国研究生教育发展既面临新机遇，也面临着新矛盾、新问题。化解新时代我国研究生教育治理中的深层次矛盾，深化研究生教育综合改革，需要社会组织在内的多元主体积极主动参与。因此，对社会组织在研究生教育治理中的行为进行内涵解析，构建其在研究生教育治理中的应然行为模式，能够更好地指导我国社会组织在研究生教育治理中发挥作用。这对于促进社会组织的自身发展，加快推进我国研究生教育治理体系和治理能力现代化，具有重要的理论价值和实践意义。

第一节　社会组织在研究生教育治理中的
行为模式内涵解析

2014 年召开的全国教育工作会议上，明确将"深化教育领域综合改革，加快推进教育治理体系和治理能力现代化"确定为今后一段时间我国教育领域改革和发展的行动议题与中心目标。教育治理的重心在政府管理和学校内部管理两个层面上的社会广泛参与，更好地发挥全社会的作用。① 但是，在研究生教育治理中，社会组织的地位如何，应该如何参与，参与哪些事务是一个亟待解决的现实问题。因此，廓清社会组织参与研究生教育治理的内涵，厘清研究生教育治理各主体的利益关系与权责边界，构建社会组织在研究生教育治理中的行为模式，以谋求各方权力的相对制衡，无疑具有十分重要的理论和实践价值。它是系统谋划"管办评"分离路径，加快形成现代教育公共治理体系新格局的具体体现，是深化研究生教育体制改革的主要标志，是转变政府职能和教育管理方式的客观要求，也是全面提高研究生教育质量，实现研究生教育治理体系和治理能力现代化的现实需要。

一 社会组织参与研究生教育治理的内涵

自 20 世纪 90 年代以来，公共治理日益成为各国行政发展的新模式。这一理论以"参与"为核心价值，以利益相关者对共同体公共事务的参与和协商作为落脚点。"参与"的基本观点认为，官僚体制内的专家无法获得制定政策所需要的全部信息，甚至得不到正确的信息。② 因此，政策的制定只有在社会公众的参与下，才能保证其科学性、民主性和正确性。参与管理的主体不仅包括政府部门，也应包括全国性和地方性的各种非政府非营利组织、政府间和非政府间国际组织、各种社会团体甚至私人部门在内的多元主体的

---

① 褚宏启、贾继娥：《教育治理中的多元主体及其作用互补》，《教育发展研究》2014 年第 19 期，第 1～7 页。

② Majone, G. Evidence, *Argument and Persuasion in the Policy Press* (New Haven: Yale University Press, 1989), p. 68.

分层治理。① 社会组织作为公共治理的主体之一，参与治理结构的建造，一方面能够为社会组织的发展带来前所未有的历史机遇，使其地位和作用更加受到重视；另一方面它推动了社会治理体系和治理能力现代化进程中，政府管理模式由垄断走向共治，从划桨走向掌舵。

研究生教育治理是国家治理的有机组成部分，加快推动研究生教育治理体系和治理能力现代化，需要社会组织的积极、主动参与。特别是我国研究生教育事业经过 40 多年的规模发展，已经迈入由外延式扩展向内涵式发展的新阶段。全面提高我国研究生教育质量，优化研究生教育治理环境，化解研究生教育治理中的诸多矛盾和冲突，既需要政府转变职能、简政放权，也需要研究生培养单位强化主体意识，更需要社会组织的积极主动参与。治理就是关注多元的社会管理力量，重视社会组织群体力量的参与。② 社会组织参与研究生教育治理，就是要发挥社会组织在研究生教育治理中的政策咨询与建议，研究生教育研究与管理、研究生教育质量评价等环节中的独立性、客观性等作用。具体而言，社会组织充分发挥自身的独立性、客观性和专业性等特点，可以针对我国研究生教育政策的制定、修改和完善进行科学论证，对研究生教育改革与发展状况等实施调研，对研究生教育经费的投入和使用效益等开展绩效评估，对研究生教育的热点、难点及重点问题进行理论研究，参与制定研究生教育质量标准，对各研究生培养单位的学科实施专业化评估，对研究生培养单位的科研、教学、就业及总体质量等诸多方面进行科学的评价、监测与预警等。社会通过第三方机构的形式介入

---

① 滕世华：《公共治理理论及其引发的变革》，《国家行政学院学报》2003 年第 1 期，第 44～45 页。

② 楚旋：《我国职业教育的治理模式分析》，《职教论坛》2010 年第 7 期，第 9～13 页。

大学办学和管理，不仅是政府管理权的有益补充，也是社会监督和公共治理的权利表现。① 在研究生教育治理的过程中，社会组织在政府和研究生培养单位之间发挥着缓冲器、协调者的作用，能够有效减少政府直接干预培养单位办学的权力傲慢，也能了解和反映研究生培养单位的需要，更能明晰三者之间的责权边界，确保三者之间权力既相互独立又相互制约。

社会组织作为研究生教育治理的主体之一，是对传统研究生教育管理模式的超越，是研究生教育民主化的具体体现，也是研究生教育管理的现代形态。伯顿·R. 克拉克在《高等教育系统——学术组织的跨国研究》中指出，国家、市场（社会）和学校在高等教育的体系中处于三足鼎立状态，三者之间通过协调实现彼此权力关系的平衡，并呈现出良性制衡和互动发展的态势。在研究生教育治理中，社会组织作为治理的主体之一参与活动，打破了政府管理过程中权力过于集中，运行模式过于单一，运行机制过于刚性和强制性，运行成效过于低下等弊端。它能使研究生教育治理的模式更加多样化，运行机制更加灵活，运行成效大大提高，权力配置更加合理。正如 B. 盖伊·彼得斯指出的，参与式治理主要是诊断层级节制所造成的弊端，倡导扁平式组织结构，在进行公共决策时采取协商、谈判等方式以确保公共利益的实现。②

在研究生教育治理过程中，政府通过向社会组织重新分配权力，提高研究生教育治理的弹性和活力，体现了研究生教育从管理走向治理的转变。社会组织以协商、平等、民主、合作等形式参与研究生教育治理，体现出明显的法制化和理性化特征。克里泽姆认

---

① 黄彬：《大学外部治理的法权逻辑与重构路径——基于"管办评分离"的政策视角》，《中国高教研究》2016 年第 11 期，第 41~45 页。

② 〔美〕B. 盖伊·彼得斯：《政府未来的治理模式》，吴爱明、夏宏图译，中国人民大学出版社，2001，第 23 页。

为，在一个运送系统中，需要有好的协调机制才能为公众提供良好
的服务，而发展非正式的协调机制可以弥补正式结构的不足。① 在
研究生教育治理中，社会组织与政府、研究生培养单位等主体之间
的关系不是互相对立和冲突的，而是彼此合作共赢的共同体。因
此，社会组织与政府、研究生培养单位等主体之间存在权力的相互
依赖和制约，它们以协商为基础，通过彼此的沟通、对话和合作实
现共同治理的目标。其中，政府向社会组织分权，培养单位向社会
组织融权是实现社会组织参与研究生教育治理的基础和前提。政府
向社会组织分权就是要实现政社高度合一向政社分工合作的转变，
政府应该将部分职能和任务通过法定程序赋予社会组织等专业机
构。培养单位向社会组织融权，就是培养单位通过向社会组织进行
横向权力的让渡，建构一种相互补充、相互支撑的合作共享关系。
社会组织在研究生教育治理中的行为，是多元主体之间权力的相互
博弈的过程，它能够保持各主体之间的价值共识，更好地在各主体
之间实现权力平衡和利益均衡，有利于维护多元主体享有的实质性
话语权与决策参与权。在研究生教育治理中，只有多元主体都拥有
一定的权力，同时又都受到一定的制约，才能在协调性和从属性、
独立性和灵活性之间达成平衡。

　　研究生教育治理的现代化本质是，解放研究生教育生产力，激
发多元主体活力。它必然对多元主体之间权力的分配产生影响，以
划定彼此之间的权限和责任范围。研究生教育治理的现代化，决定
了研究生教育治理是以多元主体为基调的共同治理，是传统政府单
一管理模式走向多边协商的共同治理范式。社会组织作为研究生教
育治理的主体之一，参与研究生教育治理活动，能够在国家和研究

---

① Donald Chisholm, *Coordination Without Hierarchy* (Berkeley: University of California Press, 1989), p. 23.

生培养单位之间发挥调节作用，有助于维护自身及社会公众等对于研究生教育的知情权、参与权、监督权等权利，有效遏制社会公权在研究生教育范围内的异化，协调多元主体之间权力和资源的均衡，增强社会对研究生教育关切的回应性。

二 社会组织在研究生教育治理中的角色

当前，我国研究生教育发展进入新阶段。2019 年，我国研究生招生人数达到 91.65 万人；毕业研究生 63.97 万人。专业学位研究生培养类型达到 41 种。2016 年，全国共投入研究与试验发展（R&D）经费达 15500 亿元，比上年增长 9.4%。[①] 面对我国研究生教育发展面临的新局面、新特征，单纯依靠政府力量实施研究生教育管理的模式，已无法满足我国研究生教育事业发展的长远需要。为此，需要充分激发社会组织的活力，将适合由社会组织提供的服务和解决的事项，交由社会组织承担。角色理论认为，社会中的每一个角色都有自身特殊的存在价值，其角色价值在于通过其社会义务所表达的社会作用。[②] 社会组织在研究生教育治理中所扮演的角色，是在与政府、研究生培养单位等主体互动与博弈过程中形成的，体现了社会组织的行动与政府、研究生培养单位、市场等之间在权力和责任方面的彼此制约、相互制衡。

（一）社会组织是研究生教育治理的重要主体之一

自 20 世纪 90 年代以来，治理成为公共政策话语，在世界范围内受到专家学者及社会各界的高度重视和深入系统研究。治理的典

---

① 中华人民共和国国家统计局：《中华人民共和国 2016 年国民经济和社会发展统计公报》，http://www.stats.gov.cn/tjsj/zxfb/201702/t20170228_1467424.html，最后检索时间：2017 年 5 月 6 日。

② 齐世泽：《角色理论：一个亟待拓展的哲学空间》，《北京交通大学学报》（社会科学版）2014 年第 4 期，第 115～120 页。

型特征是多元主体的共同参与，即"共治"。① 其中，社会组织被认为是治理的主体之一。戈登·怀特认为："社会组织是国家和家庭之间的一个中介性的社团领域，是一个完整社会中与国家、市场并列存在的三个独立领域之一。"② 随着我国研究生教育事业的不断发展，单纯依靠政府所拥有的资源（财政、政策、制度、人才等）已无法有效解决日益繁杂的研究生教育事务，甚至会出现管理成本过高、管理效率过低甚至无效等问题。此外，长期以来社会组织被排斥在我国研究生教育治理的主体之外，难以发挥其应有之功效。因此，实现研究生教育由管理走向治理，积极发挥社会组织的监督、评价等作用，成为我国研究生教育综合改革的方向。这既是"有限政府"理念的发展，也是社会组织角色的理性回归。在研究生教育治理中，社会组织代表着非政府机构或其他社会群体的利益，在承接政府部分转移职能、影响研究生教育政策、开展研究生教育理论研究、实施研究生教育质量评价活动等方面发挥着不可替代的作用。在对多位长期从事研究生教育研究的专家访谈中，他们都认为社会组织在我国研究生教育治理中应该发挥重要作用。

　　长期以来，学会等社会组织在我国研究生教育中的作用并不明显，只是开展一些日常性工作。在当前我国政府简政放权、深化研究生教育综合改革的进程中，学会等社会组织在研究生教育治理中应该发挥更加重要的作用。特别是在质量监督和评价、政策建议、服务社会和培养单位等方面，社会组织应该发挥自身的专业优势与特长，更好地服务于我国研究生教育事业。（受访者1）

---

① 褚宏启：《教育治理：以共治求善治》，《教育研究》2014年第10期，第4～11页。
② 何增科主编《公民社会与第三部门》，社会科学文献出版社，2000，第64页。

社会组织应该是我国研究生教育治理的重要组成部分和主体之一。随着我国政府职能从全能型向服务型转变,教育行政部门和各级政府必将把越来越多的职能交由社会组织来承担。因此,在今后的研究生教育治理过程中,社会组织的作用将更加凸显。(受访者7)

随着我国行政管理制度、财政体制的改革,以及第三方市场的盘活与打开,会有越来越多的社会组织参与到教育活动当中,而且社会组织参与教育活动的范围会越来越广泛,这是社会发展的必然趋势和需求。(受访者18)

在研究生教育治理中,社会组织能够利用自身拥有的社会资本、专业知识及相关信息资源等,为社会成员及其公众提供及时、多样化的服务,从而有效弥补政府管理模式的不足,维护利益相关者的权益,很好地满足社会公众的多样化需求。社会组织强调自下而上的管理,倡导柔性化、自主化的管理模式,突出服务的功效,能够有效缓解政府在研究生管理中的压力,构建政府、市场和社会组织三者协作互动机制,有利于实现研究生教育治理主体的多元化,治理过程的科学化,治理方式的法制化,治理机制的规范化,公共利益目标的最大化。在对一位从事研究生教育研究的青年学者访谈中,她也强调了这一观点。

在研究生教育治理中,社会组织的某些功能和作用,起到了对政府部分职能的替代作用。今后,随着国家加大"放管服"改革的力度,政府必将把更多的公共事务交由社会组织来承担和实施,社会组织在研究生教育和国家社会生活中的作用将会日益显著,这是时代发展的重要趋势。(受访者13)

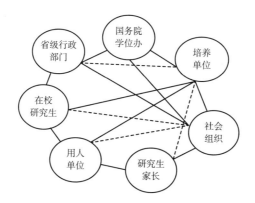

图 3-1　研究生教育治理的利益相关者及其关系

（二）社会组织是研究生教育活动的平等参与者

参与权是确保社会组织在研究生教育治理中发挥作用的起点，也是保障和维护其在研究生教育治理权益的基础和前提。社会组织作为研究生教育的重要利益相关者，与其他主体一样应是研究生教育治理活动的平等参与者。所谓平等参与者是指，社会组织在参与研究生教育治理的过程中，它与政府、研究生培养单位等主体在法律地位上是平等的，其行为不应受到来自外部力量的制约和控制。平等作为现代社会的核心理念，本身就意味着一种权利。

近年来，政府逐步下放权力，实行"管办评"分离，强调自身服务的职能。政府放权以后，下面的研究生培养单位接不住，需要依靠社会组织来承接。（受访者10）

我国研究生教育的快速发展，强化了我国社会组织参与研究生教育的积极性和主动性。成立社会组织的目的，就是要承担政府的部分职能，在政府顾不上，或者力量比较弱的地方发挥作用。社会组织在参与研究生教育时，与其他主体的地位应该是平等的。地位的平等，是确保社会组织在研究生教育治理

中发挥作用的基础和前提。（受访者9）

社会组织具有的独立性、客观性、非营利性和非政府性等特征，使得它更容易以独立自主、合作竞争等灵活方式参与研究生教育治理活动。社会组织在研究生教育治理中的平等地位，能够均衡多元主体之间的权力，体现了研究生教育的民主化，有利于形成民主协商、平等合作、互助竞争的集体意识和公共治理精神。社会组织参与研究生教育治理，可以减轻政府和研究生培养单位在研究生治理中的压力，缓解研究生教育治理中的各种矛盾，实现社会组织与政府、研究生培养单位等主体之间的良性互动。同时，以学术研究和专业化建设为特性的社会组织参与到研究生教育治理活动中，是社会发展活力的体现，更是社会向理性化发展的彰显。

学会的本质是围绕学位制度和研究生教育来进行探索和研究。刘延东同志在国务院学位委员会第三十二次会议上就强调，要充分调动各方积极性，吸引行业企业、社会组织等积极参与到学位与研究生教育中来。随着国家政策的鼓励，可以预判，学会等社会组织在今后参与研究生教育治理的范围将会逐步扩大。（受访者1）

（三）社会组织是研究生教育政策的积极倡导者

教育政策是一个国家在一定历史时期教育发展目标和任务行动的准则。教育政策制定的科学性和合理性，是保障教育政策执行高效性的基础。社会组织的一个重要功能就是政策倡导，其通过对教育发展战略或教育决策等进行科学论证，并提供咨询意见和建议，是保障教育决策科学化和理性化的直接表现。《国务院关于〈中国教育改革和发展纲要〉的实施意见》（国发〔1994〕39号）指出：

"为保证政府职能的转变，使重大决策经过科学的研究和论证，要建立健全社会中介组织，包括教育决策咨询研究机构、高等学校设置和学位评议与咨询机构、教育评估机构、教育考试机构、资格证书机构等，发挥社会各界参与教育决策和管理的作用。"党的十八届三中全会做出的《中共中央关于全面深化改革若干重大问题的决定》提出："国家与社会治理需要为社会全程参与重大决策创造条件，并构建程序合理、环节完整、内容全面的协商民主体制，拓展包括社会组织、基层组织在内的各类主体参与民主协商的渠道。"长期以来，西方国家的社会组织以发布调研报告，提供咨询建议与意见，实施政策绩效评估等形式，在参与教育政策的前期调研、跟踪和监督政策实施、监测政策状态、评估政策效能及反馈评估效果等方面发挥了独特作用，而受到各国的普遍重视。参与本身代表着"权力"的影响力，参与并不是中立的，参与者都代表着某一社会群体或利益集团的社会价值观及对资源分配的要求。[①]

在研究生教育治理中，社会组织利用自身的专业队伍和专业知识，通过对研究生教育问题的收集、整理与分析，形成独立的政策主张和建议，以直接或间接的方式向政府或研究生培养单位建言献策，能够为政府或研究生培养单位等主体在科学管理与决策等方面提供多元视角和多维思路。它有利于在管理及决策等环节建立制度化通道，增强研究生教育管理和决策的科学性与客观性，增强对研究生教育政策的影响力。因此，在研究生教育治理中，充分吸纳社会对研究生教育政策发展的意见和建议，让它们监督教育政策的执行，是保障教育政策制定科学化的重要途径。在对 A 学会两位学术委员的访谈中他们都强调，社会组织在倡导和为政府提供政策建

---

① 贺江群、胡中锋：《参与式治理视角下我国教育政策制定的变革》，《高教探索》2016 年第 10 期，第 43～47 页。

议方面的作用。

社会组织利用政府提供的资源，在重大问题上能够为政府出谋划策。同时，社会组织也要靠工作成效得到政府的认可和支持，才能更好地发挥作用。因此二者是相互支持和制约的关系。（受访者6）

近年来，社会组织在为政府和教育行政部门提供政策咨询和建议方面发挥了积极作用。如国务院学位委员会办公室、教育部学位中心等政府部门，根据实际工作的需要，以课题委托的形式，由中国学位与研究生教育学会组织课题研究活动，为自身的决策提供依据。在中国现有的行政体制下，社会组织为政府部门提供政策意见和建议的主要途径和方式就是以课题委托的形式开展。（受访者4）

同时，由于社会组织成员以专业人士为核心力量，他们知识丰富，学术水平高，拥有长期从事本专业的管理与研究经验，通过自身加入的学术团体倡导有利于研究生教育发展和改革的政策与建议，能够协同政府完善公共政策，保证研究生教育政策的制定符合多元主体的利益。一位长期从事研究生教育研究和管理的受访者认为，今后社会组织在政府决策中将会扮演越来越重要的角色。

学会这样的专业组织，与其他社会组织的最大区别就在于其成员都是由专业的人士构成的。像中国学位与研究生教育学会的人员构成就是这样的，大家热爱、关心甚至是长期从事研究生教育。在学会的作用方面，社会组织今后应该是政府的智囊，在研究生教育治理过程中就是要发挥"手"和"眼"的作用。所谓"手"，就是要作为承接研究生教育行政部门放权的"手"，积极主动地为教育部门服务；所谓的"眼"，就要从研究生培养单位等方面收集信息和意见，要成为联结各研究生培养单位和政府的纽带。（受访者11）

（四）社会组织是研究生教育质量的重要评价者

科学、规范的教育评价作为推进研究生教育治理现代化的突破口，需要建立健全以社会组织为主体，多元主体参与的治理体系。2015年5月《教育部关于深入推进教育管办评分离促进政府职能转变的若干意见》（教政法〔2015〕5号）明确指出："扩大行业协会、专业学会、基金会等各类社会组织参与教育评价；引入市场机制，将委托专业机构和社会组织开展教育评价纳入政府购买服务范围。"与政府和研究生培养单位开展的评价活动相比较而言，社会组织具有的独立性、专业性和公正性等特点，能够改善政府或培养单位实施评估中客观性和公正性不足的缺点，使教育评价更加科学、客观和公正，评价结果更易得到社会公众的认可和接受。近年来，中国学位与研究生教育学会和中国高等教育学会等学术性社会组织通过独立开展优秀博士学位论文、学术成果奖等一系列评选活动，为我国研究生教育质量保障体系建设发挥了重要作用，评选结果受到了政府、研究生培养单位和社会的重视和认可。社会组织是研究生教育质量评价的核心主体这一观点，已经得到国内学者的认可。本书对多位学者的访谈也支持了和证明了这一观点。

今后学术评价的主体，应该交由社会组织。当前，社会组织在助推国家学位与研究生教育的改革和发展中的作用日益明显。特别是在研究生教育质量评价方面，取得了一定的成绩，地位不断提高，评选的优秀博士学位论文、研究生教育成果奖等，日益得到各界的认可和赞同。（受访者6）

近年来，我国社会组织在研究生教育治理中发挥了日益重要的作用。特别是社会组织在优秀博士学位论文评选、课题研究、各类评奖活动等方面的作用日益增强。这是因为，当前政府部门积极转变职能，在这些方面的活动日益减少，主要交由学会等社会组织来开展。（受访者4）

社会组织应该是我国研究生教育质量保障体系建设的重要力量。凸显社会组织在研究生教育治理中的地位，必须发挥其在评价、监督等方面的作用。目前，我国部分社会组织在这方面已经开始了有益探索，并取得一定的成绩。（受访者12）

这些年，我国的社会组织在研究生教育质量评价方面的作用日益凸显。例如我所在的A学会学术委员会组织评选的教学成果奖，评估委员会评选的优秀博士学位论文等活动，评选结果得到了政府、研究生培养单位和社会的认可，产生了比较大的影响力。（受访者17）

在国外，由专业的社会组织实施研究生教育教学质量评价，已经成为各国保障本国研究生教育质量的常态。如美国的研究生院理事会、高等教育认证委员会，英国的研究生教育委员会、高等教育质量保障署，欧洲大学联合会等社会组织，通过发布研究生教育质量年度报告，制定研究生教育行业标准和行业认证、实施研究生教育质量的监督、监测和评价等举措，在本国及区域研究生教育评价中扮演着重要角色，是保障本国及区域研究生教育质量的重要力量。

（五）社会组织是研究生教育文化的重要塑造者

研究生教育事业是我国社会事业的重要组成部分。研究生教育治理体系和治理能力现代化，不仅是制度或工具层面的现代化，更需要内在价值和理性层面的现代化。研究生教育治理从表层看是社会制度发展的结果，而深层则是社会文化发展的必然结果。推进研究生教育治理现代化，要高度重视其核心价值认同、参与主体互信、愿景共生等要素的构建，它们共同构成了研究生教育治理文化的内核。在研究生教育治理中，各利益相关者主体性张扬及彼此关系的和谐，实现制度与精神之共契的研究生教育治理效能，皆源于研究生教育治理的各利益相关者共同追寻并努力实现对研究生教育治理文化的诉求。其中，社会组织作为研究生教育治理的重要利益相关者，是研究生教育治理文化的重要塑造者。社会组织与其他利益相关者以统筹协商、平等合作等方式参与研究生教育治理活动，表明了其他利益相关者对社会组织身份的认可，也表明社会组织对治理核心价值的认同。社会组织参与研究生教育治理，是建立在与其他利益相关者互信的基础之上，彼此都以推动和实现研究生教育的善治为目标，它有利于提升利益相关者的公共利益，有助于实现多元主体权利的共享。

第二节　社会组织在研究生教育治理中的
应然行为模式构建

研究生教育治理体系和治理能力的现代化水平，与社会组织的参与程度密切相关。社会组织参与研究生教育治理行为模式的合理构建，能够以其优越性、适用性、合理性和稳定性，极大地提高我国研究生教育治理体系的现代化。当代治理模式的选择，归根结底是人类在国家（政府）－市场－公民社会三维关系的组合中，寻求不同以往的、更为有效地实现共同利益道路的努力。① 但是，研

---

① 姜美玲：《教育公共治理：内涵、特征与模式》，《全球教育展望》2009 年第 5期，第 39～47 页。

究生教育治理是一个十分复杂的系统，如何基于"管办评"分离的逻辑，构建社会组织在研究生教育治理中的基本行为模式，成为研究生教育治理的重要命题。

一　社会组织在研究生教育治理中的应然行为模式

本书以社会组织在研究生教育治理中与其他治理主体之间的权责边界为基本出发点，以治理理论、博弈理论等理论为支撑，以社会组织在研究生教育治理中的行为角色为核心，构建出社会组织在研究生教育治理中的三种基本行为模式（见图3－2）。这三种模式，能够明晰社会组织在研究生教育治理中与其他主体之间的权责关系，帮助我们识别出社会组织在研究生教育治理的过程中，面对不同的治理主体和不同的活动治理内容时，所采取的不同行为，以及这些行为对组织绩效的影响。它是对不断变化的研究生教育治理的学理回应，也是实现研究生教育治理体系和治理能力现代化的内在品质需求。

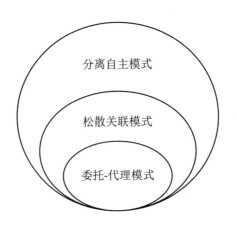

**图3－2　我国社会组织在研究生教育治理中的
基本行为模式结构**

（一）委托－代理模式

研究生教育治理中社会组织的委托－代理模式是指，政府、研究生培养单位等利益相关者将原本由自己承担的部分事务以委托等形式，交由社会组织去承担，从而将自己从烦琐的日常事务中解放出来。委托－代理模式下的研究生教育治理活动由委托方和代理方两个独立主体共同完成（见图 3－3）。其中，政府、教育行政部门或研究生培养单位等利益相关者作为委托方，拥有政策制定和组织设计的最终权威，它们根据自身需要提出委托活动的预期目标，决定委托的内容，监督受委托方的行为，并依据一定的标准对代理方的行为结果进行绩效评估等。社会组织作为代理方（受委托方），根据委托方的要求，有责任执行和落实委托方的指令。与此同时，社会组织又依靠自身的专业知识和专业队伍，独立开展活动。

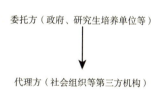

委托方（政府、研究生培养单位等）

代理方（社会组织等第三方机构）

图 3－3　委托－代理模式结构

在委托－代理模式下，双方以契约的形式明确彼此的权利和义务。就委托的内容而言，政府委托给社会组织的事务既可以包括研究生教育的法律法规和政策的制定（修订）前的调研、咨询与建议，教育资源使用效益的监督和评价，也可以是研究生教育教学过程的常态监测，学科点建设水平评估，研究生就业状况调查等活动。对于研究生培养单位而言，其委托给社会组织开展的事务包括自身研究生教育发展规划和战略的制定实施与评价，教育教学、管理水平、服务质量等诸多方面的满意度调查，研究生导师水平评价等。还可以进行某一学科的建设和发展水平评估，针对研究生导师和管理人员的各类专业培训，以及用人单位对本单位的人才培养质量进行评价等。就委托的方式而言，主要是政府或研究生培养单位的主动委托、定向委托、单一委托等。需要说明的是，委托－代理模式下社会组织活动虽然受到委托方的监督，但在契约框架下委托方无权左右或限制社会组织所做出的研究结论，以保证结果的独立性和客观性。

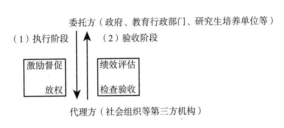

图 3－4　委托方在不同委托阶段的行为表现

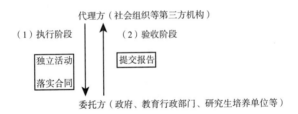

图 3－5　代理方在不同委托阶段的行为表现

在委托－代理模式中，双方按照彼此谈判达成的契约行使各自的权利，履行各自的义务，以明确划分双方的权责关系，保证研究生教育的决策权建立在科学和理性的基础之上。在这一模式下，由于委托方和代理方之间信息不对称、目标各异，组织设计的关键在于激励机制的设计和安排，使得委托方的利益和代理方的行动目标保持一致，从而提升研究生教育治理的效益和效率，促进研究生教育质量的提高。

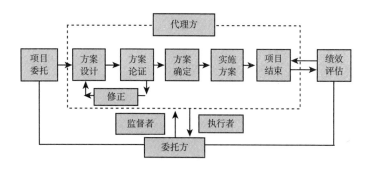

图 3 - 6　委托 - 代理模式下双方关系结构

在委托 - 代理模式下，政府和研究生培养单位等利益相关者作为委托的主体居于主导地位，扮演着委托活动的倡导者、组织者、推动者、监督者和评价者的角色。它通过契约或设定的目标任务，控制着代理方的行动和执行过程。这意味着，委托方拥有包括目标设定、激励设计、绩效评估和资金拨付等诸多权力。其中，目标设定的过程，是委托方单方或与代理方经过谈判制定的过程，更是委托方和代理方划分彼此权力与责任的过程。

社会组织作为委托活动的具体实施者和代理者，是委托活动中的另一主体。它通过接受政府或研究生培养单位的委托，按照委托方的要求通过实施专业化的活动，为他们及时反馈利益相关者的有关诉求，科学评判研究生教育的现状，及时发现研究生教育治理中存在的问题，并为相关主体进行行为纠正提供参考性意见和建议等。以契约的形式来推动研究生教育治理，能够进一步划清彼此的权责界限，推动政府、研究生培养单位等利益相关者与社会组织之间的权力分离，有利于构建社会组织和政府、社会组织与研究生培养单位之间以"契约"为基础的和谐关系。

委托 - 代理模式旨在运用社会化的手段，通过在政府和社会组织之间、研究生培养单位和社会组织之间建立合作伙伴关系，明确彼此的分工，减轻政府的财政和社会负担，更好地发挥各自的优势。在这一模式下，社会组织需要注意把握以下两点。

一是要把握好政府转变职能的机会。一方面，当前我国政府具有转变职能的需求。就政府而言，政府作为公共服务的提供者和供给者，有责任为社会提供优质的、多样化的教育服务。而社会对优质的研究生教育服务的需求，无疑增加了政府的负担。这需要社会组织发挥自身作用，减轻政府负担。另一方面，我国社会组织的规模不断扩大，在研究生教育服务供给方面发挥的作用日益显著。因此，我国社会组织应及时把握政府转移职能、扩大公共服务需求的时机，积极参与研究生教育治理活动。

二是要积极投身于政府购买研究生教育服务的实践当中。随着我国研究生教育综合改革的不断推进，政府日益重视社会组织在提供研究生教育服务中的作用，各地也在努力尝试探索社会组织提供研究生教育服务的具体实践。同时，我国社会在参与政府购买服务中存在社会组织承接机会少、社会组织发展缓慢且结构不均、缺乏长效合作机制等问题。① 因此，在委托－代理模式下，社会组织要主动发挥自身的专业特性，为委托主体提供个性化、有水平、有针对性的研究生教育服务，才能够得到委托主体的认可和信任，更好地推动自身发展。

（二）松散关联模式

松散关联模式是指社会组织在市场机制下，通过政府或研究生培养单位等利益相关者组织的招标活动，参与到研究生教育治理活动当中来。这一模式是以市场化的方式进行有效运作为特征的，遵循市场经济的规律和要求，按照商品化的运作方式，为政府或研究

---

① 鲍洪杰：《我国政府购买服务模式比较及其机制研究——以四直辖市为例》，《生产力研究》2015年第1期，第82～86页。

生培养单位等利益相关者提供服务，以提高研究生教育质量。在这一模式下，政府或研究生培养单位是合同的发包方，它们是招标活动的组织者，是服务的采购者，它们按照自身需要提出竞标的要求和内容。社会组织是招标活动的竞标者和中标者。社会组织中标后，又扮演着服务提供者的角色，它根据双方签订的合约，积极开展相关研究活动。在松散关联模式中，双方处于平等的地位，各自按照合同要求履行相应的职责和义务。

　　就内容而言，政府和研究生培养单位等可以将众多事务交由社会组织来承担，从而使自己专注于本职工作。具体而言，政府招标的内容既可以是重大理论研究，也可以是现实问题的调研。如政府可以通过招标的方式，将区域及全国研究生教育发展和改革中的现状及问题等相关研究交给社会组织，以推动自身教育政策制定更加科学、有效；同时，政府还可以将研究生教育质量的评价活动通过竞标方式交由社会组织进行组织和实施，以实现研究生教育质量评价更加科学、客观和公正的目的。研究生培养单位则可以将在校学生满意度调查、就业质量状况调查、行业企业对人才的需求等以招标的方式给有资质的专业化社会组织去开展。社会组织在中标后，一是应全面系统地了解政府或研究生培养单位的需求，对症下药。二是按照合同要求，制定详细的计划书，有计划、有步骤地开展工作。三是按时完成合约内容，并及时给政府或研究生培养单位反馈意见，听取有关方面的建议，以提高服务的针对性和有效性。

　　松散关联模式是政府或研究生培养单位运用市场手段，鼓励和吸纳社会组织参与研究生教育治理活动的一种方式。在这一模式下，社会组织与政府和研究生培养单位之间的关系更多的是一种商业性关系（见图3-7）。社会组织通过竞标的方式参与到政府或研究生培养单位的治理活动中，政府、研究生培养单位等利益相关者则通过招标的方式购买自身所需的服务。这要求政府一

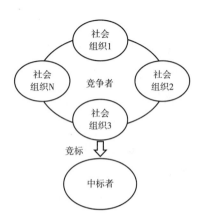

图 3 - 7　松散关联模式下社会组织之间的关系

方面要积极培育社会组织参与研究生教育治理的市场体制机制，另一方面要尽快制定社会组织参与研究生教育治理的标准，明确其参与研究生教育治理的门槛，加强社会组织的专业化培育和建设；同时，政府和研究生培养单位等利益相关者要加强对社会组织行为的监督，这既可以督促和促进社会组织提升服务的水平，也有利于提高社会组织的公信度。政府和研究生培养单位等加强对社会组织行为的监管，要明确监管的标准、内容和任务，做到监管有权、有据、有责、有效，避免出现监管过度或监管真空的现象，搞好分类监管、协同监管、创新监管。对于社会组织而言，一是要不断增强自身的专业化能力和水平，凭借自身实力在竞争中取得胜出。二是要与政府、研究生培养单位建立良好的关系与沟通渠道，不断提高服务质量，进而推动自身有效参与研究生教育治理的深度和广度。

　　在这一模式下，社会组织以合同为基础，遵循独立自主的行为原则，以竞争的方式参与到研究生教育治理活动中。其中，合同是约束双方行为的基本准则，合同双方都在合同基本的框架下开展行动。而社会组织与政府或研究生培养单位之间签订

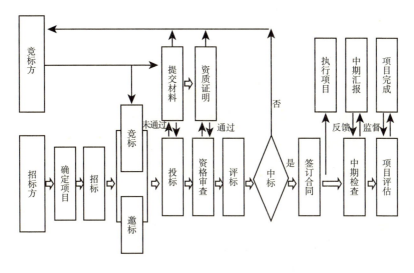

图 3 - 8　松散关联模式下招标方 - 竞标方的行为

并履行合约的过程，实质是双方权力博弈，并最终实现权力制衡的过程。

对于政府或研究生培养单位而言，以松散关联模式积极吸纳和鼓励社会组织参与到研究生教育治理活动当中来，能够使它们自己从烦琐、具体的事务中摆脱出来，从而使政府专注于宏观管理和调控，研究生培养单位专注于自主办学。对于社会组织而言，以市场化的运作方式参与研究生教育治理，能够减少对政府的过度依赖，提高自身的竞争能力，提高服务的质量和水平，进而推动社会组织的自主发展、主动作为。综观国外社会组织参与研究生教育治理的模式可以发现，尽管社会组织与政府和研究生培养单位越来越重视彼此的合作，关系日益密切。但是，社会组织都是依靠自身的专业性服务和规范高效的市场化运作，在政府或研究生培养单位的研究生教育治理中发挥了重要作用，从而获得它们的高度认可和赞同。因此，通过制度化的设计，以竞争方式推动社会组织走向专业化的发展道路，进而引导社会组织走向市场化之路，是今后我国社会组织有效参与研究生教育治理的重要方向。

（三）分离自主模式

社会组织在研究生教育治理中的分离自主模式是指，社会组织通过自身的一系列积极主动行为，为政府和研究生培养单位等利益相关者提供有关服务，以参与到整个研究生教育治理活动当中来。本模式中突出强调社会组织行为的独立性、自主性和主动性，即社会组织在这一模式下的行为不是消极被动的，而是为了推动我国研究生教育改革和发展主动采取的行为。在该模式下社会组织参与研究生教育治理的基本形式主要有两种：一是主动为政府或研究生培养单位等利益相关者提供各种服务；二是以第三方的身份独立开展相关活动，以影响政府或研究生培养单位的教育决策、管理行为等。其中，社会组织为其成员提供各类服务，是社会组织应尽的义务（见图3-9）。

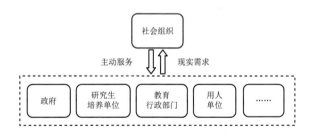

图3-9　分离自主模式下多元主体关系

分离自主模式下社会组织为成员提供服务的内容包括为会员提供社会对各类人才需求与供给的信息，不同学科研究生的就业信息，国内同类研究生培养单位的改革信息，国外一流大学研究生教育的经验、现状与趋势等信息，各种专业化的评价、认证，研究生导师、管理人员及研究生培养单位之间的相互交流等。同时，社会组织也利用自身作为研究生培养单位、专家学者、政府和社会之间桥梁的优势，通过打造研究生教育的高端智库，为政府在政策研究等方面提供咨询与建议。此外，社会组织也充分发挥其独立性和专业性等特点，独立开展各种研究活动：针对在校研究生开展各项教育教学活动的满意度调查，毕业生就业状况调查，实施有关研究生教育质量的监督、评价和常态监测。如中国高等教育学会和中国学位与研究生教育学会近年来都在实施的定期立项课题研究，优秀博士学位论文评选等活动；特别是中国学位与研究生教育学会自 2014 年开始设立的、每两年组织评选一次的研究生教育成果奖，受到了研究生培养单位的广泛关注和积极参与，产生了较大的社会影响力。

分离自主模式是以政府宏观管理、研究生培养单位自主办学、社会组织独立评价为基础和前提的。社会组织通过发挥自身的专业性、独立性和客观性等优势，实现与政府、研究生培养单位的分权，从而推动研究生教育的"管办评"分离。在这一模式下，社会组织是研究生教育服务的主动提供者，它通过独立开展各种研究生教育质量评价活动，开展研究生教育理论与实践的科学研究，实施研究生教育政策的调研，为多元主体搭建学术交流与合作的平台等方式，为政府、研究生培养单位及其会员服务。对于政府和研究生培养单位而言，分离自主模式下它们扮演着服务购买者的角色。这一方面体现了职能的转变，另一方面也在一定程度上体现了它们对于自身和社会组织关系认识的转变。[①]

社会组织在研究生教育治理中的分离自主模式，是社会组织独立自主实施的、一种自下而上的改革行为。在当前我国加快推进研究生教育治理体系和治理能力现代化建设的进程中，充分调动社会组织参与研究生教育治理的积极性和主动性，是深化研究生教育综

---

① 乔东平、高克祥等：《政府与社会组织的合作：模式、机制和策略》，华夏出版社，2015，第 127 页。

合改革的重要举措。社会组织自身具有的独立性、客观性等特点，使其能够避免来自政府或研究生培养单位等外部力量的影响或制约，独立自主地开展研究生教育治理的有关活动，更有利于发挥其积极作用。与其他模式不同，分离自主模式是建立在公共信任的基础之上，即社会组织依靠自身的专业队伍、专业知识和专业能力，获得政府和研究生培养单位的广泛认同，从而在研究生教育治理中发挥自身的功效，成为研究生教育治理的主体之一。同时，它又依赖于政府的简政放权、转变职能，也需要研究生培养单位转变观念。当前，实现政府职能转变的关键所在就是要做到简政放权、放管结合、优化服务的有机结合。只有这样，才能够真正提高我国研究生教育的科学治理、民主治理、依法治理水平，实现研究生教育治理的制度化、规范化和法制化。对于研究生培养单位而言，转变研究生教育治理的观念，就是要将社会力量吸纳到本单位研究生人才培养标准制定、课程体系建设、教育教学模式改革、人才培养质量的监测与评价等环节中，才能使研究生培养单位的人才培养真正坚持问题导向和实践导向，课程体系更加科学合理、凸显专业特色，才能真正提高我国研究生培养质量，推动我国研究生教育的供给侧改革。因此，在分离自主模式下，社会组织的行为不仅独立自主，而且与政府、研究生培养单位的行为紧密联系在一起。社会组织的独立自主，是通过与政府在权责博弈的过程中形成的，是双方博弈的结果。这种联系表现在社会组织通过主动实施的一系列行为，能够对政府或研究生培养单位等利益相关者的治理理念、治理方式、治理手段、具体举措等产生一定的影响，促使它们不断完善治理的体制机制，不断提高它们的治理能力和治理水平。而政府和研究生培养单位的现实需求，又是社会组织主动提供服务的动力与源泉。

总之，委托－代理模式和松散关联模式作为社会组织参与研究生教育治理的基本行为模式，是政府或研究生培养单位为适应研究生教育综合改革发展需要进行的一种自上而下的改革行为。分离自主模式是社会组织为了推动我国研究生教育综合改革而采取的主动行为，它是社会组织采取的一种自下而上的改革行为。研究生教育综合改革只有自上而下的改革模式与自下而上改革模式有机结合，才能真正实现我国研究生教育治理体系和治理能力现代化。

需要说明的是，本书构建的三种行为模式不是完全一成不变的，随着我国研究生教育事业及其外部环境的不断变化，社会组织在研究生教育治理中的行为模式必然会发生变化。正如吉尔斯·菲利普所说："治理既是政治文化的产物，也是制度结构的结果。"①

二　社会组织在研究生教育治理中的行为模式特质

社会组织在研究生教育治理中的三种基本行为模式，虽然在具体的形式、手段等方面有所差异，但是它们都具有平等、协商、民主和多元主体共治的特征。

（一）社会组织在研究生教育治理中应然行为模式的特征

第一，多元主体地位的平等性。多元主体地位的平等性是实现研究生教育治理的基础和前提。在本书构建的三种模式中，社会组织与其他主体在地位上是一种平权关系，社会组织针对研究生教育治理中的诸多问题，与其他治理主体共同通过协商对话、合作共治等网格化扁平式的治理方式，最终实现研究生教育的善治。社会组织通过参与研究生教育治理的各项活动，来表达自身的利益诉求，

---

① 杨雪冬：《要注意治理理论在发展中国家的应用问题》，《中国行政管理》2001年第 9 期，第 20 页。

并通过提供研究生教育政策的咨询与调研、研究生教育质量评价等行使参与权和监督权，进而弥补政府或研究生培养单位在研究生教育治理中的越位与失位，维护自身及其他利益相关者的权利。在平等这一理念的指导下，能够进一步激发研究生教育治理的活力，有效减少研究生教育治理的强制与独断、排斥与歧视，进一步实现研究生教育治理的公平正义，形成多元主体合作共赢的长效治理机制。研究生教育治理的本质就在于参与型、合作型管理，它要求政府、社会等共同参与到研究生教育治理的过程中，形成共同治理的格局。研究生教育多元主体共治格局的价值追求就在于，它有助于协调并保障社会组织、政府、培养单位、在校研究生等利益相关者参与研究生教育活动的权利与权力，提高我国研究生教育治理能力。

第二，社会组织参与范围的全景式。社会组织在研究生教育治理中的三种应然行为模式，不是强调社会组织参与研究生教育的某一项活动，而是涵盖研究生教育的整个环节，实现对研究生教育治理活动的全景式参与。它既可以参与政府及各级教育主管部门在研究生教育相关政策的制定、实施、监督和评价等活动，也可以参与到研究生培养单位的研究生招生、培养过程及就业等研究生教育的整个环节。社会组织参与研究生教育治理范围的广泛性，体现了研究生教育治理的开放性，有利于更好地发挥社会组织在利益表达、利益分配和社会纠偏等方面的作用，使研究生教育治理更加科学化、民主化和理性化。

第三，社会组织行为方式的独立化。无论是委托－代理模式、松散关联模式还是分离自主模式，社会组织的行为方式都具有独立性特征。这种独立性表现为，在这三种模式中，社会组织具有独立的法律和社会地位，其行为方式不受政府、研究生培养单位等其他利益相关者的左右和影响，而是依靠自身的专业性知识和专业化队伍，独立地参与研究生教育治理活动，并自行承担责任。社会组织参与研究生教育治理的行为模式中，无论是社会组织接受政府部门或研究生培养单位等利益相关者的委托，还是以竞争方式参与研究生教育治理活动，社会组织在整个过程中的行为都是独立自主的，从而确保了社会组织和其他主体之间责权的明晰性。

表 3 - 1　社会组织在研究生教育治理中的基本行为模式比较

基本行为模式	主客体	相关机构	主要职责	角色
委托 - 代理模式	委托主体	政府部门、省级研究生管理部门、研究生培养单位等	提供委托内容，监督评估过程和结果等	委托者监督者
	委托客体	学术团体、独立的第三方机构等	研制委托方案，组织开展委托活动，活动结果上报等	方案的独立实施者
松散关联模式	招标主体	政府部门、省级研究生管理部门、研究生培养单位等	制定招标的原则和标准，购买服务，监督竞标方提供服务的质量等	组织者、服务购买者、监督者
	竞标主体	学术团体、独立的第三方机构等	根据招标单位的需求，提供服务等	竞标者、服务提供者
分离自主模式	主体	学术团体、独立的第三方机构等	研究生教育质量评价与监督、课题研究、各类满意度调查、政策调研与咨询等	监督者、服务的主动提供者

（二）社会组织在研究生教育治理中的应然行为模式实质

社会组织在研究生治理中的行为模式，体现了社会组织作为研究生教育治理的重要利益相关者，在研究生教育治理中与其他主体之间在权力配置过程中沟通、协商、合作甚至妥协，是社会组织与其他主体在权责方面博弈的结果。随着社会组织在研究生治理中的行动范围不断拓展、程度不断加深，更需要我们进一步明确研究生教育治理主体之间彼此的权责关系。为此，我们要注重把握好以下三个关键问题，才能使社会组织在研究生教育治理中的作用更加显著，使我国研究生教育治理日益走向科学化、规范化、制度化和法制化。其一，要确立社会组织在研究生教育治理中的地位，明晰治理边界、治理权重，准确界定各主体之间的责任和权力，明确治理方式、治理手段、行动程序，实现社会组织在研究生教育治理中的有所为、有所不为；其二，要关注政府及教育行政部门的政策及行为对我国研究生教育事业的影响，以促使社会组织不断调整自身在研究生教育治理过程中的行为；其三，要高度重视研究生培养单位内部治理的存在或延伸，重视政府的行政权力对社会组织参与研究生教育治理的制约。

在当前我国加快推进国家治理体系和治理能力现代化的背景下，吸纳社会组织参与研究生教育治理活动，体现了社会对社会组织资格和身份的认同。一方面，这种认同来源于社会，即在研究生教育治理中，各方力量把社会组织视为研究生教育的利益相关者，吸纳其与其他利益相关者共同参与研究生教育治理，这一行为本身就体现了社会对社会组织身份的认同。另一方面，这种认同源于社会组织自身具备的能力。社会组织通过协商、沟通、合作等机制在研究生教育治理中发挥积极作用，能够明确各利益主体之间的权益和资源分权，打破了政府单一管理的壁垒，有助于形成平等共治的局面。

在研究生教育治理过程中，厘清政府、研究生培养单位和社会三者之间的权责关系，构建三者之间良性互动机制，有助于形成政府依法管理、学校依法自主办学、社会各界依法参与和监督的研究生教育治理新格局。社会组织在研究生教育治理中的应然行为模式，内含了政府是研究生教育宏观管理的主体，研究生培养单位是研究生内部治理主体的深意。政府作为研究生教育宏观管理的主体，它能否切实做到转变职能、简政放权，进一步改进宏观管理的方式和手段，主动开拓为培养单位等服务的新形式、新途径，加快建设法治政府和服务型政府，真正做到"放管服"，是确保我国研究生教育治理体系和治理能力现代化的基础和前提。研究生培养单位作为研究生教育治理的核心利益相关者之一，是研究生教育内部治理的主体。究其缘由在于，虽然社会组织和政府等可以从多层面、多角度参与甚至影响研究生培养单位的治理活动，从宏观层面的规划制定，到中观层面的人才培养标准、培养模式，再到微观层面的课程设计等。但是，社会组织和政府毕竟只是外部力量，它们只是通过发挥自身的功效和作用，影响或左右研究生培养单位的行为，而不是直接决定培养单位的行为。研究生培养单位内部治理水平的高低，主要取决于培养单位自身的品质和行动，社会组织和政府起到的只是推动、促进或制约作用。

　　社会组织在研究生治理中的行为模式，实质上是透过这些行为重构研究生治理中的权责系统、组织运行系统和外部环境系统，促进研究生教育发展路径的回归。研究生教育治理重视和强调社会组织的参与，但是也并不意味着社会组织就可以全面、系统地参与研究生教育治理。社会组织在研究生教育治理中既要深度参与，也要注意在某些方面的"超然"。要注意的是，这种"超然"是社会组织的主动行为，而不是迫于外部权力压力的放弃。其目的是更好地发挥内部治理主体的积极性和主动性，以实现外部治理和内部治理的有机结合，进而实现研究生教育的善治。

　　总之，本书构建的社会组织在研究生教育治理中的三种基本行为模式，其实质是在"管办评"分离背景下，研究生教育治理的权力在社会组织、政府、培养单位之间分配的不同形式。这三种模式是基于公共治理理论、博弈理论等理论，以及我国研究生教育治理的实践价值选择，它们是社会组织与其他研究生治理主体之间权力博弈的结果。这些模式有助于社会组织在研究生教育治理中发挥更加积极有效的作用，推动我国研究生教育治理体系和治理能力的现代化。

第四章　国外社会组织在研究生教育治理中的行为研究

自 20 世纪 90 年代以来，社会组织作为欧美公共事务治理的主体之一，广泛地参与到本国各项社会事业当中，释放着巨大的能量。就研究生教育而言，时至今日，西方发达国家的社会组织已成为本国研究生教育治理中一股不可忽略的力量。全面总结、系统分析发达国家社会组织在研究生教育治理中的行为，立足我国国情和研究生教育治理的实际，进行科学合理的借鉴，对于我国构建完善的研究生教育治理体系、提高社会组织参与研究生教育治理的能力具有重要的理论价值和现实意义。

第一节　国外社会组织及其在研究生教育治理中的行为

美国、英国和法国作为世界研究生教育的发达国家，在世界研究生教育发展历程中产生了深远影响。虽然这三个国家的行政体制不同，但是综观它们的研究生教育发展历程可以发现一个共同特征：社会组织以各种形式和手段渗透到了本国研究生教育的治理活动当中，是本国研究生教育治理的中坚力量。因此，深入系统分析美、英、法三国社会组织的运行模式及其在本国研究生教育治理中的行为方式，有助于我们更加全面、客观地了解这些国家的研究生教育治理体系和治理结构，也能为我国社会组织参与研究生教育治理活动，实现我国研究生教育治理体系和治理能力现代化提供宝贵经验。

一　美国社会组织在研究生教育治理中的行为

美国社会组织的产生和发展有着悠久历史。早在 19 世纪，法国学者阿莱克斯·列·托克维尔的研究就发现"当人们参与公共生活的时候，任何一个公民每天都要在脑际浮现结社的思想和愿望；即使对采取共同行动本来有些反感，但为了党派的利益也得学会采取共同行动。但是，在准许公民在一切事情上均可自由结社时，他们最终可以发现结社是人们为了实现自己所追求的各种目的的通用方式，甚至可以说是唯一方式"。[1] 经过长期的发展，社会组织在美国已经成为一个参与人数庞大、体系复杂多样的组织体系，在政治、经济、文化、教育及社会生活等众多领域发挥着重要作用，成为政府不可缺少的合作伙伴。在美国，协会组织作为非政府力量，是高等教育治理中独立的治理主体。[2] 在研究生教育方面，美国之所以拥有世界上最庞大的研究生教育规模，并且始终保持着高水平的培养质量，与其拥有庞大的社会组织有着密切关系。依据美国各社会组织在研究生教育治理中的活动方式不同，可以将它们划分为协会类社会组织和评估认证类社会组织。本书通过对这两类社会组织的组织结构和框架、运行状况、行为方式等进行深入系统分析，总结和概括它们在研究生教育治理中的行为。

在美国的研究生教育治理框架中，影响较大的协会类社会组织

---

① 〔法〕托克维尔：《论美国的民主》，董果良译，商务印书馆，1995，第 144～145 页。
② 熊耕：《解析美国协会组织对高等教育治理的参与》，《比较教育研究》2008 年第 6 期，第 86～90 页。

主要有两类：学术类社会组织和行业类社会组织。特别是学术类社会组织，对美国研究生教育事业的发展影响深远。美国研究生院委员会和美国大学联合会作为学术类社会组织的代表，以各种方式积极参与研究生教育治理活动，是美国研究生教育治理的核心力量。

（一）美国研究生院委员会

美国研究生院委员会是美国研究生教育领域内的专业性、全国性社会组织。经过 50 多年的发展，美国研究生院委员会已经发展成为美国国内规模最大，在世界范围内具有一定影响力，从事研究生教育活动的国际性学术类社会组织。它以推动本国及世界范围的研究生教育和科学研究发展为使命。①

1. 美国研究生院委员会简介

美国研究生院委员会（Council of Graduate Schools，CGS）成立于 1961 年。截至 2019 年底，美国研究生院委员会共有团体会员 507 个，其中包括美国高校会员 465 个和加拿大高校会员 15 个，以及 27 个除美国和加拿大之外的高校会员。国内会员单位每年授予了超过全国 87% 的博士学位和绝大多数的硕士学位。

美国研究生院委员会实行单位会员制，其会员包括正式会员和捐助经费会员。CGS 章程规定，凡是从事研究生教育，并具有授予博士或硕士学位的研究生培养单位和科研机构均有资格成为其会员。其中，申请正式会员的单位必须具备三个条件：申请者必须拥有研究生招收资格并得到会员委员会的认证；在提出申请之前的 3 年内，必须有 3 个及以上学科至少授予 30 个硕士学位或 10 个博士学位（或二者相加总计授予 30 个以上的学位）；必须有正式负责研究生教育的管理部门。相对于对正式会员的资格要求，CGS 对捐

---

① The Council of Graduate Schools, The Council of Graduate Schools About Us, http：//cgsnet. org/about－cgs，最后检索时间：2017 年 5 月 17 日。

助经费会员的资格要求则较低。CGS 在其章程中指出，只要能够认识到研究生教育重要性的各类机构、各类营利与非营利组织等，都有资格成为捐助经费会员。捐助经费会员可以出席 CGS 举行的各种活动，但没有选举和被选举权。

2. 美国研究生院委员会的组织架构及运行方式

美国研究生院委员会作为美国各研究生院的代表机构，通过共同协商并采取共同行动，改进和提高研究生教育质量。为了增强彼此的协商与合作，CGS 形成了完备的组织体系。CGS 实行董事会制度，有专门的机构负责管理 CGS 的各项工作。委员会的董事由全体会员单位选举产生，每届任期 3 年。目前董事会由 1 名主席、8 名董事及 1 名首席财务官和 4 名附属联络代表共同构成。CGS 共下设 5 个委员会：发展咨询委员会（Advancement Advisory Committee）、公共政策宣传与咨询委员会（Advisory Committee on Advocacy and Public Policy）、多样性和包容性委员会（Diversity and Inclusiveness Committee）、硕士学位委员会（Master's Committee）、科学研究与信息服务委员会（Research and Information Services Committee）。同时，CGS 设有会员委员会（Membership Committee），它是美国研究生院委员会的日常工作机构。其委员由 4 人组成，每2 年换届一次。会员委员会委员及主任委员由 CGS 的主席任命，并要求其不能在 CGS 理事会任职。会员委员会是根据 CGS 的章程和相关法律设立的，其职责是负责定期审查各会员单位资质，对委员会的行动给出建议，在委员会主席和理事会之间充当联络人的角色等。

CGS 每年的财政收入主要来自正式会员交纳的会费，也包括捐助经费会员交纳的会费，发行出版物的收入、偶尔的赞助。①

---

① 耿技、杨斌：《美国研究生院协会》，《学位与研究生教育》1995 年第 5 期，第57～59 页。

3. 美国研究生院委员会参与研究生教育治理的方式

美国研究生院委员会作为美国研究生教育的专业性、学术性社会组织，通过政策倡导、理论研究、传播与推广研究生教育的优秀实践等方式，汇集全美研究生院声音，是美国研究生教育治理中的一支重要力量。具体而言，其参与研究生教育治理活动的主要方式包括以下几个方面。

一是多方式促进会员之间的交流。CGS 自成立以来，每年都会召开各种类型的学术研讨会，以促进会员之间的交流。其中，每年一届的学术年会，是各会员单位之间交流和沟通的重要平台。在历届年会上，CGS 都会邀请世界各地的专家学者、政府官员、研究生教育管理者等，围绕会员普遍关心的研究生教育改革热点和焦点，从多层面、多视角进行深入研讨，助推本国研究生教育改革。以第56 届年会为例，该届年会围绕研究生招生管理水平、研究生课程评价、博士生培养质量、研究生资助、如何发展在线研究生教育项目、研究生教育的国际竞争、加强研究生多样性指导等诸多话题进行了广泛交流。① CGS 通过这些活动，有力地促进了会员单位、政府、非会员单位、专家学者等彼此的交流、沟通、对话与互动，为推动会员单位及本国研究生教育的改革和发展发挥了重要的引领作用。同时，自1986 年以来，CGS 每年夏天定期召开研究生院院长研讨班。研讨班邀请知名高校具有丰富经验的研究生院院长和管理人员，介绍本校在研究生培养中的经验和做法，并针对大家共同关心的话题进行深入研讨。经过近40 年的发展，该研讨班已经成为美国各研究生院院长之间增进交流、学习彼此先进经验的重要平台。

---

① Council of Graduate School, 2016 Annual Meeting Program, http：//cgsnet. org/ 2016 - cgs - 56th - annual - meeting，最后检索时间：2020 年 2 月 17 日。

二是助推会员开展教育教学创新活动。近年来，CGS 通过发起最佳实践的活动，支持各会员单位开展研究生教育制度创新并分享成功实践，共同帮助会员应对研究生教育中的挑战。为此，CGS 为会员单位的这一实践活动提供了数百万美元的支持，有力地提升了各会员单位在研究生教育教学中的创新能力。目前，在安德鲁·梅隆基金会（Andrew W. Mellon Foundation）、阿尔弗雷德·斯隆基金会（Alfred P. Sloan Foundation）等机构的支持下，这一实践活动主要针对研究生教育中的专业学位研究生教育、博士学位论文质量等问题，从研究生招生的多样性、研究生开展国际研究、博士生职业路径、博士学位论文的创新性等方面，积极开展提升研究生创新能力的活动。通过这些实践活动，会员之间能够分享活动取得的经验，有助于提升各会员单位研究生的实践能力、创新能力，提高会员单位研究生的培养质量，推动各培养单位研究生教育的不断改革和持续创新。

三是帮助会员全面掌握自身状态。长期以来，美国研究生院委员会通过与研究生入学考试理事会（The Graduate Record Examination Board）合作，每年对各高校的研究生录取情况进行调查，并将相关数据资料提供给各会员单位，使他们及时掌握自身及其他高校研究生的招生和录取情况。目前，CGS 已经成为全国研究生教育招生数据收集、分析的重要平台。它们提供的基准数据能够帮助各会员单位评估关键领域的绩效，做出明智的决策，制定适合其目标的计划。同时，美国研究生院委员会通过为会员提供其他高校在专业认证和教育教学改革等方面的信息，助推会员单位更加科学、高效地开展本校的研究生教育活动，提高他们的研究生教育治理能力和水平。

四是开展研究生教育咨询服务。CGS 作为美国研究生教育领域内最重要的社会组织之一，它通过组建顾问委员会，利用自身的专业性优势，为广大的会员单位和非会员单位提供服务。顾问委员会的成员由 CGS 推荐的专家和其他专业人员共同构成。目前，该顾问委员会提供的服务主要包括协助会员单位制定新的研究生培养计划和改进研究生培养的过程与步骤；检查研究生院的组织和管理；向新建的研究生院提供政策咨询服务等。必须明确的是，CGS 只提供咨询服务，它不是一个评估组织，不提供评估、认证服务。[①] 同时，顾问委员会还为各会员提供与教育机构、教育基金会之间沟通的渠道，以推动它们彼此的合作。此外，CGS 与其他全国性高等教育机构一起，积极向联邦及各州政府、教育部门、国会议员等相关机构和人员提供全国或区域研究生教育的动态，并针对研究生教育的发展中存在的问题提供政策性意见和建议，为提高全国和区域研究生教育质量发挥了重要作用。

五是开展公共政策的倡导与宣传。作为美国研究生教育事业发展的重要推动力量，CGS 通过开展公共政策评论、制定研究生教育研究报告、向会员提供政府公共政策资源等，倡导并宣传公共政策。其中，通过发表声明、信函、证词和对立法建议的回应等途径开展政策评论，是美国研究生院委员会影响研究生教育政策的重要手段。针对美国政府部门的研究生教育政策，委员会自成立后多次采用发表声明，向教育部、众议院教育委员会等机构发送信函等方式，提出具体的政策建议。同时，该委员会还针对政府的国家政策进行积极回应。如针对美国政府实施的移民法令，该委员会多次与全国多家高等教育学会一起给美国总统、国土安全部部长及相关议员等写信，阐述这一政策对美国高等教育将产生的一系列负面影

---

① 耿技、杨斌：《美国研究生院协会》，《学位与研究生教育》1995 年第 5 期，第 57～59 页。

响，并要求取消该行政法令。① 为了推动本国研究生教育改革，美国研究生院委员会定期发布相关研究报告。如该委员会近年先后发布的《前进的道路：美国未来的研究生教育》《研究生教育状况2016》《2016 年国际研究生的申请和注册状况》等报告，为会员单位及时了解本国研究生教育状况提供了重要参考和依据。

六是为会员提供各类服务信息。一方面，CGS 通过在官方网站上设立在线论坛等方式，为广大会员提供实时交流和研讨的互动平台。另一方面，CGS 通过发行研究生教育研究的相关刊物，为会员提供研究生教育的各类信息，使他们及时了解当前国内外研究生教育改革和发展的状态。如美国研究生院委员会发行的 The CGS Communicator，主要刊登探讨国内外研究生教育及其发展趋势的文章，为会员及时了解国内外研究生教育的相关信息提供重要参考。The CGS Presidents Letter 则是各会员单位交流研究生教育改革实践的主要刊物。同时，CGS 通过向会员提供政府事务的每周更新，帮助广大会员及时了解和掌握影响研究生教育的联邦公共政策和相关举措的最新态势。CGS 通过向会员提供有关研究生教育问题的简介、研究生教育统计的状态快照等，以更好地宣传本国的研究生教育政策。CGS 还为在读研究生或打算就读研究生的学生提供相关学习资源，以帮助他们提升学习效率，提高学习能力。

七是多途径参与全球治理。CGS 是全球研究生教育发展领域的权威机构，也是国际研究生界的引领者。近年来，美国研究生院委员会为提升全球治理能力，扩大国际影响力，采取了多项举措。（1）连续举办全球研究生教育峰会，提升自身的国际知名度和全球影响力。如 2015 年讨论了大数据对研究生教育的影响，2016 年

---

① Council of Graduate School, Community Letter to President Trump on the Impact of Immigration Ban on U. S. Science, http: //cgsnet. org/community-letter, 最后检索时间：2020 年 2 月 17 日。

峰会讨论了影响博士教育定义和实施的全球趋势，2017 年峰会聚焦全球化背景下的研究生教育变革。（2）开展全球研究生入学调查。自 2004 年开始，CGS 对国际研究生申请、录取和入学趋势进行了多年的实证研究。（3）积极吸纳国外高校加入 CGS。目前，CGS 除本国会员外，其成员还来自加拿大、德国、意大利等 18 个国家和地区的高校。同时，CGS 还拥有 7 个捐助经费会员和一定数量的合作伙伴等。（4）积极与国外社会组织和政府机构等合作，开展各种研究项目，从而参与这些国家的研究生教育治理活动。

除此之外，CGS 还设有各种奖项，以表彰和鼓励各会员单位及个人为推动研究生教育的改革和发展做出的积极贡献。目前，CGS 设定的奖项主要有：杰出领导奖、研究生创新成就奖、古斯塔夫·阿尔特人文奖、优秀学位论文奖等。其中，优秀学位论文奖由 CGS 和 ProQuest 出版社于 1981 年共同设立。每年会在社会科学，数学、物理和工程，生物科学，人文与美术四个学科中，选取两个不同学科评选出 2 篇优秀论文。2017 年，CGS 评选出在人文与美术和生物科学中做出重要学术创新的 2 篇论文，作为年度优秀论文予以表彰。这一奖项，是 CGS 发挥独立的第三方机构开展研究生教育质量评价的具体表现。目前，这一奖项已经得到美国各研究生培养单位的一致认可。

（二）美国大学联合会

美国大学联合会是美国重要的学术组织。成立一百多年来，在美国研究生教育治理的诸多方面发挥了积极作用，是美国研究生教育治理中一支不可忽视的力量。

1. 美国大学联合会简介

美国大学联合会（The Association of American Universities，AAU）成立于 1900 年 2 月，是美国研究型大学的重要联合组织。它是由当时 14 所大学和研究生院代表在讨论哈佛大学校长提出的研究生学位标准问题时倡导建立的社会组织。经过近 120 年的发展，目前 AAU 的成员由来自美国和加拿大的 65 所高校组成，其中美国高校 63 所，加拿大高校 2 所。以美国的会员单位为例，2015年会员单位每年授予的学位人数占全国授予学位的比例，硕士学位超过 21%，博士学位超过 51%（人文、艺术和音乐达 61%）。[①] 同时，这些会员单位吸引的博士后人数占全国招收博士后总数的65%。AAU 实行单位会员制，会员的资格是根据该高校教育工作的广度和质量评价来决定的，每三年接受一次新会员。新会员的加入必须经过现有会员 3/4 的同意。

2. 美国大学联合会的组织架构及运行方式

经过长期的发展，AAU 形成了完善的组织结构。其领导主体包括理事会（Board of Directors）、执行委员会（Executive Committee）和会长（President）。理事会是 AAU 的最高权力机构，由各会员单位的校长共同构成。执行委员会是 AAU 的最高执行部门，负责协调各项事务。AAU 会长为全职，其职责是力图更加专注地维护成员的整体及特殊利益。目前 AAU 有两个常设委员会，分别是成员资格委员会（Membership Committee）和政策委员会（Policy Committee）。成员资格委员会主要负责对成员资格进行审查、挑选和评估，政策委员会主要负责对政府政策的追踪、研究和游说。

同时，AAU 还下设 8 个专业委员会：教务长联席会（Chief Academic Officers）、联邦关系委员会（Council on Federal Relations）、公共事务委员会（Public Affairs Officers）、研究生院联合会（Association of Graduate Schools in Association of American

① The Association of American Universities, AAU By the Numbers, https://www. aau. edu/sites/default/files/AAU - Images/AAU - By - The - Numbers/About - AAU. pdf, 最后检索时间：2020 年 4 月 19 日。

Universities，AGS）、高级人才联合会（Senior Research Officers）、艺术和科学学院院长联合会（Arts and Sciences Deans）、院校研究委员会（Institutional Research Officers）、AAU 合作组织（AAU Partners）（见图 4 - 1）。其中，研究生院联合会的会员由 AAU 大学研究生院院长组成，主要从事讨论解决研究生教育问题、提出研究生教育政策。

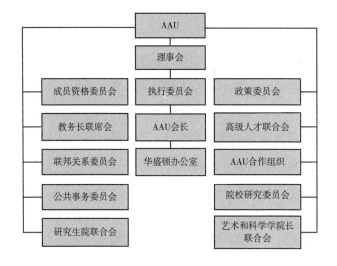

图 4 - 1　AAU 的组织运行框架

AAU 的日常运行经费主要来源于两个方面，一是各成员大学缴纳的会费（每校每年 65000 美元），二是基金会的资助。[①]

美国大学联合会成立时的目的是思考研究生在学习过程中共同关心的事项。根据联合会的章程，AAU 当前的使命是通过教育、研究，发现和推动社会进步，包括培养未来有远见的领导者和全球公民；共同塑造高等教育科学和创新的政策；推动本科及研究生教

①　胡娟、李立国主编《大学协会组织研究》，中国人民大学出版社，2007，第 46 页。

育实践；增加研究型大学对社会的贡献度等。① 美国大学联合会的主要任务是通过每年开展的各种学术活动，及时研究共同关心的问题；为会员与政府机构之间提供信息，搭建彼此沟通和合作的平台；代表会员单位与联邦政府机构商讨有关高等教育政策的决定，影响国家有关高等教育和研究生教育的立法和拨款等。

3. 美国大学联合会参与研究生教育治理的方式

作为全国研究型大学的重要学术组织，美国大学联合会及其下属的研究生院联合会通过多种方式积极参与本国的研究生教育治理活动，为推动本国的研究生教育治理体系建设做出了积极贡献。如积极开展专业认证，加强研究生和博士后教育研究，实施研究生教育的国际化计划，广泛参与宣传有关研究生教育的政策，协调政府针对研究生教育的拨款等相关问题，针对研究生资助和其他问题开展行动。美国大学联合会在美国研究生教育治理中的主要行为方式一般可以概括为以下三类。

一是积极开展专业认证，保障本国研究生教育质量。为有效提高本国研究生教育质量，联合会自 2002 年以来先后针对会员单位的相关专业、学生的学习和产出等开展了专业认证活动。与此同时，联合会还与美国教育协会、全国州立和赠地大学协会等社会组织联合，先后督促华盛顿等地的教育行政部门开展了教育差别认证机制。为了进一步完善认证制度，AAU 还会针对有关政府部门指定的专业认证政策，提出自己的意见和建议。如 2016 年，针对全美院校质量与整合顾问委员会有关专业认证的报告草案中的相关内容，AAU 提出了应授予认证机构更大的权力并建立不同的认证层级等 12 条具体建议。

二是组织各种学术活动，为会员之间交流搭建平台。为有效增

---

① The Association of American Universities, AAU Mission Statemen, https：//www. aau. edu/about/default. aspx? id = 18303，最后检索时间：2017 年 2 月 19 日。

进各单位会员之间的交流与合作，美国大学联合会及研究生院联合会以定期组织相关论坛，每年召开年会、学者论坛等形式，围绕研究生教育的问题邀请国内外专家学者进行深入研讨，为推动本国研究生教育改革建言献策。同时，自美国大学联合会成立以来，来自会员单位的研究生院院长都会定期参与联合会的相关学术活动，从而促进了彼此的学习和沟通，也为各会员单位相互借鉴教育教学改革经验提供了良好的平台和机遇。

三是发布相关研究报告，在一定程度上影响政府研究生教育的决策。作为独立的学术性组织，AAU 在政府研究生教育政策制定中扮演着重要角色。特别是在"二战"后，随着联邦政府和大学的关系趋于紧密，联合会的功能逐渐发生了变化，开始卷入联邦政府政策（尤其是科学政策）的制定过程中，使研究型大学在国家政策制定中表达自己的声音。[①] 近年来，美国大学联合会多次发布有关研究生教育的研究报告，对美国研究生教育特别是博士研究生教育进行了多层面的客观评价，为政府部门全面掌握研究生教育动态，制定研究生教育政策等提供了重要借鉴。特别是 AAU 通过发布年度高等教育报告，回顾和总结了本年度美国高等教育及研究生教育发展中存在的问题，为政府部门及时发现问题，并有针对性地改进举措提供了重要参考。

同时，AAU 还围绕研究生教育中的某一项政策，连续发布多部研究报告。近年来，AAU 围绕研究生教育资助体系发布的系列研究报告，呼吁政府加大对研究生特别是博士研究生奖助学金的资助力度，以促使政府为那些需要帮助的研究生提供更多资助，在一定程度上影响了政府有关研究生教育的拨款机制。2011 年 AAU 发

---

① 〔美〕罗伯特·M. 罗森兹威格：《大学与政治——美国研究型大学的政策、政治和校长领导》，王晨译，河北大学出版社，2008，第 19~20 页。

布的《了解美国的研究生教育》报告，强调了博士研究生资助对于研究生教育的重要性，并重点介绍了美国博士研究生的资助体系主要由四部分构成：奖学金、科研补助、培训补助、担任助教。[①]这一报告发布后，相关研究成果引起了美国有关政府部门的高度重视，政府在此之后逐步加大了对博士研究生的资助力度。

（三）认证类社会组织参与研究生教育治理的方式

经过长期的发展，美国已形成了以社会组织为核心力量的专业认证体系，有力地推动了美国研究生教育的改革和发展。根据2016年美国高等教育认证委员会公布的社会组织名单，依据它们所从事的活动内容，可以将美国现有的研究生教育认证类社会组织大体划分为三大类。这些认证类社会组织的核心任务就是制定认定标准，开展院校认证或专业认证。

1. 全国性认证组织

在美国，全国性认证组织的主要任务是对全国范围内的远程教育大学、教会和宗教有关院校等特殊性质院校进行认证。目前，全美共有6个全国性认证组织：圣经学院认证协会、远程教育认证委员会、独立学院认证委员会、基督教学院协会、美加地区神学院协会、希伯来语及犹太法典高级学院协会。1926年成立的远程教育认证委员会，主要针对开展远程教育的机构，开展从小学到博士学位等不同层次的国家认证。它通过自愿评估和同行评审，为教育质量设定标准，鼓励学校开展卓越的教学。[②]独立学院认证委员会主要针对独立、私立院校的课程、学生的学业等，进行专业化、技术

---

① The Association of American Universities, Understanding Doctoral Education in the U.S.A, http：//www.aau.edu/WorkArea/Download Asset.aspx? id = 11592，最后检索时间：2020年5月19日。

② Discover DEAC, http：//www.deac.org/Discover - DEAC/Heading.aspx，最后检索时间：2019年8月21日。

性和职业化的质量评估和认证，目前经过认证的院校约有 900 所。[①]

2. 区域性认证组织

区域性认证组织由美国某个州或某个区域部分高校联合起来，以服务本区域高校的认证为主要宗旨。目前，美国共有 6 个区域性认证组织，分别负责相应区域内高等教育及研究生教育的认证。这 6 个认证组织分别是：中部各州大学与学校协会（Middle States Association of Colleges and Schools）、西北部地区高校委员会（Northwest Commission on Colleges and Universities）、中北部地区学院与学校协会（North Central Association of Colleges and Schools）、南部地区学院与学校协会（Southern Association of Colleges and Schools）、新英格兰地区学校与学院协会（New England Association of Schools and Colleges）、西部地区学校与学院协会（Western Association of Schools and Colleges）。这 6 个区域性认证组织的工作由 7 个高等教育委员会负责，其中西部地区学校与学院协会由社区与初级学院认证委员会和高级学院和大学认证委员会负责。区域性认证组织主要负责美国不同类型院校（包括公立、私立大学，营利、非营利大学，两年和四年制大学等）的质量评估认证。[②]

3. 专业认证类组织

专业认证类组织主要是针对已经通过区域性认证或全国性认证的高校，提供某一或某些专业的认证。美国的专业认证类组织名目繁多，涵盖范围广泛，但各组织认证的学科专业不一。目前，被美国高等教育认证委员会认定的专业认证类组织主要包括工程技术认证委员会（Accreditation Board for Engineering and Technology）、全国教师教育认证委员会（National Council for Accreditation of Teacher

---

① Accrediting Council for Independent Colleges and Schools about us，http：//www. acics. org/contact/content. aspx？id = 2446#，最后检索时间：2018 年 9 月 11 日。

② 熊耕：《美国高等教育协会组织研究》，知识产权出版社，2010，第 22 页。

Education）、国际精英商学院协会（Association on Advance Collegiate Schools of Business）等 44 个组织。这些组织涉及教师教育、医学、工程技术、人文等专业，涵盖硕士、博士等层次。如全国教师教育认证委员会，主要针对开展教师教育的高校、学院及院系进行认证，为未来培养高质量的教师、专家和管理者等人才。目前，该委员会已经对 670 所高校进行了专业认证，另有近 70 所高校正等待认证。[①] 美国专业认证类组织的认证治理实践成为体现美国高等教育民间治理的重要内容。[②]

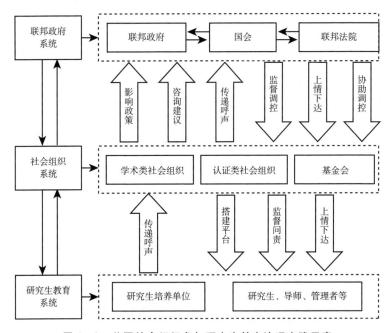

图 4 - 2　美国社会组织参与研究生教育治理实践示意

① The National Council for Accreditation of Teacher Education About NCATE, http：//www. ncate. org/Public/About NCATE/tabid/179/Default. aspx，最后检索时间：2020 年 3 月 15 日。
② 宋国梁：《美国高等教育民间治理研究》，河北大学硕士学位论文，2016，第 19～25 页。

简而言之，美国各类社会组织积极参与研究生教育治理活动，是美国分权制行政体制和多元化社会文化的产物，也是政府向社会组织让渡权力的直接结果。它体现了政府、社会组织和培养单位之间的权力制衡。各类社会组织作为美国研究生教育治理的中坚力量，是联结美国政府、高校和社会的桥梁，它们通过独立自主的行为方式，在研究生教育治理中发挥了咨询、服务、协调、监督和评价等多重功能。

二　英国社会组织在研究生教育治理中的行为

目前，英国已建立了政府引导、独立的第三方机构监督和评价、高校高度自主办学的治理体系，构建了政府、社会和高校三者之间的新型关系，实现了研究生教育的"管办评"分离。在英国，社会组织参与研究生教育治理，使政府对研究教育的规制通过社会组织这一中介进行，减少了政府对研究生教育的过度干预，推动了研究生教育治理中的"三权分立"。其中，英格兰高等教育基金会、高等教育质量保障署和研究生教育委员会曾是这些社会组织的代表。

（一）英格兰高等教育基金会

在英国研究生教育治理体系中，政府并不直接参与研究生教育治理活动，而是通过专门的拨款机构来影响本国研究生教育的发展和改革。英国曾有四个相对独立的拨款基金会，即英格兰高等教育基金会、苏格兰高等教育基金会、威尔士高等教育基金会和北爱尔兰高等教育基金会。英国的高等教育基金会是属于半官方性质的组织机构，它在英国商业、创新与技能部制定的政策框架下独立开展活动，在政府和高校之间充当了桥梁和纽带的作用。英国的高等教育基金会一方面代表政府开展评估和督导，并根据各个高校的教育教学质量等绩效，建议政府向高校拨款的数量；另一方面，它作为高校的传声者，积极向政府反映高校的诉求。其中，英格兰高等教育基金会曾是这四个基金会中规模最大、影响力最强的一个。为此，本书以英格兰高等教育基金会为案例，分析其在英国研究生教育治理中的行为方式。

1. 英格兰高等教育基金会简介

英格兰高等教育基金会（Higher Education Funding Council for England，HEFCE）成立于 1992 年，它代表学生和公众投资，促进研究、教学和知识交流方面的创新，资助并管理英格兰的大学和学院。经过 20 多年的发展，HEFCE 成为英格兰高等教育治理中的一支重要力量。2018 年 4 月 1 日，英格兰高等教育基金会"结束营业"，其部分职能由 UK Research and Innovation 和 Office for Students 代替。但是，长期以来英格兰高等教育基金会在参与研究生教育治理方面发挥了重要作用，做出了积极贡献。

2. 英格兰高等教育基金会的组织架构及运行方式

为保障自身的有效运行，更好地服务英国高等教育的发展，英格兰高等教育基金会不断完善组织结构。其中，HEFCE 的最高管理机构是董事会。董事会设有主席 1 名，首席执行官 1 名，8 名委员，5 名观察员和 1 名顾问。董事们来自社会各界，在教育、工业或其他自身领域拥有丰富的经验。董事会的少数委员由专家选举产生，其余大部分委员是以公开招募的形式产生。董事会的委员每届任期为三年，所有委员均由董事会所属的任命委员会任命。董事会的委员会包括 Strategic Advisory Committee 和 Joint Advisory Committee 两类。其中 Strategic Advisory Committee 包括教学卓越和学生机会战略咨询委员会（Teaching Excellence and Student Opportunity Committees）、研究与知识交流战略咨询委员会（Research and Knowledge Exchange Committees）、领导治理和管理战略咨询委员会（Leadership Governance and Management Committees）、质量问责和监管战略咨询委员会（Quality Accountability and Regulation Committees）

四个委员会。Joint Advisory Committee 主要是全英医科教育咨询委员会（UK Healthcare Education Advisory Committees）。同时，HEFCE 下设任命委员会（Appointments Committees）、审计委员会（Audit Committees）、投诉小组（Complaints Panel）、薪酬委员会（Remuneration Committees）等四个常务委员会。董事会的首席执行官，具体负责董事会的日常行政管理工作。为了更好地为全国高等教育机构服务，HEFCE 在内部设有四个工作小组：伦敦和东部高校工作小组，北部高校工作小组，中部及南部高校工作小组及非传统参与工作小组。这些小组是 HEFCE 与各地高校之间联系的中介和平台。以北部高校工作小组为例，该小组由 2 名负责人和 8 名成员构成，两名负责人分别负责西北部、东北部与约克郡及洪伯河地区高校和机构之间的监督和指导。HEFCE 秉承机会、选择和卓越等核心原则，围绕教育教学、研究和知识交流活动，通过对教育教学信息的强调，运用适当的规制和方法，与政府、高校等利益相关者建立合作伙伴关系等途径实现其目标。[①]

英格兰高等教育基金会作为独立的机构，直接对议会负责。其职责是负责高校的资助并决定分配方式，监督高校的财务运行状况并负责对高等教育体系进行管理。目前，HEFCE 的具体工作包括制定规则并开展质量评估和监测；分析英格兰高等教育的现状、洞悉毕业生的意向及实践活动；年度资金的申请、分配和催化；政策指导、学徒制的实施及工程转换为课程计划；建立第二个卓越研究框架并开展相关研究；关注培养单位在教学方面的创新、实施卓越教学框架计划、开展国际生的调查；国际合作推广计划；对学生知识转化方面进行资助和评估；等等。总之，它的工作是多头的，包

---

① Higher Education Funding Council for England, How we operate, http://www.hefce.ac.uk/about/howweoperate, 最后检索时间：2019 年 12 月 21 日。

括与合作伙伴一起有效工作、开展协商、代表公共利益行动、作为政府的代理、规划机构等。①

3. 英格兰高等教育基金会参与研究生教育治理的方式

英格兰高等教育基金会作为政府和高校之间的中介机构,它的主要作用是通过对高校进行资金的资助和分配,促进英格兰高校科研和教学质量的不断提高,学生学习的进步,政府的教育政策得到有效实施。因此,HEFCE 在英国研究生教育治理中的行为可以概括为三个方面。

一是实现资金分配与资助。就 HEFCE 的资金分配方式而言,既有对高校的总体办学水平资金的分配,也包括对高校开展学术研究、课程改革及国际合作等方面进行的资助。为了保障所分配的资金未被浪费或避免有些高校的需求没有得到满足,HEFCE 要求所有被资助的高校提供详细的财务收支汇报,以判断这些高校的财务状况。同时,HEFCE 自身还有一份最新的各高校财政状况数据,以作为资金分配时的重要依据和标准。对于财务状况较差的高校,HEFCE 还要求它们定期提供财务报告,以最终确定对该高校的资金分配的额度。HEFCE 按照既定的标准,对于提供相同教育质量标准的高校,不管其学校类别和层次,都给予相同标准的资金分配。HEFCE 建立的这一规范性资金分配标准和稳定的拨款机制,为推动英格兰研究生教育的持续健康发展发挥了重要的调节作用。

二是开展质量评估。开展形式多样的研究生教育质量评估,是英格兰高等教育基金会参与本国研究生教育治理的重要方式。HEFCE 通过对英格兰地区高校实行一系列的质量评估活动,确保了本区域内研究生教育质量的不断提高。HEFCE 的质量评估职责

---

① 崔艳丽:《20 世纪 80 年代以来英国高等教育治理研究》,南京师范大学博士学位论文,2014,第 18 ~ 34 页。

一方面是委托英国高等教育质量保障署来具体实施，以保证全国研究生教育质量的水平。另一方面，HEFCE 联合苏格兰高等教育基金会、威尔士高等教育基金会和北爱尔兰高等教育基金会对全国研究生培养单位的科研质量进行评估，以提高本国的科研水平和国际竞争力。HEFCE 以培养单位科研成果所达到的水平为标准，实施了四次科研质量评估，收到了良好效果。由于科研质量评估结果不仅左右着 HEFCE 的资金分配，还会影响到社会各界对学校研究工作的资助，因此这一评估活动受到所有被评对象的高度重视。① 同时，英格兰高等教育基金会独自开展各项评估活动。特别是 HEFCE 针对国际学生开展的满意度调查，是其最有影响力的评估活动。

三是制定各类发展规划。相对于资金分配和质量评估，HEFCE 通过制定规划来参与研究生教育治理的方式相对较弱。但是，HEFCE 确实通过制定相关规划积极地投入研究生教育治理的行动当中。HEFCE 建有催化基金，使各高校研究生教育通过教和学实现 HEFCE 制定的战略目标。同时，英格兰高等教育基金会要求所有被资助高校定期提供战略规划，以促使这些被资助高校制定符合国家发展方向的战略规划。近年来，英格兰高等教育基金会制定规划的职能不断加强，并得到政府的积极回应。特别是 2011 年英国政府发布的《高等教育：学生是体系的中心》白皮书，英格兰高等教育基金会在教育规划制定中扮演了中心角色。随着白皮书内容的不断落实，HEFCE 在研究生教育中通过制定规划影响本国研究生教育发展的作用不断得以凸显。

① Higher Education Funding Council for England，RAE 2008：Guidance on Submissions，http：//www. rae. ac. uk/Pubs/2005/03/rae0305. pdf. 34，最后检索时间：2019 年 8 月 21 日。

（二）英国高等教育质量保障署

英国高等教育质量保障署（The Quality Assurance Agency for Higher Education，QAA）是英国研究生教育质量保障的重要组成部分。自成立以来，QAA 为英国高等教育和研究生教育质量的提高发挥了重要作用。

1. 英国高等教育质量保障署简介

英国高等教育质量保障署成立于 1997 年，总部在英格兰的格洛斯特，并在伦敦和格拉斯哥设有办公室。QAA 登记为非营利性的有限责任担保公司，是英国高等教育及研究生教育质量保障的非政府独立机构，负责英国高等教育及研究生教育质量标准的制定、监测和评价。

2. 英国高等教育质量保障署的组织架构及运行方式

英国高等教育质量保障署组织机构包括委员会和董事会。QAA 的委员会（QAA Board）具有最高决策权，负责英国高等教育质量保障署的管理、决策、指导工作，监督履行职责及财务工作等。[①] 英国高等教育质量保障署的日常管理机构是由 15 位董事构成的董事会（Directorate）。其中包括 4 位由大学校长委员会所指派的董事，4 位高等教育拨款委员会任命的董事，6 位来自工商业界具有丰富实践经验的独立董事及 1 位学生代表。董事会所有董事的行为都是义务的，QAA 只负责他们部分参与 QAA 评估活动时的差旅费，不支付他们日常工资。QAA 的董事会下设由 1 名主席、4 名成员组成的执行委员会，负责 QAA 的日常事务管理。执行委员会有行政事务办公室、评估部、苏格兰办事处、威尔士办事处等职能部门，具体负责相关事务。另外，董事会还下设提名委员会、学位授

---

① 张胜利：《开放大学的外部质量评估：英国高等教育质量保障署的成功经验》，《北京广播电视大学学报》2011 年第 3 期，第 22～26 页。

予权咨询委员会等专业委员会，负责向董事会提供咨询与服务。委员会成员实行任期制，除委员是董事可以长期任职外，其他委员每届任期为 3 年，且不能连任两届。董事会的主要职责是全面负责高等教育质量保障署的业务和战略导向，包括确定战略使命与计划、年度执行计划、关键业绩考核指标，聘任首席执行官和秘书并对他们进行监督，对高等教育质量保障署的政策及战略的执行进行监督，进行财务管理。作为独立的机构，QAA 资金来源的主要渠道包括：部分高校的捐助，在国内外开展评估和咨询业务获得的收入，与英国资助委员会和组织的合同和协议，以及根据英国内政部的要求，对移民目的寻求教育监督的高等教育机构实施审查的费用及每年的维持费用。同时，董事会通过名誉司库负责 QAA 的财务工作，并根据公司层面商定的目标监督其绩效。

3. 英国高等教育质量保障署参与研究生教育治理的方式

作为全国高等教育及研究生教育质量保障和评估的独立机构，英国高等教育质量保障署以评估为核心词，重点围绕八个方面开展活动：一是制定和维护英国高等教育与研究生教育的质量标准，对所关注的学术质量和标准开展调查；二是独立开展外部评估项目；三是开展相关研究并分享高校在质量保障方面的优秀实践案例；四是吸引学生参与到 QAA 的质量评价和治理活动当中来；五是对所有对英国高等教育质量感兴趣的人员提供咨询并与他们合作；六是与国际相关机构就高等教育及研究生教育质量的共同标准制定开展合作；七是为高校提供专业的培训和相关活动，以帮助它们改进质量保证过程；八是就高校是否拥有学位授予权和高校是否有资格享有大学头衔等向政府提出建议等。其中，QAA 重点围绕高校如何维持其学术水平和质量，如何与其他高校和机构开展合作来促进高校教育教学水平的提升等方面，对全国范围内的学位授权单位进行外部同行评估，以检验评估对象是否达到既定质量标准。依据评估结果，QAA 向政府建议哪些机构应该获得学位授予权或升格为大学。同时，QAA 积极开展针对学科和学校两个层面的评价。其中，对研究生专业的教学评价主要包括课程设置、内容和组织；学生进步与成就；学生支持与指导；学习资源；质量管理和提高；教学质量评价。而 QAA 评估的目标是，增强英国高等教育及研究生教育的质量和安全标准，通过提供知识和资源以保障和提高英国及世界研究生教育质量，扩展和增强 QAA 的价值以更好地为国内外高等教育及研究生教育的改革和发展服务。

（三）英国研究生教育委员会

1. 英国研究生教育委员会简介

英国研究生教育委员会（The UK Council for Graduate Education，UKCGE）成立于 1994 年，是英国专业从事研究生教育研究的独立性、非营利性社会组织。1997 年英国研究生教育委员会被英格兰和威尔士慈善委员会授予慈善地位。UKCGE 的成员由来自英国、美国、澳大利亚、中国澳门、牙买加和阿拉伯联合酋长国等国家和地区的 150 所高校组成。

2. 英国研究生教育委员会的组织架构及运行方式

为保障英国研究生教育委员会的良好运行，UKCGE 设有执行委员会（Executive Committee）。该执行委员会的委员由英国研究生教育委员会的 12 名正式成员组成。同时，为了保障执行委员会的日常工作，执行委员会设主席 1 人、副主席 1 人、财务总监 1 人及 1 名秘书。为确保组织各项工作的有序进行，执行执行委员会的政策，UKCGE 设有秘书处。秘书处设有特等干事、事务人员、市场营销和大学联络员及行政管理人员。其中，事务人员负责协调和承办 UKCGE 的所有研讨会和工作坊；市场营销和大学联络员负责与成员机构联络并制定委员会的参与策略。

当前，英国研究生教育委员会主要关注以下几个方面：研究生教育的学科建设，研究生教育质量保障体系，有关研究生教育领导力和管理，研究生教育的资助体系，研究生的地位、教育和培训，研究生教育的基础设施，在校研究生的机会平等，研究生管理人员的职业化及地位等。为推动本国研究生教育的改革和发展，英国研究生教育委员会主要的活动形式包括开展广泛的活动和论坛促进会员之间的交流，分发与研究生教育相关的新闻、信息，分享有关研究生教育研究的成果和经验，积极开展有影响力的游说活动，出版相关出版物。① UKCGE 通过设计和开展这些活动，为会员提供研究生教育教学改革和管理优秀案例，影响国家研究生教育政策的制定和实施。

3. 英国研究生教育委员会参与研究生教育治理的方式

相对于具有官方背景的英格兰高等教育基金会和英国高等教育质量保障署而言，英国研究生教育委员会则是民间学术性社会组织的代表，其在英国研究生教育治理中行为方式更具有间接性，更能代表社会的利益和诉求。

一是举办各种学术活动，促进会员之间交流。为促进会员之间的交流，UKCGE 针对研究生教育中的热点和焦点等问题，以定期和不定期的形式开展各类学术活动。其中，每年召开的英国研究生教育委员会年会是 UKCGE 固定活动。UKCGE 的年会围绕培养卓越的硕士和博士，欧洲研究生教育的成就、挑战、过渡和未来等主题，以大会报告、分论坛等形式进行深入研讨。因此，UKCGE 的历届年会都吸引了来自英国、欧洲和其他国家及地区的大批学者参与研讨。同时，UKCGE 还针对某一热点主题定期召开专题研讨会。近年来，UKCGE 围绕博士研究生的教育和训练、博士专业学位等问题

---

① The UK Council for Graduate Education, About The UK Council for Graduate Education, http://www.ukcge.ac.uk/about-ukcge/ukcge.aspx, 最后检索时间：2019 年 9 月 2 日。

召开了多次研讨会。如围绕博士专业学位中的文化、社会和资源对专业博士学位的影响，专业博士的独特性等问题，UKCGE 已经连续召开了六届国际研讨会，在学术界产生了广泛的影响。此外，UKCGE 以座谈会等形式，对研究生教育中的实践活动开展、专业博士的技能训练、研究中的伦理与诚信、博士研究生研究中的重要因素等进行深入研讨，促进了专家学者及研究生管理部门之间的深入交流。UKCGE 还利用网络平台，为研究生管理人员提供学习和交流的机会。2016 年 UKCGE 举办的研究生院管理网络年会，来自英国各研究生培养单位和机构从事研究生教育管理的人员，针对影响研究生教育管理的紧迫性问题进行了深入研讨和经验交流。研讨的问题涉及如何将良好的商业实践应用到研究生管理当中，以及与研究生院的高级管理者接触并建立良好的合作关系。这一方式有助于各研究生院的管理者之间分享各自在研究生管理方面的经验与做法，使他们更好地理解质量保障的含义并从实践层面建立质量监测体系等。①

二是组建研究生研究工作坊，围绕热点开展专题研究。为提高研究的针对性和有效性，英国研究生院委员会多次围绕研究生教育中的问题，以工作坊的形式，组织专家开展专项研究。近两年，该委员会以研究生的经历、研究生资助、英国博士研究生的质量和声誉、为博士研究生提供多样性和可持续性的组织结构为主题，成立了多个研究工作坊。这些研究工作坊以小组为单位，每个工作坊由一名专家担任负责人，小组成员则是由来自不同大学和研究机构的研究人员共同构成。研究工作坊以主题研究的方式，利用 12～18 月的时间，采用访谈、发放问卷、数理统计等定性与定量相结合的研究方法，对研究主题进行深入系统研究。如英国博士研究生的质

---

① The UK Council for Graduate Education, Annual Graduate School Managers Network Meeting, http：//www.ukcge.ac.uk/events/annual - graduate - school - managers - network - meeting - 106. aspx，最后检索时间：2019 年 10 月 12 日。

量和声誉研究小组针对英国博士生的质量进行了一年多的跟踪调查和比较研究，撰写出了研究报告《博士质量评价的比较研究：美国、德国、荷兰和中国澳门》。同时，UKCGE 还要求每个小组及其分组的研究成果以海报展示和概述介绍等方式，在英国研究生院委员会年会上发布。同时，部分研究工作坊还将研究成果以研究报告等形式发布，使所有会员都可以免费分享该小组的研究成果。

三是建立在线资源共享平台，分享研究生教育信息。利用网络平台为广大会员提供丰富的资源，也是英国研究生院委员会参与研究生教育治理的重要举措。为更好地分享研究生教育教学信息，UKCGE 在其官方网站上专门建立了在线资源共享平台。目前，这一平台为会员免费提供的研究生教育相关资源主要包括最新的研究生教育政策、调查报告、出版的会议论文集、研究生教育的数据等。同时，英国研究生院委员会还积极鼓励和推动广大会员单位在平台上共享那些对于其他成员非常有帮助的资源，以促进彼此的交流。此外，UKCGE 还会为在校研究生提供各种就业信息，以帮助他们就业。

英国研究生教育委员会除了以上三种方式参与研究生教育治理外，它还通过与国内外相关的社会组织、研究机构、政府机构和基金会等进行多方面的合作，共同推动本国研究生教育事业的持续快速健康发展。

总之，在英国的研究生教育治理过程中，已经形成了具有政府背景相对独立的社会组织机构和纯学术性社会组织共同推动研究生教育的局面。社会组织以独立自主的行为方式影响着英国研究生教育的发展，是英国研究生教育治理的基本特征。

三 法国社会组织在研究生教育治理中的行为

长期以来，作为中央集权制国家的法国，对研究生教育的管理在很大程度上属于政府行为。政府通过控制拨款、管理人员任命、颁发学位、提供教育经费等途径，使研究生教育为法国的经济社会发展服务。这种中央集权的管理体制为法国包括研究生教育在内的高等教育体制深深地打上了国家烙印。与之相对的是，社会组织在法国研究生教育治理体系中的地位被相对弱化，未能发挥积极作用。近年来，法国政府也日益减少对研究生教育的直接管理，转而强调独立的第三方机构在研究生教育治理中的地位和作用。但是，法国研究生教育并不是一个独立的层次，而是包含在高等教育体系中。因此，探讨法国社会组织参与研究教育治理的行为方式，则需从法国整个高等教育治理体系中去观察和审视。

综观法国的高等教育管理体系构成我们可以清楚地发现，2007年之前该国高等教育领域中，国家评估委员会作为核心扮演着独立的第三方角色。2007年至今，这一角色主要由高等教育与研究评估署扮演。虽然它们都具有深厚的官方背景，但是在具体的实践过程中，它们都以独立的第三方角色，在法国不同历史时期的研究生教育治理中发挥着重要作用。因此，本书以法国国家评估委员会和法国高等教育与研究评估署作为研究对象，阐述它们在法国研究生教育治理中的主要行为方式。

（一）法国国家评估委员会

法国国家评估委员会作为具有政府背景的独立第三方机构，以独立自主的行为方式，影响了法国高等教育体系建设的进程。

1. 法国国家评估委员会简介

法国国家评估委员会（Comité National d' Evaluation，CNE）成立于 1984 年，是法国政府独立开展专业评估的机构。1984 年，法国政府颁布的《高等教育法》，亦称《萨瓦里法案》明确规定，成立国家评估委员会，通过评估的方式监督和调控高校的教育教学质量。法国国家评估委员会作为独立的机构，并不受法国教育部管理，而直接对法国总统负责。国家评估委员会的委员来源于学术机构、政府机构及国家大学委员会等专业机构，这既保证了委员会工作的专业性、客观性，也确保了它活动的独立性。国家评估委员会的使命是"负责评估第四条规定的使命完成情况（公共高等教育的任务是：进行起始教育和继续教育；从事科学技术研究，促进研究成果的利用；传播文化和科学技术信息；加强国际合作）。它与负责制定和执行教育与科研政策的机关一起，评估各高等教育机构及其执行合同的结果；它有权对每件事进行现场调查；它可以就旨在改善机构的运转及教学与科研效率的措施，特别是高等教育的布局和招生及对学生的方向指导方面的措施提出建议……"①

2. 法国国家评估委员会参与研究生教育治理的方式

开展各项评估，是法国国家评估委员会参与研究生教育治理的主要方式，也是其核心任务。法国国家评估委员会自成立到2006年结束历史使命，20多年内对法国的多所大学进行了评估。根据CNE的评估内容，可以将其评估活动划分为两大类：整体性评估和单一性评估。国家评估委员会进行的整体性评估主要包括院校整体评估、全国高等教育发展状态综合评估两种。单一性评估主要是指对全国范围内特定学科或学位的评审。以院校评估为例，自20世纪90年代起，法国高等教育中政府普遍采取合同制方式，以规范高校和政府之间的关系。为此，这一时期国家评估委员会围绕高校对合同的履行情况进行院校评估。

国家评估委员会实施的院校整体评估的时间一般为一年，这期间分为准备阶段、高校自我评估阶段、材料分析和判断阶段、专家进校实地评价阶段、撰写评估报告并发布评估报告阶段等。评估报告发布一年半之后，国家评估委员会还会专门针对评估结果对被评对象的影响，对被评对象进行走访。在评估标准的制定过程中，国家评估

---

① 瞿葆奎主编《法国教育改革》，人民教育出版社，1994，第441页。

委员会制定了定性与定量结合的评估标准，以保证评估标准更加客观。在评估活动实施中，国家评估委员会通过搜集数据与专家实地调研相结合的方式开展评估，以保证评估结果更加科学。通过对公立高等教育机构进行评估，以判断其履行合同的情况，并评判履行效果。合同到期的时候，国家评估委员会会对大学合同的实施情况及目标完成程度进行评估，政府根据评估结果对大学进行拨款。①

虽然国家评估委员会这一机构本身具有浓烈的政府色彩，但是其评估活动始终保持着独立性，对法国研究生教育质量的提高起到了重要的推动作用。正如米歇尔·库松所说："国家评估委员会是法国高等教育通向卓越的王牌。国家评估委员会对高校、公众及教育部部长们的看法发挥作用，它的努力正在不断得到肯定。"② 随着法国高等教育与研究评估署的成立，法国国家评估委员会的历史使命也得以终结。

（二）法国高等教育与研究评估署

1. 法国高等教育与研究评估署简介

法国高等教育与研究评估署（Agence d'Evaluation de la Recherche et de l' Enseignement Supérieur，AERES）成立于 2007 年 3 月，它是根据法国政府 2006 年颁布的第 450 号法令《法国科研规划法》成立的独立评估机构。高等教育与研究评估署负责全面评估法国的科研机构和高等学校，包括高校及其下属的科研和教学机构，以及所有的研究机构、科学合作基金会和法国研究委员会的职能和活动，还肩负着每年撰写一份"法国研究状况年度报告"的重任。③

---

① 傅芳：《西欧大陆国家高等教育质量保障中的政府行为研究——以法国、荷兰、瑞典为例》，华东师范大学硕士学位论文，2006，第 35 ~ 47 页。

② Andre Staropoli，"The Comité National d'Evaluation：Preliminary Results of a French Experiment"，*European Journal of Education* 2（1987），pp. 123 - 131.

③ 江小平：《法国研究与高等教育评估机构简介》，《国外社会科学》2009 年第 3 期，第 121 ~ 123 页。

2. 法国高等教育与研究评估署的组织架构及运行方式

法国高等教育与研究评估署由理事会、分部及评估委员会组成。其中，理事会由 25 位来自法国及其他国家的知名专家学者组成，他们负责制订评估方案。同时，法国高等教育与研究评估署还拥有一支由几十人组成的专职工作人员，以及一个由 2000 多位专家组成的专家库。高等教育与研究评估署的人员构成与国家评估委员会相比具有两大特征：一是国际性，其国际成员是 CNE 的三倍；二是专业性，理事会成员或者评估专家都是学术界人士，体现了这一时期高等教育与研究评估署的评估使命。[①] 法国高等教育与研究评估署分为三个评估小组：机构评估小组、研究评估小组和文凭与教学评估小组。其中机构评估小组负责评估大学机构，研究评估小组负责评估科研单位，文凭与教学评估小组负责教学和大学学位（学士、硕士和博士）资格评估。

3. 法国高等教育与研究评估署参与研究生教育治理的方式

高等教育与研究评估署作为独立的第三方机构，以独立自主的方式参与研究生教育治理活动，是法国研究生教育的重要组成部分。

一是采用欧盟统一的评估标准。法国高等教育与研究评估署的评估目的是促使法国高等教育教学和科学研究质量的不断提高，促使本国质量保障的国际化。因此，在评估标准上，AERES 并没有独立制定一套评估标准，而是采用欧洲高等教育质量保障协会制定的《欧洲高等教育区质量保障标准与指南》中提出的 22 条评估标准。这些标准以质量为核心，强调高校的责任。这 22 条标准具有明确的评估目标、公开透明的评估程序、明确的责任审查制度，使

---

① 高迎爽：《法国高等教育质量保障发展历史研究（20 世纪 80 年代至今）——基于政府层面的分析》，华东师范大学博士学位论文，2010，第 35～47 页。

得评估具有权威性、专业性和可信度。因此，法国高等教育与研究评估署采取这一标准实施的评估活动，得到了法国国内和欧盟国家的一致认可。

二是确立四大评估原则。为保证评估标准的一致性、评估过程的公开透明性、评估结果的公正性，同时兼顾不同的评估对象和领域，AERES 在其《评估章程》中，明确提出在评估过程中应遵循客观公正、公开透明、灵活机动、追求效率的评估原则。这四条原则适用于高等教育与研究评估署的所有人员和评估活动，是保障 AERES 进行科学有效评估的行动指南。所谓客观公正原则，是指 AERES 作为独立的评估机构，其评估活动的开展不受外部其他机构的影响，并且所有的标准、选择的评估专家都进行公开。在评估过程中，AERES 充分强调专家经验和数据的有机结合，从而保证结果的客观性。AERES 还针对工作人员和评估专家的行为，制定了职业道德管理章程，以保证评估结果的公正性。公开透明原则是指从评估的标准、评估的方案、评估结果等方面，保证评估对象及利益相关者全面了解评估内容。同时，法国高等教育与研究评估署还通过网站公布评估报告、向评估对象提供评估报告等方式公开评估结果。灵活机动原则，是指在评估过程既要按照既定的标准对评估对象开展评估，同时也要根据评估对象自身的特性，重视评估对象的自评分析和改进举措，并在统一的原则下，依据学科和学校类型的不同而区别对待。追求效率原则，是指 AERES 十分重视效率，避免烦琐的程序，以实现评估过程的整体性和评估的绩效。

三是实施研究生教育评估项目。开展研究生教育评估活动是 AERES 的一项重要职能，也是其参与研究生教育治理的具体表现。法国高等教育与研究评估署对研究生教育的评估，主要由文凭与教学评估小组具体负责。文凭与教学评估小组围绕研究生教育中多样化的课程要求、教学活动、研究生教育的国际化等项目进行评估。

在评估过程中，文凭与教学评估小组十分强调课程和教学活动对学生能力发展的重要性。当前，文凭与教学评估小组主要针对博士生院的工作开展评估。这一工作的重点是围绕法国博士生院的博士生培养工作，从招生、课程教学、学术论文的发表、导师指导、学位论文的答辩及博士生的就业情况等方面，全面评估法国各高校和研究机构博士生院的博士生培养质量。在评估过程中，文凭与教学评估小组十分重视和强调运用数据说话。在评估的准备阶段，评估小组要求被评估对象提供相关数据，以了解其运行状态和水平。在撰写评估报告时，评估小组也会通过对大量数据的研究和分析，对被评估对象进行客观评估。最后，文凭与教学评估的小组评估结果在得到政府的认可后，被评估对象将被授予颁发博士学位的资格。

概言之，综观美国、英国和法国的社会组织在研究生教育治理中的行为可以发现，由于三个国家的行政体制不同，导致了国家、社会和研究生培养单位之间在研究生教育治理中的权力大小及分配方式不同，使得社会组织在这些国家研究生教育治理中的行为方式也有所不同（见表4-1）。美国作为分权制国家的典型代表，社会组织是研究生教育治理的核心力量。与之相对的是作为中央集权制国家代表的法国，在研究生教育治理中，政府处于主导地位，而具有政府背景的相对独立机构在构建研究生教育质量保障体系、提高研究生教育质量方面发挥着重要作用。英国政府在国家治理中的政策更加灵活、多变，它通过不断调整中央和地方、政府与社会组织之间的关系，在研究生教育治理中形成了由政府和社会组织共同参与的局面。从发展趋势来看，各国研究生教育治理的趋同性日益明显，即国家、社会和研究生培养单位等研究生教育治理主体之间的权力趋于制衡。原来由政府主导的国家日益强调和吸纳更多的社会力量参与到研究生教育治理活动；在社会组织作为研究生教育治理核心力量的国家，则越来越多地强调政府的间接调控作用。但是，就社会组织的行为而言，无论是在美国、英国还是法国，独立自主模式是各国社会组织在研究生教育治理中行之有效的基本模式。

表 4-1　美、英、法社会组织在研究生教育治理中的行为方式比较

项目	美国		英国		法国
行政体制	分权制		分权制		集权制
组织类型	学术类组织	认证类组织	独立机构	学术类组织	独立机构
代表组织	CGS, AAU	三大认证组织	QAA, HEFCE	UKCGE	CNE, AERES
组织结构	董事会	董事会	董事会	董事会	董事会
行为方式	社会组织主导		多元共治		政府主导
行为手段	学术研讨、调研咨询、参与政策制定、公共政策倡导等	院校认证与专业认证	资金分配、质量评估、制定规划等	学术研讨、资源共享、课题研究、国际合作等	质量评估

第二节　国外社会组织参与研究生教育治理的行为共性

在美国、英国、法国等发达国家，由于各国的行政体制不同，使得社会组织在研究生教育治理体系中的行为方式有所差异。但是，认真分析各国社会组织在研究生教育治理中的行为，我们又可以发现许多相似之处。因此，系统总结这些国家社会组织在研究生教育治理中的行为经验，并从中发现它们参与研究生教育治理的基本规律，对于推动我国社会组织在研究生教育治理中发挥重要作用，助推我国社会组织的持续健康发展都将具有重要的借鉴意义和参考价值。综观当今西方国家社会组织参与研究生教育治理的方式，可以发现它们在以下六个方面具有行为共性。

一　组织召开各种学术类活动，为会员交流提供良好平台

组织召开各种学术类会议，是学术类社会组织最重要的活动方式，也是它们在研究生教育治理中发挥重要作用的基本途径。这些学术类社会组织及其分支机构每年都会围绕研究生教育中的热点和焦点问题，召开国际学术研讨会、年会、圆桌会议等丰富多彩、形式多样的学术会议，以推动本国甚至地区研究生教育的改革和发展。如 UKCGE 在 2016 年围绕着专业学位研究生的技能提升和就业能力、博士专业学位教育、人文社科类博士研究生面对的机遇和挑战、跨学科博士研究生的监督和评价、研究生院的管理等问题，共召开了 15 次大型的研讨会、工作坊、座谈会等。[①] 而 CGS 每年定期举办的年会早已成为世界各地的专家学者进行学术交流和研讨的学术平台。社会组织通过召开各种学术活动，为会员之间进行学术交流和研讨搭建了重要平台，有助于各会员单位就共同关心的研究生教育教学改革等问题进行深入交流和探讨，分享彼此在研究生管理和服务等方面取得的经验。

二　多途径参与教育政策制定，影响政府部门的决策行为

当前，通过政策制定宏观调控研究生教育治理的方式，成为西方各国政府的主要手段。为提高政策制定的科学性和执行的有效性，政府需要社会组织的积极参与和主动作为，而社会组织利用各种途径参与并影响政府的研究生教育政策，能够更好地助推政府的宏观管理。正如托马斯·博克兰德认为，非政府组织和政府机构在

---

① The UK Council for Graduate Education, The UK Council for Graduate Education Past Events, http://www. ukcge. ac. uk/Events/Previous. aspx？lstAcademicYears = 2015%20 - %202016&lstEventTypeId = &lstCategory = ，最后检索时间：2020 年 3 月 17 日。

联邦政策制定过程中所拥有的权力性质有着本质的不同，政府机构是直接决策者，非政府组织是重要参与者。[①] 当前，各国社会组织以平等参与者的身份，独立参与到本国研究生教育政策制定的诸多环节。一是围绕研究生教育招生、教育教学、就业等情况自主开展专项调查，为政府制定研究生教育教学和管理政策提供重要的参考。这些调查以精准数据，专业的知识和科学的论证为支撑，为政府的决策提供了重要参考。二是社会组织积极接受来自政府、教育主管部门的委托，针对研究生教育中的相关问题，以问卷调查、实地访谈等方式开展研究，并把撰写的调查报告递交给政府或国会等政府部门，从而为它们的决策提供服务。三是社会组织通过各种日常沟通等途径表达自身的观点和主张，影响政府的决策行为。如社会组织会采用向政府发送邮件、写信、和政府官员面谈、发表声明、公布调查报告等方式，阐述自身对于研究生教育政策的观点，从而影响政府的教育决策行为。与此同时，社会组织还利用参加政府政策制定过程中的各种咨询会、听证会等，直接影响政府的政策制定行为。四是积极邀请政府官员参加它们组织的各种学术会议、论坛等活动，游说政府官员，借机表达它们对政策的诉求和建议。如在 CGS 举办的每届年会上，都专门设有学者与政府官员之间面对面的互动环节，学者借机围绕研究生教育中存在的问题指出其不足，并提出针对性的政策建议，推动了专家学者与政府官员之间的对话和交流。

三　主动提供教育信息类服务，助推高校的教育教学改革

在西方国家，社会组织作为高校利益的代表，维护各会员单位

---

① Thomas A. Birkland, *An Introduction to the Policy Process: Theories, Concept and Models of Policy Making* (New York: M. E. Sharpe. Inc., 2011), p. 50.

的共同利益，并为它们提供各种服务，这是社会组织的重要职责。为更好地充分发挥自身在研究生教育治理中的作用，助推会员单位研究生教育教学改革，各国社会组织纷纷为会员单位提供大量与研究生教育改革密切相关的信息。为此，各国社会组织通过发行出版物、在学术会议上发布相关信息、利用官方网站进行宣传等途径，为会员单位及时提供研究生教育信息服务。在国外，几乎每个学术类社会组织都拥有自己的专业刊物或杂志，它们是其会员和专家学者就研究生教育中的主张和观点进行争鸣的重要平台。在各种学术会议上，这些社会组织也会将自身的最新研究成果以会议报告、研究报告等形式提供给各位会员。国外社会组织提供给会员的信息量大、内容丰富，既有各会员单位在研究生教育教学改革方面取得的成功案例、研究生管理的具体实践、国外高校的最近研究动态及趋势，也包含国家有关研究生教育教学改革的最新政策等。各会员单位通过对这些信息的了解，能够帮助它们及时、全面地掌握国内外研究生教育研究的理论进展和实践举措，学习其他会员单位的先进经验，提升自身的研究生教育治理水平和能力。与此同时，社会组织还会为会员提供各种咨询、学习资源等，从而助推它们更好地进行教育教学改革。

四　开展研究生教育咨询服务，充当政府高校之间的桥梁

在西方国家的研究生教育治理体系中，社会组织以其专业化队伍和专业性知识，为会员提供各种咨询服务，在政府和高校之间充当了桥梁。这些社会组织依靠成员渊博的知识、丰富的经验、专业的技能，以及自身拥有的大量资源，以主动作为或接受委托等方式，为政府、研究生培养单位等利益相关者提供各种咨询服务。在西方国家，社会组织为政府提供的咨询服务包括就政府的教育政策开展调查，从而集中协调各方意见，为政府的教育

决策提供相关咨询意见；就政府相关工作的可行性和预测性进行研究，并提出具体改进方案；教育拨款咨询，就教育政策的落实和教育活动实施所需经费进行咨询等。① 社会组织为会员单位提供的咨询服务包括帮助它们准确理解政府有关研究生教育的政策；会员单位建设和管理等方面的咨询，如会员单位在研究生招生、教学改革、专业建设、教育管理等方面存在的问题等，并为它们改进工作提供专业化的指导；此外，社会组织还会针对在校本科生和研究生、学生家长等开展有关高校在研究生招生、就业等方面的信息咨询与服务。

作为独立于政府和研究生培养单位之外的第三方力量，西方国家的社会组织通过为其他研究生教育治理主体提供服务，在各国研究生教育治理中的地位日益凸显，作用不断增强。社会组织独立于政府和研究生培养单位之外但又与二者保持着密切的关系，对它们的行为产生着重要影响。因为高等教育是一个松散结合的、以价值追求为行为导向的组织，而政府是一个严格规范的以实现现实社会利益为宗旨的等级管理机构，这种差距往往导致它们在联系上的障碍和对抗。② 社会组织的作用就在于，作为独立的第三方去协调政府和研究生培养单位之间在价值、目标和行为上的冲突，缓和彼此的关系。如美国的 CGS，英国的 QAA 和 HEFCE，法国的 AERES等，通过发挥咨询的功能，在本国研究生治理中充当了政府外部调节和研究生培养单位内部治理之间的桥梁和纽带，促使二者之间保持一种相对平衡。

---

① 张亚萍：《美英日澳四国社会团体参与教育的内部机制研究》，浙江师范大学硕士学位论文，2015，第 19～28 页。
② 李敏：《非营利组织与美国研究生教育的改革与发展》，《复旦教育论坛》2005年第 1 期，第 57～61 页。

五　独立实施教育质量评估，保障本国研究生教育质量

独立开展研究生教育质量评估，是各国社会组织参与研究生教育治理的基本途径和主要行为方式。长期以来，各国社会组织积极发挥自身的专业化、独立性优势，开展了形式多样、内容丰富的质量评估活动，成为各国研究生教育质量评估的中坚力量，为保障本国研究生教育质量做出了突出贡献。在美国，由各类社会组织对各研究生培养单位开展的学科评估、院校评估、专业认证等，已经得到了政府、研究生培养单位和社会的公认。在英国，QAA 和 HEFCE 通过质量评估和审核等方式，在保障英国研究生教育质量方面发挥了重要作用。为全面保障本国研究生教育质量，各国社会组织实施了多样化的研究生教育质量评估活动，既有对培养单位的整体性评估，也有围绕学科、科研的专项评估；从层次看，既有针对博士层面的各项评估，也有面向硕士层面的各项评估；从学位类型上看，既包含专业学位，也囊括学术学位。独立于政府和研究生培养单位的非官方性质的社会组织，它们科学、客观、规范的评估行为，保证了评估程序的专业性，评估过程的独立性，评估结果的权威性和可信性。

总之，无论是在中央集权制的法国，还是在地方分权制的美国和英国，社会组织对本国研究生教育质量的评估结果都得到了社会各界的一致认可，成为各国政府确定各研究生培养单位是否拥有学位授予权，并确定对研究生培养单位进行拨款数量的重要依据。同时，社会组织在研究生教育质量评估过程中一方面保护着培养单位的自主权，维护着培养单位的核心利益，另一方面，它作为政府对研究生培养单位进行宏观调控的主要手段，使政府能够很好地实现对研究生教育的外部监督。正是由于社会组织在研究生教育质量评估中发挥的积极作用，使它们受到各国政府、研究生培养单位和社会的高度重视和认可。

六　吸纳国内外会员广泛加入，参与全球研究生教育治理

积极吸纳国外研究生培养单位的加入，并加强与其他社会组织的合作，是当前各国社会组织参与全球研究生教育治理的基本途径。近年来，西方国家的社会组织十分注重利用各种方式，吸纳国外学术组织和机构参加它们组织的各项活动，并将其吸纳成为会员，以借此扩大自身的国际影响力，进而参与到全球研究生教育治理活动当中。一是通过举办各种国际性学术活动，如国际研讨会、学会年会等，吸引来自其他国家的高校和社会组织积极参与。二是它们利用自身组织的影响力和号召力，吸纳来自世界其他国家和地区高校和社会组织的加入。如美国研究生院委员会吸纳了来自加拿大等 17 个国家和地区的多所高校加入。社会组织吸纳这些成员的加入，一方面，让它们积极参加自身组织的各类活动，在此过程中宣传和推广自身研究生教育治理的理念、思想和经验，从而对其他国家的研究生教育治理产生影响。另一方面，它们通过向国外会员提供各种信息，与它们开展各项合作，帮助它们实施研究生教育质量评估活动等，并参与到这些国家和研究生培养单位的研究生教育治理活动当中。同时，为了进一步扩大自身的影响力，提高自身参与国内外研究生教育治理的能力和水平，国外社会组织普遍注重加强与国内外同类社会组织、研究机构和基金会等建立良好的合作关系。这种合作是多方面、深层次的，甚至是战略性合作。它们合作的方式既有研究项目的共同开展，也有源于对方的资金支持，更有政策的呼吁。

从国外研究生教育治理体系来看，国家、社会和研究生培养单位之间呈现出权力相互博弈、相互制衡的"三足鼎立"局面。在这一过程中，它们在相互依赖、尊重彼此利益的基础之上，通过协

商、合作和谈判等方式，来实现研究生教育治理体系和治理能力现代化这一共同利益。当博弈各方协调一致去寻找有利于共同营利的战略时，就会出现协同性均衡状态了。[①]当前，社会组织作为西方国家研究生教育治理中的一支重要力量，其参与研究生教育治理的范围不断扩展、手段日益多元化、形式日益多样化、效果日益凸显。其中，接受委托或独立自主等方式，是各国社会组织参与本国甚至是区域研究生教育治理的主要行为模式。特别是独立自主的行为模式，是各国社会组织有效参与研究生教育治理的基本趋势。

总之，在当前和今后相当长的一个时期内，进一步提升社会组织在本国研究生教育治理中的地位，充分利用它们的独立性、客观性等优势，发挥它们在研究生教育治理中的政策咨询、提供服务、质量监督与评价等作用，是各国实行研究生教育治理体系和治理能力现代化的基本方向。

---

① 〔美〕保罗·A. 萨缪尔森、〔美〕威廉·D. 诺德豪斯：《经济学（第十四版）上》，北京经济学院出版社，1996，第385页。

第五章　我国社会组织参与研究生教育治理的行为研究

　　中国学位与研究生教育学会和中国高等教育学会作为全国性、学术性、非营利性的社会组织，是我国研究生教育治理的两支重要力量。其中，中国学位与研究生教育学会总体而言是民间性质的社会组织，而中国高等教育学会是具有官方背景的社会组织。深入分析两种不同类型的社会组织在我国研究生教育治理中的行为，能够帮助我们更好地了解我国研究生教育治理的现状。同时，它们通过开展教育理论和实践问题研究，进行学术交流、调研、咨询和培训等活动，在总结我国研究生教育经验、探索研究生教育规律、深化研究生教育综合改革、提高研究生教育质量等方面发挥了重要作用。因此，全面梳理中国学位与研究生教育学会和中国高等教育学会在我国研究生教育治理中的地位与作用，深入分析其组织结构、运行机制与状态，客观剖析其面对的机遇与挑战，有助于破解制约我国社会组织参与研究生教育治理的瓶颈，有助于提高我国社会组织参与研究生教育治理的行为能力。

第一节　中国学位与研究生教育学会的治理模式

　　中国学位与研究生教育学会（Association of Chinese Graduate

Education，ACGE）是我国第一个全国性、以研究生教育研究为核心的社会组织。它的成立是我国经济社会发展的客观需求，也是我国研究生教育发展的现实需要。学会在20多年的发展历程中，在经历了初创期、稳步发展期、逐步繁荣期之后，目前正处于新的征程期。

一 中国学位与研究生教育学会成立的背景

一个社会组织的成立离不开它当时所处的社会、政治、经济和文化等社会背景，更无法摆脱它自身所处的组织系统。中国学位与研究生教育学会正是在这些因素的共同作用下，得以诞生并不断发展和壮大。

（一）社会经济政治发展为学会成立奠定了客观基础

党的十一届三中全会确定了实行改革开放的政策，为我国经济社会的发展提供了有力支持。特别是进入20世纪90年代以来，随着我国经济社会的快速发展，国家日益需要研究生教育朝着主动适应社会主义事业建设需要的方向发展，需要研究生教育培养一大批高层次人才，支持我国经济社会的改革。我国"四化"建设的发展特别是党的改革开放政策带来的社会经济飞跃与科技振兴，形成了对教育及各种学科、专业高级专门人才的迫切的客观需要。①1990年《中共中央关于制定国民经济和社会发展十年规划和"八五"计划的建议》中明确指出："发展教育事业，推动科技进步，为二十一世纪初叶我国经济和社会的持续发展奠定物质技术基础。"而推动科技进步，对新兴领域及一些交叉、边缘学科的探索研究，对传统产业的改造和现代化管理，高新科技产业的开发、经

---

① 秦惠民：《研究生教育的发展、进步与问题》，《学位与研究生教育》1991年第3期，第1~5页。

营，还有关系经济、政治、社会、法律及国计民生各方面的统筹规划和科学决策等，都将会突出反映对硕士和博士研究生等高级专门人才的迫切需要。[1] 正如党的十四大报告指出："科技进步、经济繁荣和社会发展，从根本上说取决于劳动者的素质，培养大批人才。"为此，加强研究生培养单位之间的协作，打造学术共同体，以推动高层次人才的培养，从而更好地为社会经济发展服务，成为这一时期我国研究生教育发展面临的迫切任务。

（二）我国研究生教育事业发展是学会成立的现实条件

自 1978 年我国恢复研究生招生到 20 世纪 90 年代初，我国研究生教育事业总体处于稳步发展阶段。数据显示，1981～1993年，我国研究生招生人数从 0.94 万人扩大至 4.19 万人，在校生总人数从 1.88 万人增至 10.64 万人，授予学位人数从 0.87 万人增加到 2.61 万人（见表 5-1）。这一时期，随着我国研究生教育的稳步发展，一批硕士、博士学位获得者不断走向教学科研第一线，投身经济建设主战场，大大促进了我国教育和科技事业的发展，在我国经济建设和社会发展中起着越来越重要的作用。[2]同时，我国研究生教育事业经过 10 余年的发展，已建立了门类比较齐全的学科授予体系，初步建成了一批高级专门人才培养基地，绝大多数学科的硕士生培养已经做到立足于国内，相当数量学科的博士生的培养也具有了立足于国内的条件。但是，这一时期我国研究生教育也存在对中国学位制度的特点与国家发展适应性、人才的知识结构与培养方式、国家高层次人才需求预测等诸多问题，需要深入系统的研究。各个学校的研究有一定的局限，

---

① 路甬祥：《面向社会主义建设需要立足国内培养高级人才》，《学位与研究生教育》1992 年第 1 期，第 1～4 页。

② 赵沁平：《社会发展的需要 改革开放的成就——中国学位与研究生教育 50 年发展回顾》，《学位与研究生教育》1999 年第 5 期，第 3～8 页。

如果发挥学会的作用，研究生教育理论与实践的研究会达到一个更好的水平。[①]

表 5 – 1　1981 ~ 1993 年我国研究生招生总数、在校生总数、
授予学位总人数统计

年份	招生人总数	在校生总数	授予学位总人数
1981	9363	18848	8665
1982	11080	25847	5786
1983	15642	37166	3567
1984	21970	57566	7880
1985	39891	78806	12852
1986	37007	98963	15245
1987	36738	113452	21453
1988	34169	108901	38183
1989	27729	98946	37346
1990	28434	92030	34632
1991	29602	87873	33093
1992	33348	93975	27660
1993	41889	106405	26165

资料来源：1978 ~ 1993 年有关数据根据历年《中国教育统计年鉴》进行整理。

（三）省级学会的快速发展是推动学会成立的直接动因

20 世纪 80 年代中期，随着我国研究生教育的规模不断扩大，研究生教育在高等教育体系中的重要性日益凸显，研究生培养单位之间急需一个加强彼此交流和合作的平台。为此，各地纷纷自发成立省级和区域性研究生教育的社会组织，深入探讨研究生教育中的理论问题，加强彼此的交流。1981 年 7 月，教育部直属综合大学研究生教育管理研究会的成立，推动了我国研究生教育学术组织的快速健康发展。自 1985 年开始，我国部分省市相继成立了地区性、群众性和学术性的研究生教育学会或协会。此后的近十年间，全国

[①]　张文修：《研究生教育十年的回顾与反思》，《学位与研究生教育》1990 年第 1
期，第 1 ~ 3 页。

共有陕西、江苏、北京、上海、广东、浙江等 18 个省市相继成立了研究生教育学会（协会、研究会），并出现了一定数量的地区性学会协作组和交流会（见表 5 - 2）。这些省级学会组织建立后，以组织各种学术交流会和研讨会、主动承担各类委托课题并自行组织研究课题，开展相关调查活动等方式，有力地推动了本省或区域研究生教育的改革和发展。如在 1990 年，北京市高校研究生教育学会围绕单独考试招生办法、博士生招生命题及生源、应用型人才培养、在职人员申请学位和学位质量评估等问题进行了探讨；受教委委托，学会组织了对北京地区博士生培养工作的调查，收效很大；学会还承担了"研究生培养制度的研究"和"研究生教育管理制的研究"两个上级机关下达的课题。① 省市研究生教育学会（协会、研究会）的相继成立和不断发展壮大，在加强会员之间信息和学术交流，推动本区域研究生教育工作的开展等方面发挥了重要作用，也为中国学位与研究生教育学会的成立奠定了基础。但是，由于省市研究生教育学会建立的时间不长，发展不匀衡，工作缺乏经验。因此，建立全国性研究生教育学会是大势所趋、众望所归。②

表 5 - 2　1985 ~ 1993 年全国成立的部分研究生教育学会
（协会、研究会、协作组）

序号	名称	成立时间	理事长（主席、会长）
1	陕西省高校研究生教育协会	1985.2	蒋德明（西安交通大学）
2	吉林省高校研究生教育研究会	1985.12	伍卓群（吉林大学）
3	北京市高校研究生教育学会	1986.1	柯有安（北京理工大学）
4	上海市研究生教育学会	1986.4	谢希德（复旦大学）

---

① 庞海芍：《北京市高校研究生教育学会召开年会》，《学位与研究生教育》1991
年第 6 期，第 24 页。
② 学位与研究生教育杂志社：《省市研究生教育学会经验交流会在西安召开》，
《学位与研究生教育》1990 年第 1 期，第 53 页。

续表

序号	名称	成立时间	理事长（主席、会长）
5	江苏省高校研究生教育研究会	1986.5	吴震春（中国矿业大学）
6	浙江省研究生教育学会	1986.6	韩祯祥（浙江大学）
7	广东省高校研究生教育协会	1986.10	李宝健（中山大学）
8	福建省高校研究生教育管理研究会	1986.12	叶品樵（福建省教委）
9	天津市研究生教育学会	1987.3	母国光（南开大学）
10	黑龙江省高校研究生教育研究会	1987.7	刘家琦（哈尔滨工业大学）
11	山东省高校研究生教育学会	1987.12	吴关生（山东大学）
12	河北省研究生教育研究会	1988.4	汪培栋（河北大学）
13	云南省研究生教育学会	1988.6	工文亮（云南大学）
14	江西省高校研究生教育研究会	1988.10	李佛铨（江西师范大学）
15	内蒙古高校研究生教育协会	1988.11	曹之江（内蒙古大学）
16	湖北省研究生教育学会	1988.12	陶德麟（武汉大学）
17	四川省高等学校研究生教育学会	1990.5	符宗胤（四川省教委）
18	中国核工业研究生教育研究会	1988.8	李德元（中国工程物理研究院）
19	机电部高校研究生教育管理研究会	1988.9	蒋仲方（吉林工业大学）
20	中国有色金属工业总公司研究生教育学会	1987.6	孙宗颀（中国有色金属工业总公司教育局）
21	全国研究生教育和学位工作计算机管理研究协作组	1987.5	天津大学（协作组秘书处）

资料来源：根据全国研究生教育学会（协会、研究会、协作组）的成立时间整理形成。

二 中国学位与研究生教育学会的发展历程

自中国学位与研究生教育学会成立以来，经过20多年的发展，学会规模从小到大，作用由弱到强，已经成为推动我国研究生教育事业持续发展的中坚力量。

（一）初创期（1994～1999年）

1994年7月26日，是我国研究生教育事业发展历程中具有里程碑意义的日子。作为全国性、学术性、非营利性的社会组织，中国学位与研究生教育学会经中华人民共和国民政部批准，

· 153 ·

在北京正式成立。首批会员单位有 350 多个。学会成立伊始，就制定了比较完备的章程，对学会的性质、宗旨、任务、会员来源、组织机构、会费等内容进行了明确规范，从而确保了学会各项活动的合法性。根据中国学位与研究生教育学会章程，学会实行单位会员制，会员代表大会是学会的最高权力机构。理事会作为会员大会的常设机构，在会员代表大会闭会期间领导开展日常工作，是学会的决策机构。为此，学会在成立时选举产生了由 98 人组成的第一届理事会，并选举产生了 25 位常务理事。同时，为了进一步增强自身的专业化程度，明细彼此分工，学会在成立时分别组建了文理科工作委员会、工科工作委员会、农林科工作委员会、师范工作委员会、医药科工作委员会等 5 个工作委员会作为学会的分支机构。1995 年，为适应信息时代及研究生教育评估事业发展的需要，学会又分别成立了信息管理委员会和评估委员会。为了增强研究生思想政治教育工作，学会在 1996 年又成立了德育委员会。相继成立的这八个委员会，成为推动学会各项事业发展的骨干力量。

这一时期，学会及其分支机构采取多种方式助推我国研究生教育事业的发展与改革。一是建立形式多样的交流合作机制。学会积极组织召开形式多样的工作交流会、学术研讨会、专家讲座会等，推广各培养单位在研究生教育中的优秀成果和工作经验。这些活动的举办，有效增强了会员之间的交流，提升了学会为会员和社会服务的功效。特别是在这一时期学会所形成的定期交流机制，得到了各会员单位的大力支持和积极响应，成为教育行政部门、研究生培养单位、研究生教育管理者、研究生导师等之间沟通和合作的桥梁与纽带。二是加强研究生教育理论研究。学会在这一时期积极接受国务院学位委员会办公室、教育部相关司局等部门的委托，以独立自主的方式开展相关课题研究，推动了我国研究生教育的理论研究。这些课题紧密围绕我国研究生教育发展的现实需要和战略需求，有力地推动了我国研究生教育理论研究的水平，提高了研究生教育工作者的素质，促进了研究生教育研究队伍的形成。同时，为更好地发挥自身在学术研究中的优势，学会还积极组建了学术委员会，以专门负责研究生教育研究课题的立项、审查与评审。

（二）稳步发展期（2000~2009年）

进入 21 世纪，我国经济社会得到快速发展。特别是随着我国改革开放的不断深化及加入 WTO，我国与世界各国在经济政治等领域合作的规模持续扩大，合作的方式日趋多样，合作的深度和广度不断拓展。与世界各国的合作与交流，为我国研究生教育事业的发展带来了新理念、新思维。但是，如何将它们与我国国情有机结合，形成具有中国特色、符合研究生教育发展规律的教育体系，是这一时期我国研究生教育事业发展所面临的新任务。此外，这一时期我国教育体制改革的力度不断加大，学校办学自主权不断扩大，研究生教育内部的互相促进、互相监督变得更加重要。如何发挥学会的第三方作用，以满足我国研究生教育改革不断深化的迫切需求，是学会在这一时期面临的新问题。与此同时，我国政府积极转变职能、简政放权，大量培育和扶持社会组织，吸纳社会组织参与社会各项事业。第十届全国人大二次会议《政府工作报告》明确提出："要加快政企分开，进一步把不该由政府管的事交给企业、社会组织和中介机构，更大程度地发挥市场在资源配置中的基础性作用。"党的十六届六中全会做出的《中共中央关于构建社会主义和谐社会若干重大问题的决定》指出："健全社会组织，增强服务社会功能。坚持培育发展和管理监督并重，完善培育扶持和依法管理社会组织的政策，发挥各类社会组织提供服务、反映诉求、规范行为的作用。"

这一时期我国研究生教育事业也进入快速发展的新阶段。

2000～2009 年，我国研究生招生规模从 12.81 万人增加到 64.30 万人（见图 5 - 1）；在校生规模从 30.04 万人增至 140.42 万人（见图 5 - 2）；研究生导师从 8.88 万人增至 23.99 万人（见图 5 - 3）。我国研究生教育日益复杂化，研究生的数量不断增加，利益相关者诉求不断增多，充分满足社会多元主体的需求，提高研究生教育质量，需要包括社会组织在内的多元主体共同参与。

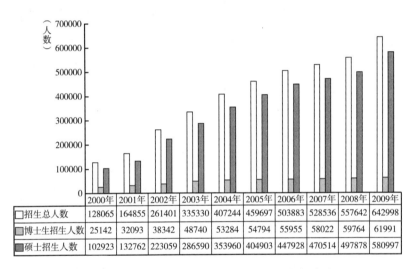

（人数）	2000年	2001年	2002年	2003年	2004年	2005年	2006年	2007年	2008年	2009年
□招生总人数	128065	164855	261401	335330	407244	459697	503883	528536	557642	642998
▨博士生招生人数	25142	32093	38342	48740	53284	54794	55955	58022	59764	61991
▤硕士招生人数	102923	132762	223059	286590	353960	404903	447928	470514	497878	580997

图 5 - 1　2000～2009 年全国研究生招生人数统计

　　正是在这样的时代背景下，中国学位与研究生教育学会抓住发展机遇，不断加强自身组织机构建设，不断拓展服务功效，为推动这一时期我国研究生教育事业的持续发展做出了积极贡献。

　　一是继续完善内部组织结构，不断加强自身能力建设。这一时期，学会先后成立了组织联络部、学术交流部、咨询培训部等三个职能部门，使得学会的组织机构得到进一步完善，组织功能得以拓展，运行机制更加有效。与此同时，学会及其分支机构的各项工作朝着更加专业化、规范化和制度化的方向发展，学会发展态势呈现出喜人局面。同时，为适应新形势下我国经济社会和研究生教育事

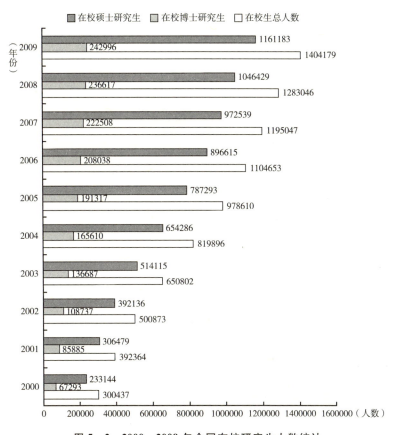

图 5 - 2 2000～2009 年全国在校研究生人数统计

业快速发展的需要，学会分别在 1999 年和 2004 年针对学会的业务
范围、理事和常务理事的选举产生办法、会员吸纳的条件、会员的
义务、分支机构的分类等内容，对章程进行了修订和完善，从而使
学会的运行更加符合我国社会经济发展的现实需要和学会自身的定
位与特性。

二是持续开展各类学术活动，进一步提升了学会吸引力。在这
一时期，学会充分发挥自身的专业优势，积极探索、深入研究、大
胆实践，开展了多层次的学术讨论和交流活动。这些活动的开展，
使研究生教育研究的深度和广度得到拓展，学术成果得以交流和共

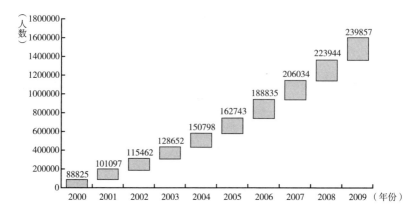

图 5 - 3　2000～2009 年全国研究生导师人数统计

享，广大会员单位参与学会活动的积极性得到显著提升。学会各分支机构工作活跃，学会的凝聚力大大增强，参与学会活动的会员单位数逐年增加，有时甚至出现了不得不限制参加活动人数的情况。①

三是形成了一支专业化的研究队伍。这一时期，学会通过开展研究生教育研究课题的凝练、课题研究队伍的组织、课题立项的审核，以及研究成果的评估等工作，形成了一支专业化的研究生教育研究队伍。这支研究队伍，充分利用自身的专业化知识，在学科目录修订、研究生招生改革、德育工作的深化、评估工作的理论和效果等方面开展深入研究，为政府的教育决策咨询提供了重要的意见和建议，为推动我国研究生教育事业的改革与发展发挥了积极作用。

（三）逐步繁荣期（2010～2013 年）

进入 21 世纪的第二个十年，我国政府深入推进行政体制改革，努力建设职能科学、廉洁高效、人民满意的服务型政府。政府职能

① 陈皓明：《中国学位与研究生教育学会第三届理事会工作报告》，http：//www. csadge. edu. cn/info/xhhx/2108，最后检索时间：2020 年 3 月 19 日。

的转变，为我国社会组织承接政府职能提供了良好的空间环境。同时，这一时期中央多次强调"加快形成党委领导、政府负责、社会协同、公众参与、法治保障的社会管理体制"，推动了我国社会组织的不断发展和壮大。党的十八大把社会组织体制改革作为社会建设和社会体制改革的四大重要目标之一，明确提出要加快形成政社分开、权责明确、依法自治的现代社会组织体制。数据显示，这一时期我国社会组织的数量，从 2010 年的 44.6 万个增加至 2013 年的 54.7 万个。随着我国社会组织的不断发展，它们在社会治理、提供社会公共服务、促进经济社会等方面发挥的作用日益凸显。

这一时期我国研究生教育事业发展发生了巨大变化，但也面临着诸多新情况、新问题。自 1980 年第五届全国人民代表大会常务委员会第十三次会议通过《中华人民共和国学位条例》，到 2010 年，我国研究生教育经过 30 年的发展，基本建成了中国特色的学位制度，基本实现了立足国内自主培养高层次人才的战略目标，我国学位与研究生教育体制机制改革不断深化，研究生教育的国际影响力逐步增强。[1] 截至 2010 年，我国博士、硕士学位授予单位分别达到 347 所、697 所，研究生导师 26.05 万人；累计培养 33.5 万博士、273.2 万硕士。[2] 全国在学研究生已达 140.5 万人，其中博士生 24.6 万人，共招收各级各类专业学位研究生 90 多万人，从根本上改变了我国高等教育的层次结构。[3] 2010 年颁布的《国家中长期教育改革和发展规划纲要 (2010 – 2020 年)》 (以下简称《规划

---

① 刘延东：在纪念《中华人民共和国学位条例》实施三十周年纪念大会上的讲话，http://www.cdgdc.edu.cn/xwyyjsjyxx/xw30/jjssn/jnhd/272714.shtml，最后检索时间：2019 年 12 月 14 日。

② 王战军：《我国研究生教育的国际影响力》，《国家教育行政学院学报》2013 年第 2 期，第 16 ~ 19 页。

③ 中华人民共和国国务院学位委员会办公室：《中国学位三十年》，高等教育出版社，2011，第 12 页。

纲要》）明确提出："提高质量是高等教育发展的核心任务，是建设高等教育强国的基本要求。"党的十八大提出，推动高等教育内涵式发展，办人民满意的教育。随着我国研究生教育的发展，全面提高研究生教育质量，实现研究生教育由外延式扩展走向内涵式发展道路，建设研究生教育强国，成为当前和今后一个时期我国研究生教育发展的方向和目标。2013 年，《教育部 国家发展改革委 财政部关于深化研究生教育改革的意见》中要求"到 2020 年，基本建成规模结构适应需要、培养模式各具特色、整体质量不断提升、拔尖创新人才不断涌现的研究生教育体系。"① 简而言之，这一时期我国研究生教育发展进入一个改革内涵不断丰富、改革速度不断加快的新时期，要求学会工作应有新突破、新进展。

在这一时期，中国学位与研究生教育学会以活跃交流平台、做好教育中介、当好政府助手、推进会员工作、建设专兼职队伍为目标，不断创新工作机制，注重发挥自身在理论研究、学术交流、业务培训、国际合作、咨询服务、调研评估等方面的作用。在这一阶段，学会在教育研究、学术研讨、培训交流、制度机构建设等方面取得了新成绩，特别是在研究生教育质量评价方面充分发挥了示范、引导、激励作用。

在学术研究方面，学会以课题研究为主要抓手，不断加强研究生教育的理论与实践探索。这一时期，学会重点围绕研究生教育学的建立，设立了多个研究课题，为研究生教育学的建立奠定了丰富的理论基础。特别是学会从 2012 年开始启动"中国学位与研究生教育学会研究生教育丛书"的编研工作，是这一时期学会开展研究生教育研究的直接体现。这一研究成果从多层面、多角度地阐述

---

① 《教育部 国家发展改革委 财政部关于深化研究生教育改革的意见》教研〔2013〕1 号，http：//www.moe.edu.cn/publicfiles/business/htmlfiles/moe/A22_zcwj/201307/154118.html，最后检索时间：2019 年 12 月 23 日。

了研究生教育的基本理论框架，为研究生教育学学科建立奠定了良好基础。

在质量评价方面，学会主动作为，以独立的第三方角色，积极开展研究生教育质量评价。2011 年，学会开始设立学位与研究生教育优秀博士学位论文奖，它是学会主动承接政府职能转变，发挥自身专业性、独立性和客观性的特点，独立开展研究生教育质量评价活动的直观表现。这一奖项每年评选一次，截至 2017 年共评选出 19 篇优秀博士学位论文。这一评选活动的实施，极大地提高了博士研究生的学术创新能力，得到了教育行政部门、研究生培养单位及社会的一致认可和广泛认同，为推动我国研究生教育质量的提高发挥了积极作用。

在组织建设方面，学会不断加强自身建设，着力构建体系完善、工作规范、运行良好的组织机构。在学会的大力推动下，学会会员规模进一步扩大，会员单位从 2009 年的 486 个，增加至 2013 年的 594 个。同时，为促进会员结构的多元化，加强对会员的服务工作，扩大学会在研究生教育领域的影响力和号召力，2012 年 10 月，经学会常务理事会讨论通过，成立了学会个人会员部。随着个人会员部的成立和不断发展，个人会员部在加强制度建设，发展会员和会员服务等方面开展了一系列工作，有力地扩大了个人会员规模，使学会日益成为征集会员意见和建议、反映和满足会员诉求的平台，成为学会与会员之间、会员之间信息沟通与交流的桥梁和纽带。

（四）新的征程期（2014年至今）

党的十八届三中全会提出的治理理念，表明了我们党和政府正在从思想上、行动上革除传统的"管理"套路，实现由政府对社会公共事务的单一管理，向政府、市场、社会多元主体共同治理的转变。虽然"治理"和"管理"二者只是一字之差，但是它却体现了我国在完善和发展中国特色社会主义制度方面的深刻变化。

当前我国社会改革已进入攻坚期和深水区，单纯依靠政府力量已无法有效破解我国社会经济发展中面临的诸多深层次问题。破解我国社会发展障碍，全面深化综合改革，需要激发社会组织的活力，从而降低社会管理和服务的成本，提高社会治理的效率。为此，党的十八届三中、四中全会公报中，在涉及社会管理、公共服务等方面多次强调要充分发挥社会组织的作用。党和国家对社会组织作用的高度重视，为我国社会组织的健康发展和发挥功效提供了良好的外部环境。2016 年，中共中央办公厅、国务院办公厅专门印发的《关于改革社会组织管理制度促进社会组织健康有序发展的意见》，为促进社会组织健康有序发展提供了保障，有利于厘清政府、市场、社会关系，完善社会主义市场经济体制；有利于改进公共服务供给方式，加强和创新社会治理；有利于激发社会活力，巩固和扩大党的执政基础。① 同时，我国政府继续加大"放管服"的力度，深入推进下放行政权力审批等活动，并将多项原由政府承担的职能交由社会组织承担，为社会组织参与社会活动奠定了良好的基础。

在这一时期，中国学位与研究生教育学会以成立 20 周年为新起点，以创新、协调、绿色、开放、共享五大发展理念为引领，以创新驱动为动力，不忘初心，继往开来，主动作为，不断推进实践创新、制度创新，为深化我国研究生教育综合改革，加快推进教育治理体系和治理能力现代化做出了更大贡献。特别是自 2014 年开始组织实施了每两年评选一次的"中国学位与研究生教育学会研究生教育成果奖"，为研究生培养单位深化综合改革，促进其持续

---

① 中共中央办公厅、国务院办公厅《关于改革社会组织管理制度促进社会组织健康有序发展的意见》中办发〔2016〕46 号，http：//www.gov.cn/xinwen/2016 - 08/21/content_ 5101125.htm，最后检索时间：2019 年 10 月 26 日。

提高研究生培养质量，发挥了重要的引领作用。目前，这一奖项已经得到政府、教育行政部门和研究生培养单位的重视，并产生了广泛的社会吸引力和影响力。

章程是社会组织制度的核心。只有建立科学、严密的章程，才能保证社会组织各项工作实施的合理性与合法性。学会为进一步加强自身制度建设，先后在 2015 年、2016 年、2018 年对学会章程进行了修订。其修改的主要内容包括两个方面：一是增加了依法举办实体机构等内容，为学会后续新工作开展预留空间。二是增加按专业学位类别设置专业学位工作委员会，进一步完善了学会分支机构分类。学会章程的修订和完善，使学会各项职能更加适应我国经济社会发展需要，有助于保障学会各项工作能够更加有效地满足我国研究生教育事业发展的长远需求。

同时，学会持续完善自身组织结构，不断加强能力建设，以提高自身参与研究生教育治理的能力和水平。其中，学会在 2016 年 11 月成立的第一届监事会，是学会完善内部监督体系，加强自身能力建设的鲜明体现。此外，在这一时期学会为继续提升服务水平，进一步扩大自身影响力，先后成立了国际合作与交流工作部和地方研究生教育管理工作委员会。国际合作与交流工作部作为学会的直属机构，促进了学会与国外同行之间的交流与合作，拓展了学会的国际影响力。地方研究生教育管理工作委员会作为中国学位与研究生教育学会的专设委员会，为加强各省（区、市）之间、省级研究生教育管理机构与上级主管部门之间的工作研讨、经验交流和实务合作，促进地方研究生教育事业的改革发展发挥了积极作用。

总之，中国学位与研究生教育学会的发展历程，它体现了我国社会组织参与研究生教育治理的方式和机制的演变轨迹。随着我国经济社会的不断发展和研究生教育事业的不断拓展，中国学位与研究生教育学会等社会组织，在我国研究生教育治理中的地位将更加凸显，作用将持续增强。

三 中国学位与研究生教育学会的运行模式

近年来，中国学位与研究生教育学会在推进我国研究生教育理论研究与实践探索、服务广大会员和社会、承接政府职能、助推研究生教育领域综合改革等方面发挥了重要作用。

（一）中国学位与研究生教育学会的性质与宗旨

1. 学会的性质

明确自身性质是社会组织开展活动的基本前提。在中国学位与研究生教育学会成立之时，就把自身定性为：全国学位与研究生教育工作者的群众性学术团体。2016年通过的《中国学位与研究生教育学会章程》（第六次修订稿）当中，进一步明确和科学界定了学会的性质：由依法从事学位与研究生教育工作的企事业单位、社会组织和个人自愿结成的学术性、全国性、非营利性社会组织。[①]中国学位与研究生教育学会对自身性质的科学界定，凸显了学会作为一个非政府性质的社会组织，具有非营利性、独立性、群众性、自愿性、学术性和专业性等特点。

（1）非营利性

非营利性是社会组织的第一个基本属性，是社会组织区别于企业的根本属性。[②] 中国学位与研究生教育学会作为我国社会组织的一分子，必然具有这一基本属性。这一属性表明，学会不是以获取利润并在此基础上谋求组织的发展和不断壮大为目的，而是以追求为会员服务、为社会服务、为研究生教育学科服务，进而实

---

① 中国学位与研究生教育学会：《中国学位与研究生教育学会简介》，http://www.csadge.edu.cn/column/xhjj，最后检索时间：2019年10月26日。

② 王名主编《社会组织概论》，中国社会出版社，2010，第12页。

现一定范围内的公共利益为目的的。中国学位与研究生教育学会作为非营利性社会组织，其会费、政府资助、捐赠、核准业务范围内开展活动和提供服务的收入等，各项资金收入及衍生的利息，只能用于组织开展的各项社会活动及自身发展，而不能用于会员之间的分配。

（2）独立性

独立性是社会组织的另一个基本属性，是确保社会组织得以良好运行的基础和前提。中国学位与研究生教育学会的独立性主要体现在以下几个方面：一是非政府性，即学会是群众性组织，由单位或个人自愿组织而形成的。虽然它受国家法律法规的制约，但它不是政府机构及其附属部分，它拥有独立判断、决策及行为的机制和能力，是独立自治的非政府性社会组织。中国学位与研究生教育学会自成立时，就对自身的这一属性进行了明确界定。二是非宗教性，即学会的部分会员虽然具有宗教信仰，但是学会本身不传播和宣传任何有关宗教的内容，不发展宗教会员，不开展各种宗教活动，也不受任何宗教团体的控制或制约。三是非政党性，尽管中国学位与研究生教育学会以多种行为方式参与我国研究生教育治理的诸多事务，为国家的教育政策提供咨询和建议，但是它本身不以谋取政治权益为目的，而是以推动我国研究生教育发展、服务广大会员和社会发展为目的开展各项学术活动。

（3）群众性

群众性是中国学位与研究生教育学会的显著特性，它体现了学会扎根于社会的基本属性，以及在联系群众方面的广泛性。根据《中国学位与研究生教育学会章程》（第六次修订稿）规定，凡热心参加和积极支持本学会工作的、从事研究生培养相关领域的企事业单位和社会组织均可申请成为单位会员。从事和支持研究生教育工作的专家、教师、管理人员或研究生，可申请成为个人会员。学会的发展依靠广大会员的支持，它通过横向网络联系与坚实的群众基础，服务于我国研究生教育事业发展。目前，学会会员囊括了我国众多研究生培养单位、研究生教育管理部门，聚集了我国研究生教育领域的大多数精英人才，吸引了社会各界的广泛参与。

（4）自愿性

中国学位与研究生教育学会的自愿性包括两个方面：一是会员加入的自愿性，二是会员参与学会活动的自愿性。所谓会员加入的自愿性是指，会员是自愿申请而不是迫于外部的压力加入学会，它是会员的主动行为。同时，会员也可以根据自己的意愿主动申请退出学会。会员参与学会活动的自愿性是指，会员根据自身的需求，积极主动地参与学会组织的各项学术活动。

（5）学术性

学术性是中国学位与研究生教育学会的特殊属性，也是学会区别其他社会组织最突出的特征。学术是这个组织及所有组织成员的共同追求，也是学会的灵魂所在。[1] 中国学位与研究生教育学会中心的工作和主要活动范围就是进行学术交流。学会自成立以来，始终围绕我国研究生教育发展的现实需要，瞄准热点、焦点问题，通过举办各种学术会议、召开学术论坛及开展课题研究等方式，营造学术氛围，引领会员展开研讨与交流。如学会每年都会组织各种国际或国内学术会议、座谈会、研讨会等活动，增强会员之间的学术交流，分享彼此的学术成果。同时，各分支机构每年也通过召开形式多样的学术活动，为会员之间进行学术活动提供了宽阔的平台。

（6）专业性

专业性是中国学位与研究生教育学会的另一特性，它凸显了学

---

① 赵沁平：《中国学位与研究生教育学会的价值与定位》，《学位与研究生教育》2015 年第 4 期，第 1~4 页。

会的特色。学会的专业性表现为，成员的专业性和活动的专业性。
所谓成员的专业性是指，中国学位与研究生教育学会的会员由研究
生培养单位的导师、管理人员、在校学生，以及研究生教育行政部
门的管理者或工作人员共同构成。虽然他们身份不同，并不代表某
一个具体专业，但是其会员的身份有一个共同特征就是，都是从事
研究生教育研究的工作者。会员自身的专业属性决定了学会本身是
一个专业性的学术组织，是一个学者共同体。中国学位与研究生教
育学会活动的专业性表现为，其活动的范围为研究生教育领域，各
项活动都是围绕我国研究生教育的理论与实践开展的，活动的目的
为推动我国研究生教育事业的专业性、科学化发展服务。

2. 学会宗旨与任务

中国学位与研究生教育学会在成立之日，就宣告其宗旨是坚持
党的基本路线，在国家教育委员会、国务院学位委员会的指导下，
团结全体会员，从我国国情出发，开展学位与研究生教育理论和实
际问题的研究，进行学术交流，开展评估和咨询等活动，以促进工
作，推动改革，为建设和完善有中国特色的社会主义学位制度和研
究生教育体系做出贡献。成立初期学会的任务有开展研究生教育研
究；总结交流各会员之间的研究生教育经验和研究成果；开展专题
调查、评估；开展研究生教育的咨询和培训活动；开展国际学术交
流活动与出版刊物等。① 在这一时期，学会围绕上述宗旨和主要任
务，开展了形式多样的活动，为推动我国研究生教育的改革和发展
做出了重要贡献。

进入 21 世纪，我国经济社会改革开放不断深入，研究生教
育事业进入快速发展的新阶段。中国学位与研究生教育学会以马

---

① 中国学位与研究生教育学会：《中国学位与研究生教育学会章程——1994 年 7
月 27 日第一届学会会员代表大会通过》，《学位与研究生教育》1995 年第 3 期，
第 74 ~ 75 页。

克思列宁主义、毛泽东思想、邓小平理论和"三个代表"重要思想为指导，遵守法律，贯彻党和国家的教育方针，与时俱进地开展学位与研究生教育理论和实际问题的研究，总结经验、探索规律，进行学术交流并组织调研、咨询和培训等活动，以促进工作、推动改革，不断提高研究生的培养质量，促进我国学位与研究生教育事业的可持续发展。2004 年学会经过全体会员大会通过的《中国学位与研究生教育学会章程》（第二次修订稿）中明确指出，当前学会的主要任务包括组织开展学位与研究生教育的科学研究和学术交流；接受有关部门委托，承担与本会宗旨有关的专题调研、评估等任务；开展学位与研究生教育工作的咨询和培训；加强与社会各界的联系与合作，依法设置实体机构，从事非营利性的社会服务；开展学位与研究生教育的国际交流与合作；组织学位与研究生教育科学研究成果的评奖活动；编辑出版发行会刊、会讯、学术著作、论文集和其他有关资料。①

中国学位与研究生教育学会 2018 年会员代表大会通过的《中国学位与研究生教育学会章程》（第七次修订稿）中指出，以马克思列宁主义、毛泽东思想、邓小平理论、"三个代表"重要思想、科学发展观和习近平新时代中国特色社会主义思想为指导思想和行动指南，始终坚持党的领导，把党的工作融入中国学位与研究生教育学会运行和发展全过程。② 学会当前和今后一段时间的主要任务是结合改革和发展的实践开展学位与研究生教育的研究；总结交流学位与研究生教育的经验和研究成果；接受有关部门委托的专题调

---

① 中国学位与研究生教育学会：《中国学位与研究生教育学会章程（第二次修订，2004 年 12 月 7 日会员大会原则通过）》，https：//www.csadge.edu.cn/info/xhhx/2044，最后检索时间：2019 年 12 月 26 日。

② 中国学位与研究生教育学会：《中国学位与研究生教育学会简介》，http：//www.csadge.edu.cn/column/xhjj，最后检索时间：2019 年 11 月 13 日。

查、评估等任务；开展学位与研究生教育的咨询和培训活动；加强与社会各界的联系与合作；开展学位与研究生教育的国际学术交流活动；编辑出版会刊、论文集及其他有关刊物。

（二）中国学位与研究生教育学会的组织结构

完善的组织结构是社会组织有效运行的重要保证。经过近 30 年的发展，中国学位与研究生教育学会逐步建立了完善的组织结构，有力地推动了学会各项事业的发展。当前，中国学位与研究生教育学会的组织治理结构基本框架如图 5－4 所示。

1. 会员代表大会

会员是中国学位与研究生教育学会的基本构成单位，也是学会得以存在的基础和前提。作为一个民间性学术组织，学会以会员主动申请入会和缴纳会费的形式进行运作。目前，学会的成员主要包括两大类：单位会员和个人会员。根据学会章程，凡是符合成为会员条件的单位，可以提交入会申请书至学会秘书处。经过由理事会授权的机构进行初审，符合条件的单位经过理事会或常务理事会讨论通过，即可成为本学会会员。对于个人申请入会者，申请者将入会申报书提交至个人会员部秘书处，秘书处通过初审后，提交理事会或常务理事会讨论通过，个人方可成为学会个人会员。

由全体会员共同组成的会员代表大会，是中国学位与研究生教育学会的最高权力机构。会员代表大会每 4 年一届，每两年举行一次会员代表大会。因特殊情况需提前或延期换届的，须经理事会通过，报业务主管单位审查并经社团登记管理机关批准。但是，延期换届最长不能超过 1 年。同时，会员代表大会必须有 2/3 以上的会员代表出席方能召开，会员代表大会的职权主要有：制定和修订章程；选举和罢免理事、监事；审议通过理事会的工作报告和财务报告、监事会的工作报告；制定并修改会费标准；决定终止事宜；决定其他重大事项。其中，会员代表大会表决的决议须经过到会会员

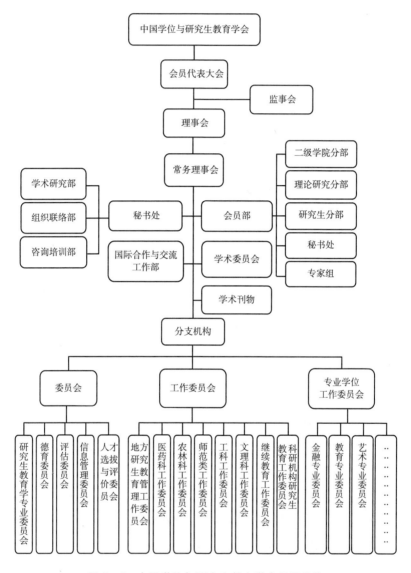

图 5－4　中国学位与研究生教育学会组织结构

半数以上表决通过方可生效。

2. 理事会

理事会是中国学位与研究生教育学会日常事务的执行机构。其成员构成包括会长、副会长、秘书长、单位理事、个人理事。学会理事的产生是由理事会依据学会章程中规定的理事具备的条件，经过常务理事提名，并在征求现任理事会意见的基础之上，形成新一届理事会名单，经会员代表大会差额选举产生。理事会作为学会的执行机构，在会员代表大会闭会期间领导本会开展日常工作，对会员代表大会负责，履行如下职责：执行会员代表大会的决议；选举和罢免会长、副会长、秘书长和常务理事；筹备召开会员代表大会；向会员代表大会报告工作和财务情况；决定会员的吸收和除名；制定会员代表产生办法；决定办事机构、分支机构和实体机构的设立、变更和注销；决定副秘书长和各机构主要负责人；领导本会各机构开展工作；制定内部管理规章制度；决定荣誉职务的设立和人选；决定本会其他重要事项。理事会会议须有 2/3 以上理事出席方能召开，其决议须经到会理事 2/3 以上通过方可生效。理事会下设常务理事会，由理事会选举产生，在理事会闭会期间行使一定职责，对理事会负责。目前，中国学位与研究生教育学会共有理事 252 个，其中常务理事 85 个。

3. 监事会

监事会是中国学位与研究生教育学会日常事务的监督机构。监事会成员由会长工作会提名监事候选人，在征求现任常务理事会和监事会意见的基础之上，经会员代表大会选举产生。监事会对会员代表大会负责，对学会工作进行监督。为保障监事独立履行职责，学会章程中明确规定，担任学会监事，不能担任学会理事职务。中国学位与研究生教育学会第一届监事会成员共 5 人，其中监事长 1 人，委员 4 人。依据学会章程，监事会的主要职责有监督学会理事会、分支机构依照国家法律法规、学会章程、业务范围及相关规章制度开展活动；监督学会理事会、分支机构及其成员是否有损学会声誉、利益的行为，对违规违法行为进行调查，并提出处理意见；

接受会员或分支机构对学会各项评奖、评选工作、课题申报等异议的申诉；监督学会财务状况；选举和罢免监事长；监事列席理事会议，监事长列席常务理事会议，并根据工作需要，列席学会相关活动；向会员代表大会提交工作报告。监事会是学会为依照法规政策和章程建立健全法人治理结构和运行机制，进一步健全内部监督机制而成立的。监事会的成立，有助于维护广大会员的利益，有利于在组织内部合理分配权利，把学会建成为权责明确、运转协调、制衡有效的法人主体。

4. 秘书处

秘书处是学会的日常执行管理机构。目前，中国学位与研究生教育学会秘书处挂靠在清华大学研究生院，下设学术研究部、咨询培训部和组织联络部。作为学会的执行管理机构，学会秘书处的主要职责包括负责组织实施学会年度工作计划，并开展日常管理工作；协调各分支机构、实体机构开展工作；召集由各办事机构、实体机构及分支机构秘书长组成的秘书长联席会；处理学会的其他日常事务等工作。

5. 国际合作与交流工作部

国际合作与交流工作部是学会所属的职能部门，于 2014 年 11 月 20 日成立。国际合作与交流工作部目前挂靠在教育部学位与研究生教育发展中心。其主要职能包括对外宣传我国研究生教育发展成就，提高我国研究生教育的国际地位和影响力；组织开展研究生教育国际化科研工作，为我国研究生教育改革发展提供咨询和建议；与国际同行组织建立合作与交流机制，搭建国际合作与交流平台；组织召开研究生教育国际学术会议；组织开展研究生教育管理干部国际培训等。近年来，国际合作与交流工作部通过开展形式多样的活动，有力地推动了我国研究生教育的国际交流与合作，为提高我国研究生教育在国际上的影响力发挥了积极作用。

6. 学术委员会

学术委员会是中国学位与研究生教育学会的学术机构。它凸显了学会作为学术性社会组织的特色，也是学会区别于其他社会组织的重要特征。目前，学位委员会秘书处在浙江大学。作为中国学位与研究生教育学会的学术机构，学术委员会自成立以来，紧紧围绕我国研究生教育事业发展战略的现实需要，开展了形式多样的学术活动。特别是每两年组织一次的学会课题，从研究课题的组织、申报、评审、中期检查到结题均由学术委员会负责。此外，学术委员会自 2014 年开展了学会优秀研究成果的评选等活动，成为学会的一个重要学术品牌。同时，学术委员会还负责学会的其他学术工作。

7. 会员部

会员部是中国学位与研究生教育学会的重要组成部分。它是中国学位与研究生教育学会为促进会员结构多元化，加强对会员的服务工作，扩大学会在研究生教育领域的影响力，于 2012 年经学会常务理事会讨论通过成立的。目前，会员部挂靠在哈尔滨工业大学。会员部以参与、切磋、分享、共进为主题，以发展会员、服务会员为主要职责。其主要职能包括根据《中国学位与研究生教育学会关于学会章程中会员的补充规定》做好个人会员和高级会员的发展工作，受理入会申请，审查入会资格，按工作程序报批；负责学会与个人会员的联络；宣传会员的权利和义务，收集会员对学会及会员部工作的意见，提供学会及会员部的相关资料；建立学会与会员的交流平台，推广会员在研究生教育领域的先进做法及观点；征集会员在研究生招生、培养、专业学位研究生教育、评估与质量保障、学位授予与审核等方面的意见和建议，为学会与会员之间和会员之间搭建畅通的信息渠道与交流平台，发挥会员部桥梁和纽带作用；反映和满足会员的诉求，关注会员在研究生教育工作中的难点和热点问题，总结新经验，研究新趋势；负责建立会员档案，做好会员统计工作；协助学会做好其他事务工作，等等。① 截至 2019 年底，会员部目前共有理论研究分部、二级学院分部和研究生分部等 3 个二级分部。

8. 分支机构

为了提高组织运行的效率与效果，学会设置了若干分支机构。目前学会的分支机构共包括三类，第一类是按单位会员的主体学科性质设置的工作委员会；第二类是按专门工作设置的委员会；第三类是按专业学位类别设置的专业学位工作委员会。学会自成立之初建立了 5 个工作委员会以来，经过 20 多年的不断发展和壮大，学会目前共有 8 个工作委员会、5 个委员会、35 个专业学位工作委员会。作为学会重要的组成部分，各分支机构积极支持学会的各项工作，密切配合学会开展课题的申报、评审等工作。并结合自身实际认真开展重大、重点课题的研究工作，取得了一批优秀成果。同时，各分支机构还结合自身特点，开展了各具特色、丰富多彩的活动，有力地推动了学会事业的长久发展。

从中国学位与研究生教育学会的组织机构可以看出，完善的组织治理框架是由组织内部机构的设置和组织机构运行的规范两方面共同构成的。组织内部机构包括权力机构、执行机构、执行管理机构及监督机构。它们彼此形成权责明确、相互制约、运转协调和决策科学的统一机制，是保障学会健康发展的关键。

（三）中国学位与研究生教育学会的主要职能

中国学位与研究生教育学会作为我国研究生教育领域内的重要学术组织，在我国研究生教育治理过程中发挥了聚合人才、开展学

---

① 中国学位与研究生教育学会：《中国学位与研究生教育学会会员部简介》，http://member.hit.edu.cn/，最后检索时间：2020 年 3 月 22 日。

术交流、实施学术评价、服务广大会员、为国家和研究生培养单位提供咨询和建议等职能，为推动我国研究生教育治理体系和治理能力现代化做出了重要贡献。

1. 聚合职能

我国研究生教育事业经过长期发展，特别是近 20 年的快速发展，研究生培养单位日益增多，导师队伍持续增加，在校研究生规模不断扩大，研究生教育涉及的利益相关者日益多元。加强研究生教育诸多利益相关者之间的沟通，需要为它们搭建一个共同交流与合作的平台，作为它们彼此联系和沟通的桥梁与纽带。中国学位与研究生教育学会作为全国性的学术组织，在聚合研究生教育人才方面发挥了重要作用。社会聚合是指社会中处于各自独立、彼此分离的个人和单元，形成一种相互依赖、内在有机联系的整体。① 社会组织的聚合职能存在于它所覆盖的广泛的社会成员之间，在于成员之间共同的利益倾向及相应的社会资源。它强调社会组织成员以公民身份积极参与组织活动，融入自身所处的社会组织，并形成一定的归属感和认同感。社会组织的聚合职能包括内部聚合职能和外部聚合职能。所谓内部聚合职能，是指社会组织的组成以成员共同目标认同为基础，围绕成员共同的价值追求，把成员的目的追求融入组织的宗旨当中。外部聚合职能则强调在社会组织之间、社会组织与政府之间、社会组织与市场之间建立合作、沟通与互动的关系，使得社会组织成员通过社会组织这个中介形成一定的互益关系。

区别于其他社会组织，学术性社会组织对成员聚合在形式和途径上具有特殊性。一是以课题研究、学术研讨、各种优秀成果评选

---

① 刘海燕：《中国法学社团研究——以中国法学会为例》，武汉大学博士学位论文，2010，第 33～45 页。

等形式，吸引人才、发现人才、凝聚人才，从而使优秀的研究生教育研究人才脱颖而出，推动了一批优秀的研究生教育研究人才快速成长。二是通过评选中国学位与研究生教育学会学术贡献奖等，激励了一批长期在研究生教育理论领域潜心研究，在实践中不断探索研究生教育新途径、新方式、新模式的专家学者，鼓舞了一批理论功底扎实、勇于开拓创新、视野广阔、锐意进取的研究生教育研究学术骨干，吸引了众多青年人才投身于研究生教育研究工作；通过评选中国学位与研究生教育学会工作贡献奖、中国学位与研究生教育学会建设突出贡献奖等，推动了一批业务精良、热爱学会工作、甘于奉献的人才，继续为推动学会组织建设、管理服务、事业开展、对外交流与合作中发挥积极作用，鼓舞和激励更多的会员为推动学会的长久发展做出新的、更大的贡献。中国学位与研究生教育学会现有单位会员 674 个，个人会员 1046 人。[①] 它是我国专业从事研究生教育活动最具影响力的社会组织。

2. 学术交流职能

学术交流是学术性社会组织的重要职能，也是这一类型社会组织区别于其他社会组织的重要特征。学术性社会组织通过开展各项学术活动，能够汇集一大批研究成果，提高学科建设内涵，推动本学科的繁荣发展。这种学术交流既包括同行之间的交流、不同学科之间的交流，也包括与国外的交流等。就社会组织自身而言，它拥有丰富的信息来源途径和宽阔的信息交流与服务平台，能够为广大会员提供本学科国内外学术前沿、招生信息、就业信息、质量信息、舆情信息等。社会组织及其分支机构通过开展各种形式的学术交流活动，为其成员搭建了良好的交流平台。中国学位与研究生教

---

① 中国学位与研究生教育学会：《中国学位与研究生教育学会简介》，http：//www.csadge.edu.cn/column/xhj，最后检索时间：2020 年 4 月 25 日。

育学会通过《学位与研究生教育》《研究生教育研究》两本会刊发
表研究生教育的学术研究成果，创建学会网站，发行研究生教育
研究系列丛书，举办全国性学术交流会及各种类型学术研讨会
等，满足了不同层次和类型的会员对学术交流、经验分享的需
求。对于社会组织成员而言，他们成为该组织成员的一个重要心
理动机就是通过开展学术研究、进行学术交流、分享研究成果等
方式，不断提高自身的研究水平和研究能力。近年来，学会以开放
的姿态，召开和参与了各种类型的国际学术活动，加强了与国外同
行的交流与合作。这既有利于成员拓展研究视野、博采众长，也能
够提高我国研究生教育的国际话语权，推动我国研究生教育的国际
化和现代化。从某种意义上看，学术交流是社会组织存在和发展的
重要内在因素。

　3. 学术评价职能

　　学术评价职能是指社会组织对本领域内的研究成果进行科学、
客观的评价、鉴定和认可。社会组织的学术评价职能强调为其成员
提供一个专业化组织机构，构建一个客观、公正的评价标准和体
系，对其学术研究成果进行科学评价。学术成果的评价，从根本上
说取决于建立在一定科学范式与标准基础之上的同行认定。而学术
性社会组织在成员契约的基础之上所形成的评价标准、评价规范、
评价体系，开展的各类学术评价活动，对于建立多元的评价体系具
有重要的引导作用。正如德国著名社会学家尼古拉斯·卢曼指出
的："每一个系统都有它与其他系统不同的环境，有它自身的运作
方式，因此诸系统不可能基于某一共同的区分而被整合起来，系统
之间存在的是彻底的差异。"① 卢曼认为，现代社会被分割成政治、

---

① 肖文明：《观察现代性——卢曼社会系统论的新视野》，《社会学研究》2008 年
　第 5 期，第 57 ~ 80 页。

经济、科教等若干子系统，每一个子系统都有自身的评价标准与评价符号，因此只有系统本身提供的评价，才能真正确保评价的客观性、公正性、专业性。

在当前我国加快推进国家治理体系和治理能力现代化的背景下，在教育中积极引入学会等专业的社会组织，并充分发挥它们的积极作用，成为我国深化教育综合改革的基本趋势和价值取向。就我国研究生教育领域而言，充分发挥社会组织在研究生教育质量评价的独立性、客观性等特征，为教育行政部门、研究生培养单位、社会等多元主体提供研究生教育质量的监督、评价、预测与预警等服务，能够客观呈现我国研究生教育质量状态。近年来，中国学位与研究生教育学会独立组织的全国优秀博士学位论文评选活动、研究生教育成果奖评选活动，以及学会及其各分支机构每年组织评选的大量学术会议优秀研讨论文等，都是学会发挥自身学术评价职能的具体举措，如人才选拔与评价委员会积极开展了直属高校的研究生招生质量监测研究等工作。[①] 学会这一职能的有效发挥，展现了学会作为专业性学术组织的特性，对于提高我国研究生教育质量发挥了监督和引导作用。

表5-3　中国学位与研究生教育学会评选的部分优秀博士学位论文名单

序号	作者	论文题目	导师	学位授予单位
1	邢媛	研究生教育卓越质量管理研究	陈士俊	天津大学
2	何青	研究生创新能力培养与评价研究	董泽芳	华中师范大学
3	张国栋	我国贯通式博士生培养模式的研究	吴松	上海交通大学
4	王东芳	学科文化视角下的博士生培养——以美国R大学为案例	陈洪捷	北京大学

---

① 吴小林：《充分发挥专业学会作用　服务研究生教育改革》，《研究生教育研究》2015年第6期，第4~6页。

序号	作者	论文题目	导师	学位授予单位
5	彭莉君	我国高校研究生教育资源配置现状研究	古继宝	中国科学技术大学
6	李云鹏	美国教育博士专业学位的发展动力与变革模式研究	程晋宽	南京师范大学
7	马爱民	国际比较视野下的教育博士发展研究	徐斌艳	华东师范大学
8	刘帆	学者的养成:中美博士生学术品性比较研究	袁本涛	清华大学
9	袁潇	美国公立高等院校内部问责制研究	徐辉	西南大学
10	王顶明	规范、行动与质量:管理者视角的博士生培养过程管理研究	袁本涛	清华大学
11	包水梅	我国高校学术型博士研究生课程建设研究	王洪才	厦门大学
12	张秀峰	美国专业学位教育研究——基于"专业性"的视角	高益民	北京师范大学
13	李江波	研究生教育监测预警研究	王战军	清华大学
14	李金龙	协同创新环境下的研究生联合培养机制改革研究	张淑林	中国科学技术大学
15	顾剑秀	知识生产模式转变下学术型博士生培养模式变革研究	罗英姿	南京农业大学
16	刘贤伟	校所联合培养中博士生科技人力资本的发展机制研究	马永红	北京航空航天大学
17	吴叶林	基于知识社会的我国学位制度变革研究	顾海良	西南大学

资料来源:根据中国学位与研究生教育学会网站公布的历届优秀博士学位论文获得者名单整理而成。

4. 服务会员职能

为会员服务是社会组织应尽的职责与义务,更是社会组织组建和存在的根本意义之所在。当前我国社会组织规模不断扩大,成员组成日益广泛,成员需求日益多元,为广大会员提供优质、多元化的服务,以满足不同层次、不同类别会员的需求显得特别重要。正如中国学位与研究生教育学会原会长赵沁平院士所指出的,中国学位与研究生教育学会的作用和价值就是提供各类学术服务。服务会员，提高会员的研究生教育职业水平；服务学科，引领研究生教育的学术研究，促进研究生教育学学科建设；服务社会，推动我国研究生教育健康发展。① 也就是说，学会首先要服务会员（单位会员与个人会员），做好行业自律与认证准入工作，服务社会并承担社会责任，为培养单位、用人单位和家长提供各类信息服务，服务政府并为政府建言献策，提供咨询、建议与信息服务。② 为了更好地服务会员，学会针对会员在研究生教育研究或管理中所处的不同阶段，提供了多样化服务，让所有会员都参与到这些活动当中来，有力地促进了会员职业能力的不断提高。为更好地服务社会，学会通过向用人单位提供人才、研究生培养质量信息，向培养单位提供专业认证、评价，以及用人单位的需求信息等，更好地服务于经济社会发展，推动了研究生培养单位的改革和发展。为了更好地服务政府，学会充分发挥作为专业性学术组织的作用，积极承担政府委托的各项活动，主动开展各类调研和理论研究，成为各级政府和教育行政部门在研究生教育决策和咨询方面的助手。

5. 教育咨询职能

长期以来，中国学位与研究生教育学会作为我国研究生教育治理的重要力量，在教育行政部门、研究生培养单位等提供研究生教育政策咨询与建议等方面发挥了积极作用。中国学位与研究生教育学会通过接受课题委托或独立开展调查研究等行为方式，为我国研究生教育政策的制定和实施提供了诸多建设性的意见和建议。特别是自 2010 年以来，学会多次承担了国务院学位委员会办公室、教育

---

① 赵沁平：《中国学位与研究生教育学会的价值与定位》，《学位与研究生教育》2015 年第 4 期，第 1~4 页。

② 中国学位与研究生教育学会：《中国学位与研究生教育学会第五次会员代表大会综述》，http://www.csadge.edu.cn/info/xhjy/2224，最后检索时间：2019 年 10 月 18 日。

部学位管理与研究生教育司、教育部学位与研究生教育发展中心等部门的委托，针对我国研究生教育发展中的重大战略问题及现实需求开展专项调研与课题研究，相关研究成果为我国研究生教育政策的制定及调整提供了重要参考依据。同时，学会还通过充分组织各种调研、自主开展课题研究等方式，为有关部门和单位提供教育政策的意见和建议。

总之，中国学位与研究生教育学会作为我国研究生教育治理的重要组成部分，以多样化的行为方式参与我国研究生教育治理，为我国研究生教育事业改革和发展做出了重要贡献。

第二节　中国高等教育学会的运行模式

中国高等教育学会作为我国高等教育领域的重要学术性社会组织，在我国高等教育及研究生教育治理中发挥了重要作用，是我国高等教育治理的重要组成部分。

一　中国高等教育学会的性质与宗旨

中国高等教育学会（China Association of Higher Education，CAHE）成立于 1983 年 5 月。它是由从事高等教育事业的高校学校、社会组织和教育工作者，以及支持高等教育事业发展的事业单位、行业企业和个人自愿组成的全国性、学术性、非营利性社会组织。因此，群众性、独立性、自愿性、学术性、非营利性和专业性是中国高等教育学会的基本属性。

学会的宗旨是坚持以马克思列宁主义、毛泽东思想、邓小平理论、"三个代表"重要思想、科学发展观为指导，深入学习贯彻习近平总书记系列重要讲话精神和治国理政新理念新思想新战略；全面贯彻党的教育方针，坚持为人民服务，为中国共产党治国理政服务，为巩固和发展中国特色社会主义制度服务，为改革开放和社会主义现代化建设服务；解放思想、实事求是、与时俱进，百花齐放、百家争鸣，遵守法律，恪守学术道德；围绕中心、服务大局，从实际出发开展高等教育理论与实践研究，总结经验，解决问题，探索规律，努力建设高水平新型智库；坚持学术立会、服务兴会、规范办会、创新强会，为推进高等教育现代化、建设高等教育强国服务。①

围绕学会的性质和宗旨，中国高等教育学会的章程明确了其当前和今后一个时期的主要任务，包括七个方面：（1）组织开展高等教育重大理论与实践研究，受政府有关部门委托，开展高等教育发展战略、重大决策的调研论证，提供咨询和建议，发挥新型智库作用。（2）普及高等教育科学知识，介绍国内外科研动态，进行科研项目规划和成果评选，组织开展科研机构协作，推广教育教学改革经验，推动学术交流繁荣和群众性高等教育科学研究。（3）承接政府转移的高等教育相关职能，承担政府部门通过购买服务等形式委托的相关任务，参与高等教育行业治理。（4）依法依规开展相关社会服务和对外活动，经有关部门核准，组织开展标准制定、教育评价、项目评估、表彰奖励，组织展览展会、竞赛活动；组织开展继续教育、专业培训、咨询服务、行业自律、行业监测等工作。（5）编辑、出版、发行教育书刊和信息资料，通过网站、微信平台、期刊等发布推广研究成果和相关信息。（6）规范管理所属分支机构和实体机构，指导省（区、市）高等教育学会、行业高等教育学会开展相关工作。（7）积极开展对外交流和合作，组织开展高等教育国际学术合作交流。②

---

① 中国高等教育学会：《中国高等教育学会章程》，http：//www.hie.edu.cn/overview_ 12570/20150112/t20150112_ 993044.shtml，最后检索时间：2019年11月25日。

② 中国高等教育学会：《中国高等教育学会章程》，http：//www.hie.edu.cn/overview_ 12570/20150112/t20150112_ 993044.shtml，最后检索时间：2019年11月28日。

概而言之，长期以来，中国高等教育学会以服务社会、服务政府、服务广大会员为宗旨，充分发挥自身的专业特长和组织优势，通过实施政策调研、咨询与建议、开展教育质量标准制定与评价、进行科学研究、开展国内外学术交流与合作等活动，勇于担当，主动作为，进一步增强了参与我国高等教育及研究生教育治理的主动性和创造性，为推动我国教育治理体系和治理能力现代化建设发挥了重要作用。

二　中国高等教育学会的组织结构

中国高等教育学会自成立以来，经过30多年的持续健康发展，构建了相对完善、运行有序的组织体系，确保了学会的良好运行，并为学会在高等教育及研究生教育治理中发挥重要作用提供了组织保障。系统分析中国高等教育学会的治理结构、组织框架及其运行机制，有助于我们更清晰、全面地掌握其参与研究生教育治理的行为方式，从而为我国社会组织提高研究生教育治理的能力和水平提供借鉴。当前，中国高等教育学会的基本组织框架见图 5 – 5。

（一）会员代表大会

中国高等教育学会实行会员制，其会员包括单位会员和个人会员两大类。由全体会员组成的会员代表大会，是中国高等教育学会的最高权力机构。会议代表大会每五年一届，因特殊情况需提前或延期换届的，须由理事会表决通过，报业务主管单位审查并经社团登记管理机关批准同意。延期换届最长不超过一年。根据中国高等教育学会章程，会员代表大会的职责是制定和修改学会章程；选举和罢免学会理事和监事；审议理事会工作报告和财务报告；审议监事会工作报告；决定终止事宜；制定和修改会费标准；决定其他重大事宜。根据学会章程，会员代表大会须有 2/3 以上的代表出席方能召开，其决议须经到会代表半数以上表决通过方能生效。

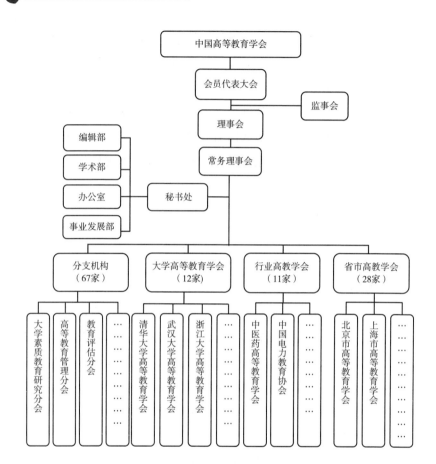

图 5-5　中国高等教育学会的组织结构

（二）理事会

理事会是会员代表大会的执行机构，在闭会期间领导高等教育学会开展工作，对会员代表大会负责。理事会成员由单位理事和个人理事共同构成。其中，单位理事的代表应由该单位的主要负责人担任；个人理事为业务主管单位或理事会推荐的个人，经选举后成为本单位理事。理事会每年至少召开一次会议，特殊情况时，可采用通信形式召开。依据学会章程，理事会的职责包括执行会员代表大会决议；选举和罢免会长、副会长、秘书长、常务理事；筹备召开会员代表大会；决定会员的吸收和除名；决定副秘书长、各机构主要负责人的聘任；领导本团队各机构开展工作；制定本届理事会内部管理制度；决定其他重大事项。理事会会议须有 2/3 以上的理事出席方能召开，其决议须经到会理事 2/3 以上表决通过方能生效。

（三）常务理事会

常务理事会是由理事会选举产生的。在会员代表大会和理事会闭会期间，行使部分职责，对理事会负责，领导中国高等教育学会开展工作。理事会每年至少召开一次会议，根据实际情况，可采用通信形式召开。依据学会章程，常务理事会的职责包括执行会员代表大会决议；筹备召开会员代表大会；决定会员的吸收和除名；决定副秘书长、各机构主要负责人的聘任；领导本团队各机构开展工作；制定本届理事会内部管理制度。常务理事会会议须有 2/3 以上的常务理事出席方能召开，其决议须经到会常务理事 2/3 以上表决通过方能生效。

（四）监事会

监事会是中国高等教育学会重要的组成部分。它由会员代表大会选举产生。中国高等教育学会监事会设监事长 1 名，监事 7 名。监事会监事与理事不能互相兼任，学会的财务管理人员不得兼任监事。根据学会章程，监事会行使的职权包括：监督学会贯彻落实党和国家有关方针政策的情况，监督学会各项工作执行落实情况，包括财务情况；列席理事会、常务理事会，监事长列席会长办公会会议；对理事会、常务理事会、会长办公会决议事项提出质询和建议；向会员代表大会和理事会报告监事会工作和提出建议；其他应由监事会审议的事项；形成管理监事会内部管理办法，秘书处备案。

（五）秘书处

秘书处是中国高等教育学会的日常执行管理机构。目前，中国高等教育学会秘书处下设编辑部、学术部、事业发展部和办公室。作为学会的执行管理机构，学会秘书处的主要职责包括负责组织实施学会年度工作计划，并开展日常管理工作；指导、协商、服务和监督各分支机构开展工作；召集由各分支机构秘书长组成的秘书长联席会；办理学会的其他日常事务等工作。

（六）团体单位

中国高等教育学会的发展既依赖于学会自身的号召力和影响力，也来源于广大团体单位的共同支持。经过 30 多年的发展，目前中国高等教育学会的团体单位由 67 家分支机构、12 家大学高等教育学会、11 家行业高教学会、28 家省市高教学会组成。这些分支机构作为学会的重要组成部分，近年来在"学术会议""科学研究""服务兴会""规范办会""支持合作""特色及重大活动"等方面开展了大量卓有成效的工作，为推动学会自身发展和我国高等教育事业的长久发展做出了重要贡献。

三　中国高等教育学会的主要职能

中国高等教育学会自成立以来，始终秉承"推动教育科学研究、服务改革发展实践"的传统，践行"开拓创新、求真务实"的作风，遵循"研究、咨询、中介、服务"的宗旨，历经 30 多年的发展，实现了从幼年逐步走向成熟的历史性跨越，为我国高等教育治理做出了突出贡献，为探索教育科学研究服务于宏观决策科学化、民主化积累了宝贵经验，为做好新时期社会组织的建设与发展进行了积极探讨。目前，中国高等教育学会的职能主要集中于以下四个方面。

（一）科学研究职能

自主开展教育科学研究是中国高等教育学会长期以来形成的优良传承，也是其参与我国教育治理的重要途径。为更好地为国家高等教育改革和发展服务，拓展我国高等教育的理论与实践，学会围绕国家战略需求和我国高等教育发展的现实需要，开展了形式多样的科学研究活动。20 世纪 90 年代末，学会先后组织了"高校为地方经济建设和社会发展服务""面向 21 世纪高素质人才培养"等专题研究。近年来，学会先后设立了中国高等教育学会"十一五""十二五""十三五"等教育科研规划课题，其中重大攻关课题 11 项，重点课题 67 项，一般课题 431 项，以及多项专项及自筹课题。特别是学会组织的"遵循科学发展，建设高等教育强国""中国特色高等教育思想体系"等重大课题研究，形成了一批高质量的研究成果，对政府的教育决策产生了重要影响。与此同时，学会及其分支机构还通过积极主动地申报或接受委托等方式，先后承担了教育部社会科学司、高等教育司、发展规划司等部门的多项课题。各分支机构长期以来围绕我国高等教育中的有关问题开展了一系列的研究。据统计，2016 年分支机构的课题总量约为 2000 多项。[1] 这些学术活动既围绕高等教育改革发展的阶段性任务而适时推进，又形成了围绕中心服务大局的系列"组合拳"，有效地发挥了教育科研推进理论创新、服务教育实践的主体作用。[2]

同时，学会积极举办多种形式的学术研讨活动，助推我国高等教育研究。近年来，学会及其相关分支机构围绕我国高等教育改革发展的理论与实践问题，以"推进高等教育现代化""提高本科教育质量""落实素质教育战略主体地位"等为主题，举办了多种形

---

[1] 中国高等教育学会：《中国高等教育学会关于印发康凯同志在中国高等教育学会系统秘书长 2017 年工作会议上的报告的通知》，http：//www.hie.edu.cn/announcement_ 12579/20170414/t20170414_ 993558.shtml，最后检索时间：2019 年 11 月 29 日。

[2] 瞿振元：《发挥群众性学术社团优势 在推进高等教育现代化进程中建功立业——中国高等教育学会第六届理事会工作报告》，《中国高教研究》2017 年第 8 期，第 3~9 页。

式的学术年会、观摩报告会。特别是学会自 2001 年开始举办的高等教育国际论坛,目前已经连续举办 16 届,成为我国高等教育理论界最重要的学术峰会。学会通过举办这些活动,丰富和拓展了我国高等教育理论体系,为我国高等教育治理体系和治理能力现代化提供了理论支撑。

(二)咨询建议职能

主动为利益相关者提供政策咨询建议服务,是社会组织有效参与高等教育治理的重要方式。中国高等教育学会作为政策的倡导者、建议者等角色,为政府制定、修改和完善高等教育及研究生教育政策发挥了积极作用,为利益相关者提供了诸多教育咨询和建议。一是根据国家高等教育发展战略的现实需要,主动开展各种形式的高等教育政策调研,为国家教育决策服务。如 2008 年学会组织了《国家中长期教育改革与发展规划纲要(2010 – 2020 年)》大型专题调研活动。调研活动围绕高等教育未来挑战与对策的战略思考、深化和完善我国高等教育体制改革、新兴中心城市高等教育改革发展问题、高等教育质量保障体系建设实践经验和高等教育科学研究为改革发展实践服务等五个专题展开,调研相关成果为国家制定教育政策提供了重要的决策依据。同时,学会及其分支机构多次组织有关专家学者围绕高校建设与发展、学科建设、应用型人才培养、素质教育、专业认证、就业等专题进行专项调研,为推动高校内涵式发展、提高我国高校人才教育质量建言献策。二是独立开展各项调查研究活动,相关研究成果为高校教育教学改革服务。如创新创业教育分会连续 6 年组织开展全国高校创新创业教育问卷调查,为各高校有效开展创新创业教育提供了诸多意见和建议。

(三)质量评价职能

社会组织独立开展质量评价是凸显其专业性、客观性优点的具体体现,也是推动我国高等教育"管办评"分离的重要切入点。

中国高等教育学会作为我国专业性社会组织，长期以来通过独立开展各类教育教学质量评价，为保障和完善我国高等教育质量体系做出了积极贡献，为推动我国高等治理体系和治理能力现代化发挥了重要作用。对于培养单位而言，博士学位论文质量的高低，是其人才培养质量和专业研究的实力与水平的直接反映。为此，中国高等教育学会为助推我国高等教育质量的不断提升，充分发挥独立第三方质量评价的功能，2004 年组织开展了"高等教育学会优秀博士学位论文"评选活动。截至 2017 年，这一活动已连续开展 13 届，共有来自全国 11 所高校的 73 篇博士学位论文被评选为优秀论文（见表 5 - 4）。通过这一评选活动，增强了博士研究生的创新精神和创新能力，推动了研究生培养单位不断提高研究生培养质量，促进了高等教育相关学科的发展。另外，学会及其分支机构在成果评价、专业认证等方面积极作为，扮演了重要角色。如中国高等教育学会举办的"高等教育科学研究优秀成果奖"评选活动，目前已经举办了九届。这一活动得到了教育行政部门、研究生培养单位及高校教师的一致认可，在高等教育界产生了广泛的影响。同时，多个分支机构通过研制行业标准和规范，开展相关学科专业认证等方式，为推动我国高等教育质量的提高发挥了积极作用。

表 5 - 4　2004～2017 年中国高等教育学会优秀博士学位论文名单

序号	作者	论文题目	导师	学位授予单位
1	陈洪捷	德国古典大学观及其对中国大学的影响	汪永铨	北京大学
2	陈晓宇	论中国高等教育成本补偿	闵维方	北京大学
3	谢作栩	中国高等教育大众化发展道路的研究	潘懋元	厦门大学
4	戚业国	民间高等教育投资的跨学科研究	陈玉坤	华东师范大学
5	田建荣	中国考试思想史	刘海峰	厦门大学
6	梁红	高等教育素质教育中的内化问题研究	刘献君	华中科技大学
7	阎光才	识读大学:组织文化的视角	谢安邦	华东师范大学
8	周光礼	学术自由与社会干预——学术自由的制度分析	刘献君 张廷楚	华中科技大学

续表

序号	作者	论文题目	导师	学位授予单位
9	陈廷柱	学习社会的教育理念	文辅相 别敦荣	华中科技大学
10	林小英	民办高等教育政策变迁中的策略空间	陈学飞	北京大学
11	林杰	西方知识论传统与学术自由	喻岳青	北京大学
12	胡赤弟	教育产权与大学制度构建的相关性研究	邬大光	厦门大学
13	王建华	第三部门视野中的现代大学制度	邬大光	厦门大学
14	李兵	书院与科举关系研究	刘海峰	厦门大学
15	李均	中国高等教育研究史	潘懋元 刘海峰	厦门大学
16	江新华	大学学术道德失范的制度分析	刘献君	华中科技大学
17	罗绕成	我国研究生教育课程体系研究	谢安邦	华东师范大学
18	谷贤林	美国研究型大学管理研究	王英杰	北京师范大学
19	蔡国春	美国院校研究的性质与功能及其借鉴	周川	南京师范大学
20	李立峰	我国高校招生考试中的区域公平问题研究	刘海峰	厦门大学
21	周玲	大学组织冲突研究——角色、权力与文化的视角	谢安邦	华东师范大学
22	林莉	中国高校贷款问题研究	邬大光	厦门大学
23	荼世俊	中国研究生教育制度渐进变迁研究（1978～2003）	陈学飞	北京大学
24	郭海	大学内部财政结构分化研究	闵维方	北京大学
25	于海琴	学术依附行为的社会文化心理研究	冯向东	华中科技大学
26	王书峰	美国退役军人教育资助政策形成与变迁研究	陈学飞	北京大学
27	卢彩晨	中国民办高校倒闭问题研究	邬大光	厦门大学
28	陈超	中国重点大学制度建设中的政府干预研究	谢维和	清华大学
29	郄海霞	美国研究型大学与城市互动机制研究	王英杰	北京师范大学
30	刘小强	学科建设:元视角的考察——关于高等教育学学科建设的反思	潘懋元	厦门大学
31	沈文钦	近代英国博雅教育思想及其古典渊源:概念史的视角	陈洪捷	北京大学
32	涂端午	政策生产:价值的权威控制及其演变——1979～1998年中国高等教育政策文本分析	陈学飞	北京大学
33	廖茂忠	学生贷款违约影响因素研究	沈红	华中科技大学
34	鞠光宇	营利性高等教育组织办学模式研究	秦惠民	中国人民大学

序号	作者	论文题目	导师	学位授予单位
35	吴薇	中荷研究型大学教师信念比较研究——基于厦门大学与莱顿大学的调查	谢作栩	厦门大学
36	范皑皑	高等教育毕业生过度教育的范围和影响——基于首都劳动力市场的实证研究	丁小浩	北京大学
37	姜尔林	高等教育发展的困境:基于"发展主义"的分析	戚业国	华东师范大学
38	彭安臣	中国博士生资助——基于12所大学博士生调查的实证研究	沈红	华中科技大学
39	马莉萍	留还是流?——我国大学生区域流动行为的研究	闵维方	北京大学
40	张红峰	大学组织变革中的博弈分析	谢安邦	华东师范大学
41	黄海涛	美国高等教育中的学生学习成果评估研究	胡建华	南京师范大学
42	彭红玉	政府激励与地方政府高等教育竞争	张应强	华中科技大学
43	谭敏	我国少数民族子女高等教育入学机会研究——基于家庭背景的分析	谢作栩	厦门大学
44	周详	美国学院法人制度的确立——以"达特茅斯学院"为例(1769~1819)	陈学飞	北京大学
45	吴洪富	大学场域变迁中的教学与科研关系	刘献君	华中科技大学
46	李少华	基于利益相关者分析的高等教育评估制度设计研究	雷庆	北京航空航天大学
47	刘敏	理念与政策之间——法国大学自治研究	王晓辉	北京师范大学
48	蔡宗模	高等教育全球化:理论与抉择	毛亚庆	北京师范大学
49	秦琳	德国博士教育的结构化改革研究——知识生产转型的视角	陈洪捷	北京大学
50	赵永辉	我国高等教育支出责任与财力保障的匹配研究	沈红	华中科技大学
51	杨光钦	学术生产数量繁荣的制度逻辑——基于某省地方院校科研评价制度的分析	马万华	北京大学
52	杨院	我国大学生学习方式研究——基于学习观与课堂学习环境的探讨	史秋衡	厦门大学
53	王一军	在"高深学问"和"个人知识"之间——当代大学课程的秩序转型	龚放	南京大学
54	申超	边缘学术组织的成长逻辑——S大学对外汉语教学机构组织变迁的个案研究	马万华	北京大学

续表

序号	作者	论文题目	导师	学位授予单位
55	刘爱生	文化视野下的美国大学治理:结构、过程与人际关系	顾建民	浙江大学
56	吴凡	我国研究型大学本科人才培养质量研究——基于"985工程"高校大学生学习经验调查	邬大光	厦门大学
57	张斌	学术场域的政治逻辑——一项关于学术权力的社会学考察	阎光才	华东师范大学
58	魏署光	美国院校研究决策支持功能探析	刘献君	华中科技大学
59	王顶明	规范、行动与质量:管理者视角的博士生培养过程管理研究	袁本涛	清华大学
60	李红惠	民国时期国立大学学术休假制度研究	王运来	南京大学
61	黄建伟	美国"府学关系"问题研究——以权力边界为切入点	赵婷婷	北京航空航天大学
62	程飞	高校毕业生求职途径的实证研究	岳昌君	北京大学
63	熊俊峰	大学教育薪酬结构研究	沈红	华中科技大学
64	杨中超	教育扩展对代际流动的影响研究	岳昌君	北京大学
65	苏永健	体制化的技术治理与非对称性问责——社会转型期中国高等教育质量保障的社会学分析	张应强	华中科技大学
66	陈涛	大学公私界限模糊现象研究	邬大光	厦门大学
67	袁传明	近代英国高等教育改革与发展研究——以伦敦大学百年史(1825-1936)为个案	肖朗	浙江大学
68	周继良	高校学生评教行为偏差及影响因素研究——基于南京八所高校的调查	龚放	南京大学
69	李虔	民办高校分类管理政策的可接受性研究	周海涛	北京师范大学
70	张青根	中国个人教育收益中文凭效应的实证研究	沈红	华中科技大学
71	林成华	财富与使命:美国一流大学"大宗筹款运动"研究	洪成文	北京师范大学
72	李璐	高校组织氛围与教师科研生产力——基于组织场域的视角	阎凤桥	北京大学
73	张恺	城乡背景给高校毕业生带来了什么?——基于就业差异的实证研究	岳昌君	北京大学

（四）服务广大会员职能

"服务兴会"是中国高等教育学会办会的基本原则，也是其赖以发展的源泉。学会通过树立"服务国家高等教育决策、服务高校人才培养、服务教师专业发展、服务学术共同体"的"四个服务"①，持续加强自身的组织能力、管理能力、专业化能力等能力建设，不断提高自身的服务意识、服务能力和服务水平，为政府、研究生培养单位、相关行业企业等提供了以专业化、多样化、高水平的服务，赢得了利益相关者的广泛认可和赞誉。一是提供决策服务。特别是近年来学会及其分支机构积极发挥自身独立性、专业性的特点，通过课题研究、专项调研等方式，在服务政府部分职能转移，推动高等教育治理等方面发挥了积极作用。二是提供培训服务。中国高等教育学会积极发挥成员来源广泛化、知识专业化的优势，打造服务会员发展的专业化平台，直接服务高校人才培养和教师专业化成长。其中，学会及其分支机构组织的各类培训活动，是其服务会员的重要形式和途径之一。统计显示，2016 年分支机构共举办 272 个培训班，3 万多人次接受了各种形式的培训。② 三是提供信息服务。当前，学会建立了由期刊、网络、微信平台等组成的立体化信息服务机制。如学会及其分支机构目前共有期刊 48 种，为广大会员及时提供各类信息提供了平台。

总之，中国高等教育学会长期以来充分发挥自身功效，以多样化的方式在繁荣高等教育科学研究、提供咨询建议、开展质量评

---

① 瞿振元：《发挥群众性学术社团优势 在推进高等教育现代化进程中建功立业——中国高等教育学会第六届理事会工作报告》，《中国高教研究》2017 年第 8 期，第 3~9 页。

② 中国高等教育学会：《中国高等教育学会关于印发康凯同志在中国高等教育学会系统秘书长 2017 年工作会议上的报告的通知》，http://www.hie.edu.cn/announcement_ 12579/20170414/t20170414_ 993558.shtml，最后检索时间：2019 年 11 月 29 日。

价、服务会员、探索新时期社会组织发展规律等方面发挥了积极作用，为加快推动我国研究生教育现代化、建设研究生教育强国做出了突出贡献。

第三节　我国社会组织参与研究生教育治理的贡献与挑战

当前，我国研究生教育正处于全面深化综合改革，加快推进研究生教育治理体系和治理能力现代化，建设研究生教育强国的关键时期。在这一关键时期，中国学位与研究生教育学会、中国高等教育学会等社会组织，不负历史使命和时代责任，主动作为，为我国研究生教育事业的发展做出了积极贡献，取得了一定的成效，但是也面临诸多挑战。全面分析、系统总结我国社会组织在研究生教育治理中的作用，客观剖析其面临的挑战，对于加快推动我国社会组织的发展，实现研究生教育强国的目标，具有重要的理论价值和现实意义。

一　我国社会组织参与研究生教育治理的贡献

近年来，中国学位与研究生教育学会和中国高等教育学会等社会组织，以加快推进研究生教育治理体系和治理能力现代化为总目标，主动适应社会发展需要，不断加强自身能力建设，以加强研究生教育研究、主动发挥参政议政职能、开展第三方评价、创新研究生教育治理手段、完善自身制度建设、形成完整组织体系等为途径，为促进我国研究生教育事业的长久发展，更好地服务国家发展战略做出了重要贡献。

（一）加强研究生教育研究，探索研究生教育教学规律

当前，我国已经成为世界研究生教育大国。2019 年，全国在

学研究生总人数达到 286.37 万人。但是，研究生教育研究仍然是我国研究生教育发展过程中的一个薄弱环节。包括研究生教育的基本规律都有哪些、研究生教育在国家社会经济中的地位与作用、现代研究生教育治理体系构建等诸多问题亟待研究。① 为此，中国学位与研究生教育学会、中国高等教育学会等社会组织持续开拓创新，为推动我国研究生教育科学研究、探索研究生教育规律做出了突出贡献。

一是以理论研究为切入点，推动了研究生教育学学科的建立和发展。形成具有中国特色的研究生教育学学科体系是我国研究生教育成熟的重要标志之一，也是我国走向研究生教育强国的必由之路。② 中国学位与研究生教育学会从 2012 年开始启动的"中国学位与研究生教育学会研究生教育丛书"，已经从体制机制、体系结构、质量保障、学风建设、培养模式等五个维度构建起理论的初步框架，旨在为学位与研究生教育学的建立与探索积累理论研究的成果，为今后的学科建设奠定基础。③ 2012 年度中国学位与研究生教育学会组织编写、分年度出版的《中国研究生教育研究进展报告》，以"汇聚研究生教育研究成果、展示研究生教育研究现状、启示研究生教育研究方向、促进研究生教育科学发展"为定位，为推动研究生教育学的建立做出了积极贡献。2015 年，中国学位与研究生教育学会专门组织专家学者从研究生教育基本问题、研究生教育育人规律、研究生教育学及其学科体系建构等方面，以研究课题的形式，对研究生教育学学科体系的相关问题进行了深入研

---

① 赵沁平：《关于我国研究生教育的二十个问题》，《研究生教育研究》2015 年第 6 期，第 1~2 页。

② 赵沁平：《中国学位与研究生教育学会的价值与定位》，《学位与研究生教育》2015 年第 4 期，第 1~4 页。

③ 贺克斌：《中国学位与研究生教育学会第四届理事会工作报告》，http://www.csadge.edu.cn/info/xhhx/2192，最后检索时间：2020 年 4 月 23 日。

究。目前，相关研究已取得一批重要成果，为研究生教育学科的建立和发展奠定了良好的理论基础。与此同时，研究生教育学理论的丰富和完善，也推动了研究生教育学学科的落地生根。2016 年，北京理工大学和天津大学分别自主设立并开展研究生教育学方向研究生的招生和培养。

二是以课题研究为抓手，积极探索研究生教育规律，极大地丰富了我国研究生教育研究的理论和实践。近年来，中国学位与研究生教育学会等社会组织围绕我国研究生教育中理论与实现问题，定期组织专家学者，以课题研究的方式，持续加强研究生教育研究，不断探索我国研究生教育规律，为丰富我国研究教育理论、推动研究生教育实践改革发挥了关键性作用。如中国学位与研究生教育学会在 2013 年和 2015 年的课题研究共有 872 项获得研究资助，极大地助推了我国研究生教育研究理论水平的提高。同时，中国高等教育学会自"十一五"以来，共立项 500 多项研究课题，积极开展有关高等教育的研究活动，推动了我国高等教育的理论研究与实践探索。

（二）发挥参政议政的职能，为教育决策提供智力支持

社会组织是我国研究生教育治理的主体之一，充分发挥社会组织参政议政的职能，为各级政府的教育决策提供智力支持，是其参与研究生教育治理的基本途径。中国学位与研究生教育学会、中国高等教育学会等专业性学术社会组织，以直接参与、专题调研、课题研究、提供咨询、学术研讨等为手段，积极主动作为，为我国研究生教育主管部门的决策提供了智力支持。

一是直接参与国家教育政策制定行动，成为政府决策的得力助手。如中国学位与研究生教育学会在 2009 年根据国务院学位委员会办公室的要求，组织会员单位参加了新学科目录的修订研究和执行方案制定工作，提出了我国学科目录修改的建议和管理原则，为

国务院学位委员会管理和修改学科目录提供了直接依据，有力地推动了我国学科目录的修订和完善。2017 年，中国学位与研究生教育学会再次接受委托，承担了国务院学位委员会办公室的我国学科目录设置与管理研究课题，为新时代我国学科目录的调整直接建言献策。

二是接受国家委托开展重大专项调研活动，为政府决策提供建设性的意见和建议。近年来，中国学位与研究生教育学会和中国高等教育学会先后多次接受国务院学位委员会办公室、教育部学位管理与研究生教育司、教育部高等教育司等部门的委托，围绕我国高等教育及研究生教育的重大发展战略开展专题调研，调研报告为教育主管部门的决策提供了重要参考。如中国学位与研究生教育学会 2010 年受国务院学位委员会办公室委托，组织了"新时期学位与研究生教育改革发展重大问题"专项调研，其调研报告在第 28 次国务院学位委员会议审议通过。该报告分析了我国研究生教育的重大战略问题、公众关心的热点难点问题及国际发展趋势，以及未来 5 年我国研究生教育的发展战略和具体对策等，相关内容成为政府制定研究生教育决策的重要依据甚至是直接来源。

三是围绕我国高等教育和研究生教育发展的现实需要，自主开展专项调研和课题研究，研究成果影响政府和教育行政部门的决策行为。近年来，中国学位与研究生教育学会、中国高等教育学会开展的课题研究中，部分选题就来源于国务院学位委员会办公室、教育部高等教育司、教育部研究生教育发展中心、教育部考试中心等教育主管部门的委托。这些研究课题和调研活动，以服务于我国高等教育和研究生教育改革与发展实践、服务于政府部门的高等教育重大决策、服务于全面提高教育质量为宗旨，围绕我国高等教育及研究生教育的重大战略需求和现实需要开展活动，部分研究成果为我国政府和教育行政部门制定政策和教育决策提供了重要参考。

（三）开展第三方质量评价，推动研究生教育质量提高

社会组织以其专业性、独立性开展研究生教育质量评价，是世界各国构建研究生教育质量保障体系的基本趋势。中国学位与研究生教育学会等社会组织作为独立、有公信力的第三方，积极发挥自身专业优势，在我国研究生教育质量评价方面发挥了引领、示范、激励作用，有力地推动了我国研究生教育质量保障体系的建设和完善，并为各国社会组织开展研究生质量评价提供了宝贵经验。如中国学位与研究生教育学会在 2011 年设立"学位与研究生教育优秀博士学位论文"评选项目，是我国社会组织独立开展第三方评估活动，监督和评价我国研究生教育质量的直接表现。2014 年，中国学位与研究生教育学会设立的"中国学位与研究生教育学会研究生教育成果奖"，极大地激励了研究生培养单位的教育改革创新，推广宣传了研究生教学成果，发现和激励研究生教育人才。目前，该奖项已举办两届，共评选出特等奖 1 项，一等奖 19 项，二等奖 62 项。研究生教育成果奖的评选，是在我国提倡教育改革"管办评"分离的大背景下实施的一项重要评价活动。它是我国社会组织主动承接政府转移职能，落实国家取消和下放教育行政审批精神的重要举措，也是社会组织积极参与研究生教育质量评价的具体行动体现。这一活动的开展改变了我国高校研究生教育质量评估以往依赖行政评估的局面，有利于逐步形成社会组织参与教育评价的机制。①

（四）创新研究生教育治理手段，实现多元主体共同参与

治理理论作为当今世界各国指导公共管理实践最重要的理

---

① 研究生教育质量编研组：《中国研究生教育质量年度报告（2015）》，中国科学技术出版社，2015，第 50~51 页。

论，其基本特征就是多元主体的共同参与，即共治。治理不是作为单一主体的政府统治和管理，而是多元主体参与的民主化管理。[①] 在我国，社会组织作为研究生教育治理的重要力量，更多的是以一种自下而上变革的方式参与到研究生教育治理活动当中。中国学位与研究生教育学会等社会组织，以其独立性、非政府和学术性等特点，通过举办学术研讨活动、开展课题研究、提供咨询服务、实施调研评估等方式，积极参与研究生教育治理，体现出对研究生教育治理的创新。同时，社会组织还通过评选学术突出贡献奖、学会建设突出贡献奖等，激励着我国广大学者主动参与学会活动，为我国研究生教育事业发展做出积极贡献。

此外，中国学位与研究生教育学会等社会组织依靠自身能力，积极调动各方力量参与研究生教育治理，实现了多元主体之间的持续良性互动，构建了良好的伙伴关系，极大地促进了我国研究生教育治理目标的实现。社会组织的重要功能之一就是要成为组织成员或某一类社会全体表达利益、追求利益的工具。[②] 如中国学位与研究生教育学会会员部，以参与、切磋、共享和共进为宗旨，积极吸纳从事和支持研究生教育工作的专家、教师、管理人员或研究生加入会员部，并为他们提供了表达自身及其群体的利益诉求，共同参与研究生教育活动的良好平台。

（五）加强自身制度建设，提高社会组织参与治理能力

制度建设是社会组织建设的核心。现代社会组织体制的建立，关键就是要在法律的框架下，建立健全以章程为核心的法人治理结

---

①　滕世华：《公共治理理论及其引发的变革》，《国家行政学院学报》2003 年第 1 期，第 44 ~ 45 页。

②　袁浩、刘绪海：《社会组织治理的公共政策研究》，广西师范大学出版社，2014，第 19 页。

构，使社会组织实现自我管理、自我服务、自我教育、自我发展，成为独立的法人主体。① 近年来，我国社会组织不断加强自身各项规章制度建设，不断完善内部治理制度，有效地提升了自身的参与能力。

一是及时修订和完善学会章程，为学会依法参与研究生教育治理提供保障。如中国学位与研究生教育学会与时俱进，自 2009 年以来先后 4 次对学会章程进行了及时修订和完善，保障了学会的持续健康发展。2016 年，中共中央办公厅、国务院办公厅印发《关于改革社会组织管理制度促进社会组织健康有序发展的意见》明确提出："加强社会组织自身建设，完善监事会制度。"中国学位与研究生教育学会等社会组织及时把监事会的有关职能写进了学会章程，先后成立了监事会。监事会作为我国社会组织的监督机构，它的成立有助于在社会组织内部形成决策、监督、执行机构之间的制衡机制，有利于维护广大会员合法权益，并为学会有效参与教育治理提供制度保障。

二是建立健全常态化沟通机制，提升自身参与研究生教育治理水平。近年来，中国学位与研究生教育学会、中国高等教育学会等社会组织，通过完善理事会、会长会议、秘书长联席会等会议机制，有力地提高了自身的组织运行能力，提升了自身参与教育治理的水平。如中国学位与研究生教育学会会长会议，通过定期审议学会年度工作计划、学会研究课题指南、学会财务管理情况等，为促进学会各项事业的全面发展，提升学会在研究生教育治理中的能力发挥了积极作用。中国高等教育学会等通过秘书长联席会与各分支机构之间建立常态化的沟通、协商机制，以及对各分支机构各项工

---

① 王想平、宗君：《加快完善现代社会组织 法人治理结构的行动策略》，《社会与公益》2013 年第 7 期，第 88～91 页。

作的指导与宏观管理，极大地提升了学会分支机构参与教育治理的能力和水平。

（六）建立完整的组织体系，提高参与研究生教育治理水平

完整的组织体系是确保社会组织得以健康发展的重要前提。近年来，中国学位与研究生教育学会、中国高等教育学会等社会组织不断加强自身组织体系建设，构建了适应我国研究生教育综合改革发展需要的完整组织体系，为我国社会组织的发展树立了榜样，为加快推动我国研究教育治理体系和治理能力现代化做出了积极贡献。如中国学位与研究生教育学会先后在 2012 年成立了个人会员部，2014 年成立国际合作与交流工作部，2015 年成立地方研究生教育管理工作委员会。其中，个人会员部和国际合作与交流工作部作为学会的两个直属机构，进一步完善了学会的组织结构，扩大了服务的对象和范围，拓展了参与研究生教育治理的功能。地方研究生教育管理工作委员会的成立是当前我国学位与研究生教育贯彻党的十八大精神，切实转变政府职能，构建国家治理体系，加强省级教育统筹力度，强化地方研究生教育管理部门作用的创新举措，具有重要意义。①

二　我国社会组织参与研究生教育治理的动因

任何一个组织的生存和发展，都是组织内外部环境共同作用的结果。长期以来，中国学位与研究生教育学会等社会组织在研究生教育治理中发挥了积极作用，这既源于我国研究生教育发展的现实需要，更源于社会组织自身的优秀品质。

（一）研究生教育发展的现实需要是激发社会组织参与的基础

自 1978 年我国恢复研究生招生以来，我国研究生教育事业经

---

①　中国学位与研究生教育学会：《中国学位与研究生教育学会会讯 2015 年第 2 期》，http：//www.csadge.edu.cn/upload_files/file/20160108/1452213998303069783.pdf，最后检索时间：2019 年 10 月 18 日。

过 42 年的持续健康发展，在规模和结构上均发生了显著变化。截至 2019 年底，我国在学研究生总数达到 286.37 万人。在学研究生中，博士研究生 42.42 万人，硕士研究生 243.95 万人。按学位类型区分，在学研究生中有学术学位研究生 136.69 万人，其中，学术学位博士研究生 40.14 万人，学术学位硕士研究生 96.55 万人；专业学位研究生 149.68 万人，其中专业学位博士研究生 2.28 万人，专业学位硕士研究生 147.40 万人。2019 年，我国研究生招生人数达到 91.65 万人，其中，招生博士研究生 10.52 万人，硕士研究生 81.13 万人。毕业研究生 94.65 万人，其中博士毕业生 17.79 万人，硕士毕业生 76.86 万人。我国研究生主体的多元化、利益诉求的复杂化等，使得单一的政府管理已无法满足我国研究生教育发展的现实需求，需要包括社会组织在内的多元主体共同参与治理。此外，社会组织的参与和研究生教育的治理能力之间的矛盾日益凸显。这集中表现为，长期以来社会组织参与研究生教育治理的深度和广度不足，已成为制约研究生教育治理能力的关键因素。而研究生教育治理能力的不足，又在很大程度上制约了社会组织参与研究生教育治理的深度和广度。因此，缓和我国研究生教育治理中的矛盾，提升我国研究生教育治理能力，需要社会组织的积极参与。特别是在当前我国统筹推进世界一流大学和一流学科建设的背景下，充分发挥社会组织的非政府性、非营利性、自治性、独立性等特性，积极鼓励社会组织主动参与我国研究生教育治理活动，才能构建现代化的研究生教育治理体系，提高我国研究生教育的治理能力，推动我国研究生教育走内涵式发展道路。

（二）政府积极转变职能是助推社会组织参与的条件

长期以来，我国教育体制是政府单一主体的教育行政管理体制。在这一管理体制下，政府是唯一的管理主体，拥有强大的权力，为推动我国研究生教育事业的发展曾发挥了重要作用。随着我国市场经济体制的建立和研究生教育事业的快速发展，政府单一管理体制的单向性、强制性、刚性等弊端也日益暴露，并成为制约我国研究生教育发展的阻碍。其突出表现为，政府在研究生教育管理中越位、缺位和错位的现象经常发生，而社会组织等利益相关者参与研究生教育管理的力度不够等。为适应社会经济发展需要，实现从管制型政府向服务型政府的转变，本届政府加大了转变职能、简政放权的力度，积极鼓励和吸纳社会组织参与各项教育治理活动，有力地激发了社会组织的活力，调动了社会组织参与教育治理的积极性和主动性，推动了我国教育事业的健康发展。2015 年《教育部关于深入推进教育管办评分离促进政府职能转变的若干意见》（教政法〔2015〕5 号）明确提出："厘清政府、学校、社会之间的权责关系，构建三者之间良性互动机制，促进政府职能转变。"① 中国学位与研究生教育学会等社会组织正是在这一社会背景下得以快速发展，并在我国研究生教育治理中发挥着重要作用。

（三）自身优秀品质是推动社会组织参与的保障

辩证唯物主义认为，任何事物的变化和发展都是内外因共同作用的结果。其中内因是事物发展的根本动因。长期以来中国学位与研究生教育学会等社会组织，为推动我国研究生教育事业的良性健康发展发挥了不可替代的独特作用，究其根源在于其自身拥有的优秀品质。一是社会组织具有广泛的群众基础。中国学位与研究生教育学会和中国高等教育学会等社会组织，经过长期发展，在我国研究教育领域内奠定了良好的群众基础。其成员既包括教育行政部

---

① 中华人民共和国教育部：《教育部关于深入推进教育管办评分离促进政府职能转变的若干意见》，教政发〔2015〕5 号，http：//www.moe.edu.cn/publicfiles/business/htmlfiles/moe/s7049/201505/186927.html，最后检索时间：2019 年 11 月 18 日。

门、高等学校、科研机构等单位会员，也包括长期从事教育研究的专家学者、教育管理人员和在校研究生等个人。二是社会组织服务国家、服务会员的精神，使其产生了强大凝聚力和号召力。中国学位与研究生教育学会等社会组织通过为会员提供各种信息，组织丰富多彩的学术活动，打造良好的交流和沟通机制，实施资源共享，为广大会员的发展和成长提供了宽阔平台。在这个平台上，广大会员之间可以进行广泛的交流、切磋、参与、合作与共享，使广大会员获得了存在感、归属感和认同感。社会组织通过学术研讨、出版刊物、召开座谈会、参政议政、利益表达、民主监督、护法维权等活动，形成了政府和社会的通达渠道和公众舆论。①如中国学位与研究生教育学会会员部自 2013 年正式启动工作以来，经过四年多的发展，会员部普通会员和高级会员分别增长了 3.63 倍和 2.76 倍。

（四）制度创新环境是促使社会组织参与的动因

当前，随着我国市场经济体制机制的不断完善，极大地激发了社会活力，促进了社会组织的快速发展。特别是党的十八大以来，国家推动社会组织发展的顶层制度设计日趋完善，为社会组织的发展营造了良好的外部环境。党的十八届三中全会明确提出，适合由社会组织提供的公共服务和解决的事项，交由社会组织承担，支持和发展志愿服务组织。2013 年《国务院机构改革和职能转变方案》公布的 5 年 72 项任务清单中，关于社会组织管理制度的就达 10 项。在具体制度设计方面，2013 年以来，国家多个部委先后颁布了一系列有关政府购买社会服务的文件。如2013 年国务院办公厅印发《关于政府向社会力量购买服务的指

---

① 马长山：《NGO 的民间治理与转型期的法治秩序》，《法学研究》2005 年第 4 期，第 75 ~ 87 页。

导意见》，2015 年文化部、财政部、新闻出版广电总局、体育总局起草《关于做好政府向社会力量购买公共文化服务工作的意见》，2017 年财政部印发《政府购买服务管理办法（暂行）》的通知等多个文件。这一系列制度的出台，为我国社会组织参与研究生教育治理营造了良好的外部环境，为进一步规范社会组织的行为，走出一条具有中国特色的社会组织发展道路指明了方向。2016 年中共中央办公厅、国务院办公厅印发了《关于改革社会组织管理制度促进社会组织健康有序发展的意见》。意见的出台，为形成政社分开、权责明确、依法自治的社会组织制度基本建立，结构合理、功能完善、竞争有序、诚信自律、充满活力的社会组织发展格局提供了制度保障。[①]

三　我国社会组织参与研究生教育治理面临的挑战

作为处于教育系统最顶层的研究生教育，在教育理念、发展方式、类型结构、培养模式、培养机制、资助政策等方面都随着我国经济社会的发展而正在发生着深刻变化。特别是随着我国研究生教育综合改革的不断推进，我国研究生教育事业必将遇到许多深层次的阻力，这对我国社会组织的发展而言既是机遇，更是挑战。

（一）社会发展对社会组织的自身能力要求日益提高

当前，我国社会经济发展迈入新时代。截至 2016 年底，我国 GDP 达到 74.4 万亿元，全国居民人均可支配收入 23821 元。随着我国经济社会的持续发展，特别是党的十八届三中全会进一步明确

[①]　中华人民共和国中央人民政府：中共中央办公厅、国务院办公厅印发《关于改革社会组织管理制度促进社会组织健康有序发展的意见》，中办发〔2016〕46 号，http://www.gov.cn/gongbao/content/2016/content_ 5106178.htm，最后检索时间：2020 年 4 月 20 日。

了市场在资源配置中的决定性作用，使我国经济发展有了更加明确的发展方向。顺应市场经济发展方向的社会改革，就是既要通过简政放权和社会参与来突破社会建设中的政府单一主体和垄断机制，也要通过多元的社会组织发展来实现公共服务供给过程中的社会选择，从而降低公共资源和社会资源的配置成本，提高社会治理和公共服务的效率。① 自党的十八大提出"加快建立政社分开、权责明确、依法自治的现代社会组织体制"以来，国家日益突出强调社会组织在社会各项事业当中的地位和作用。党的十八届三中全会明确提出，社会组织应该在推进事业单位改革、促进公共资源均衡配置、参与协商民主等方面发挥重要作用。这对社会组织的发展而言既是新机遇，更是新挑战。特别是当前我国社会正处于深化综合改革的关键期和深水区，破解社会发展中的深层次问题，既要求政府积极转变职能、简政放权，更要求社会组织不断加强自身能力建设，不断提高服务经济社会发展的水平。社会组织加入社会管理和服务，可以减轻政府的压力，缓解政府的矛盾，实现政府与社会的良性互动，改善政府的形象，有利于破解政府职能转变的难题。②

（二）社会发展对社会组织的智库作用要求越来越高

社会组织作为现代国家治理的重要组成力量，为国家公共政策制定和决策提供高质量的智力支持，是社会组织的重要使命。因此，高度重视社会组织在公共治理中的智库角色，已成为发达国家的普遍共识。美国宾夕法尼亚大学智库研究项目发布的数据显示，截至 2015 年，全世界共有各类智库 6846 家，其中美国拥有 1835

---

① 马庆钰：《"十三五"时期我国社会组织发展思路》，《中共中央党校学报》2015 年第 2 期，第 58～64 页。

② 马庆钰、贾西津：《中国社会组织的发展方向与未来趋势》，《国家行政学院学报》2015 年第 4 期，第 62～67 页。

家，是世界上拥有智库数量最多的国家。① 美国如此众多的智库，构建了与其国家治理体系相适应的、完备的咨询和服务体系。特别是在美国高等教育体系中，国家的每次重大教育战略决策都与智库有着密切关系。在日本，无论在野党还是执政党均设有教育咨询委员会，各类教育都设有专门的审议委员会，为教育改革和发展提供咨询，在教育政策制定和决策中发挥着智囊团作用。从某种程度上来说，智库的质量和水平已经成为现代国家治理能力的重要体现。②

　　然而，与国外发达国家相比较而言，我国社会组织的教育智库角色不明显，未能在我国研究生教育综合改革中凸显作用。突出表现为社会组织对国家战略需求和研究生教育中重大现实问题系统深入研究不足，难以有效满足国家社会发展的战略需要，为国家研究生教育改革和发展提供咨询论证的作用并未凸显；在国家研究生教育政策的制定中的影响力不强，缺乏参与决策咨询服务的有效途径；为政府提供研究生教育决策服务的能力还需要整体提升，离智库的实际作用还存在较大的差距等。在这一进程中，社会组织恰恰是一个汇聚政府、高校等各利益相关方的组织，而且具备人才集中、思想活跃、信息资源丰富、联系渠道广泛等特点，起着不可替代的提炼升华各种智慧、思想、观点的作用。③

　　（三）社会发展对社会组织服务水平的要求越来越高

　　服务会员是社会组织的基本宗旨，也是社会组织的核心任务。

---

① Think Tanks and Civil Societies Program, *2015 Global Go To Think Tank Index Report*, http://repository. upenn. edu/think_ tanks/10/, 最后检索时间：2019 年 10 月 24 日。

② 李以所：《现代国家治理：西方的经验和教训》，《领导科学》2014 年第 17 期，第 6 ~ 8 页。

③ 顾海良：《中国特色新型智库建设的高校作用与责任》，《中国高等教育》2015 年第 7 期，第 7 ~ 9 页。

克莱姆从社会组织的特质、目标和实际功效中，总结了社会组织的四种角色，即开拓与创新者、改革与倡导者、价值维护者、服务提供者。① 但是，社会组织成员的复杂性和多样性，要求社会组织既要为全体会员搭建良好的服务平台，更要为会员提供多样化、个性化的服务，以满足不同类型群体的需求。以中国学位与研究生教育学会为例，其会员构成不仅有教育管理人员、教师、导师和在校研究生等个人会员，还包括研究生培养单位、省市学位办等教育行政部门等诸多单位会员。个人会员中既有长期从事研究生教育研究的资深专家学者，也有青年骨干人才，还有对研究生教育具有浓厚兴趣的在校研究生。在单位会员中，既包括获得首批博士学位和硕士学位授权点的研究生培养单位，也有刚刚处于起步阶段的研究生培养单位。它们加入学会的出发点各有不同，对学会提供的服务需求也不尽相同。此外，在服务好广大会员的过程中，如何提升社会公共服务能力，也是我国社会组织在今后发展过程中面临的一项紧迫任务。党的十八届三中全会指出："推广政府购买服务，凡属事务性管理服务，原则上都要引入竞争机制，通过合同、委托等方式向社会购买。"社会组织承担公共服务的作用不仅在于向社会提供众多服务，承担一些政府部门不该做或做不好、企业做却未必有效的社会事务，还可以通过其竞争压力，间接提高其他社区公共服务主体的服务水平。②

（四）我国研究生教育的发展要求社会组织提高国际影响力

近年来，随着我国研究生教育事业的发展，我国研究生教育的

---

① Kramer, R. M., Voluntary Agencies and the Personal Social Services in Walter W. Powell, *The Nonprofit Sector: A Research Handbook* (New Haven: Yale University Press, 1987), pp. 45 – 69.

② 姜德琪：《关于构建城市社区公共服务供给平台的思考》，《湖北社会科学》2009 年第 3 期，第 51 ~ 54 页。

国际影响力、国际吸引力显著提高。2018 年，共有来自 196 个国家和地区的 49.22 万来华留学生在全国 31 个省、自治区、直辖市的 1004 所高校学习。2018 年，来华攻读硕博研究生的总人数达到 8.51 万人，是 2010 年的 3.42 倍。而与之相对的是，我国社会组织在宣传和提升我国研究生教育的国际影响力，推动和促进与国外同行之间的交流与合作等方面还存在一定的不足。而目前国外社会组织则通过多种途径积极吸纳其他国家成员的加入，开展国际化的合作与交流，并参与这些国家的公共事务治理，极大地提升了自身的国际影响力。如英国研究生教育委员会的成员由来自英国、美国、澳大利亚、中国澳门、牙买加和阿拉伯联合酋长国等国家和地区的 150 所高校组成。因此，在今后相当长的一个时期内，我国社会组织应当主动思考如何提高自身的国际化程度和水平，提高我国研究生教育在世界研究生教育中的话语权和影响力，引领世界社会组织的发展潮流。这需要我国社会组织积极主动作为，实施"引进来"和"走出去"的发展战略。一是主动吸纳国外研究生培养单位和社会组织的加入，以提升我国社会组织的知名度和影响力；二是应通过参加和组织各种国际学术活动，与国外社会组织和研究生培养单位通过开展学术交流，进行项目合作等形式参与研究生教育活动。

社会组织作为研究生教育治理的主体之一，其参与研究生教育治理集中体现了治理的科学化和理性化。社会组织通过多种途径和方式参与研究生教育治理，是多元主体之间权力划分与明确彼此责任界限的过程。当前，加快推进我国研究生教育治理体系和治理能力现代化，实现政府、社会组织、研究生培养单位等主体之间的良性互动，既需要政府放权，也需要社会组织积极主动接权。

第六章　社会组织在研究生教育治理中
行为模式的理性选择

推进国家治理体系和治理能力现代化是我国全面深化改革的总目标。推进研究生教育治理体系和治理能力现代化，是国家治国理政新理念、新思想、新战略在研究生教育中的具体体现。社会组织在我国研究生教育治理中行为的缺失，已成为制约我国研究生教育治理能力和治理水平提升的重要因素。深化研究生教育综合改革，实现我国研究生教育治理体系和治理能力现代化，应以创新、协调、绿色、开放、共享新发展理念为引领，应以分离自主模式为基本行为方式，增强服务我国研究生教育治理的意识和能力。这要求社会组织应持续增强自身能力建设，也需要社会组织与政府、研究生培养单位、社会之间构建和谐共生的关系。

第一节　社会组织参与研究生教育治理的
现实行为困境

与西方发达国家教育治理建立在市场经济和现代政府科层制都比较成熟，但是二者又都失灵的基础之上相比较，我国市场经济还不成熟，公共事务的管理仍然主要由政府承担，使之难以建立与西方发达国家相一致的教育治理体系。这样使得理应在研究生教育治理中扮演重要角色的社会组织，在现实情境中角色缺失却十分严重。

一　社会组织参与研究生教育治理的行为困境

社会组织参与研究生教育治理，是推动我国研究生教育体系和治理能力现代化的重要途径。但是，当前我国社会组织在参与研究生教育治理过程中面临着诸多行为困境，严重地束缚了社会组织作用的发挥，阻碍了我国研究生教育治理的现代化进程。

（一）社会组织参与研究生教育治理的活力缺乏

党的十八届三中全会把激发社会组织的活力作为创新社会治理体制的重要任务，明确提出："正确处理政府和社会关系，加快实施政社分开，推进社会组织明确权责、依法自治、发挥作用。"社会组织的活力是标志社会组织生命状态的基本范畴，是社会组织生命系统有效性、自主性、回应性的统一。① 激发社会组织在研究生教育治理中的活力，不仅是适应政府职能转移的现实需要，也是加快推进我国研究生教育从管理走向治理的应然之举。可是，在目前我国研究生教育治理中，社会组织并没有表现出应有的活力。

发达国家社会组织在研究生教育治理中的作用非常明显，而我国社会组织参与研究生教育治理的体制和机制都还不成熟，活力也还不够。特别是社会组织本应在质量评价、政策咨

① 苏曦凌：《激发社会组织活力的政府角色调整——基于国际比较的视域》，《政治学研究》2016 年第 4 期，第 81～90 页。

询与建议、服务社会等方面发挥更加积极的作用，但是在现实社会当中，社会组织的表现并不尽如人意。只有明确我国社会组织还存在很多差距与不足，在今后才能更好地加强自身建设。（受访者7）

这种活力的缺乏主要表现在，社会组织在研究生教育治理中的活力度较低，有效性未得到较好发挥。政府在推进教育服务提供方式多样化方面较弱，政府购买公共服务的能力还不强，限制了社会组织服务研究生教育的能力和水平。与此同时，我国社会组织的行政化色彩还比较重，自主开展活动的能力还比较欠缺，依法自主自愿选择行为的范围、方式还十分有限，活动空间的自为性不足。另外，社会组织的资金来源比较单一化，大部分资金都来自政府的支持。社会组织对政府资源特别是财政资源的依赖性，使得其活动丧失了本应有的活力和激情。这就导致社会组织并未在政府所需、自身所能、社会所期的方面发挥更加积极有效的作用，在主动、及时回应公众关切方面的表现还比较欠缺。

（二）社会组织在研究生教育治理中的地位较低

受传统行政体制的影响，我国研究生教育长期实行政府主导的管理模式。在这一模式下，政府与社会组织之间形成了一种垂直化的关系结构，形成了"强政府，弱社会"的管理体系。政府处于主导性、权威性地位，扮演着"全能型"的角色，全面掌控着研究生教育的各项具体事务。社会组织则扮演着工具性组织的角色，处于次要的、被忽略甚至是被边缘化的境地，与政府缺乏对等性的交流对话、谈判协商的地位。近年来国家大力培育和扶持社会组织，但是却未在激发社会组织参与研究生教育治理活力的基础之上，与社会组织构建平等的关系，也未对社会组织在研究生教育治理中的权责进行明确的规范和科学的划分。这导致了我国社会组织在研究生教育治理中的地位并未得到凸显，其作用并未获得社会的广泛认可。访谈中，一位长期从事研究生教育管理和研究的专家，同时也是 A 学会的重要领导人，把部分社会组织称为"二政府"，可见社会组织长期以来在我国社会研究生教育治理中的地位。

> 目前，社会组织在参与研究生教育治理时，并未与政府形成对等的地位。有些社会组织本身就具有官方背景，或者是政府的事业单位。它们接受政府财政拨款，接受政府的人事指导。同时，按照联合国对社会组织的定义，部分宣称是"社会组织"的组织其实并非属于社会组织。但是在实际工作中，它既承担了一定的社会职能，同时又是政府的一个部门，因此它们又被称为"二政府"。（受访者 8）

在对 C 学会的一位管理者访谈中，她也指出当前我国社会组织的独立性地位问题。

> 目前，学会秘书处的主要成员都具有教育部行政事业编制，学会大多数工作都是在教育部的指导下开展的。从这两点上来说，学会并不是完全意义上的社会组织。社会组织需要慢慢向独立组织的方向过渡。（受访者 16）

同时，由于相关法律法规的缺失，我国社会组织在研究生教育治理中的合法地位未能得到有效保障，难以维护其在研究生教育治理活动中的各项权利。并且由于法制的不健全，社会组织在我国研究生教育治理活动中未能有效发挥其补偿效应、民主效应和积能效应。与美国发达的教育类社会组织相比较，无论是协会还是学会，我国的高等教育社团尤其是其中的"协会"并不具备美国高等教育社团那样的独立主体身份、话语权力、行动能力、行动空间及自身利益导向。①

（三）社会组织参与研究生教育治理的空间有限

社会组织参与教育治理的空间大小，直接反映出其在整个治理体系中地位的大小和作用的强弱。2016 年 8 月中共中央办公厅、国务院办公厅印发的《关于改革社会组织管理制度促进社会组织健康有序发展的意见》提出："结合政府职能转变和行政审批改革，将政府部门不宜行使、适合市场和社会提供的事务性管理工作及公共服务，通过竞争性方式交由社会组织承担。"② 在具体行动层面上，国家和教育行政部门也采取了一系列举措积极吸纳、支持和鼓励社会组织参与研究生教育治理。如近年来中国学位与研究生教育学会和中国高等教育学会等社会组织开展的研究课题中，就有部分课题是以政府部门委托，学会组织有关专家学者开展的形式进行研究。就活动空间的自为性而言，英、美、德、法等国的社会组织拥有更为广泛的自主活动空间。③ 而在我国现有的研究生教育治理中，社会组织参与的空间总体还十分狭窄。社会组织并未在有关研究生教育的政策咨询与建议、研究生教育质量标准的制定、与研究生培养单位合作等方面发挥建设性作用。社会组织独立开展的教育质量评价活动，还未完全得到社会认同。在对 A 学会主要负责人的访谈中，她也指出目前我国社会组织普遍存在参与研究生教育治理空间受限的问题。

---

① 徐自强、鲁瑞丽：《高等教育治理中的社会组织参与机制》，《当代教育科学》2016 年第 1 期，第 45～48 页。

② 中共中央办公厅、国务院办公厅：《关于改革社会组织管理制度促进社会组织健康有序发展的意见》中办发〔2016〕46 号，http：//www. gov. cn/xinwen/2016－08/21/content_ 5101125. htm，最后检索时间：2020 年 5 月 28 日。

③ 苏曦凌：《激发社会组织活力的政府角色调整——基于国际比较的视域》，《政治学研究》2016 年第 4 期，第 81～90 页。

　　长期以来，在我国政府单一的行政管理体制下，社会组织在参与研究生教育治理时，无论是在空间上，还是在时间上，都非常有限。在空间上主要是活动的范围比较小。过去学会活动的主要形式就是自身组织开展一些学术研讨会，在其他方面的作用并不明显甚至是微乎其微。用一句话概况就是，召开一次会，闭幕一次会，结束一次会。社会组织参与活动空间的局限性，导致其活动得到研究生培养单位、政府和社会的认可程度也非常低。（受访者10）

　　目前，我国社会组织自身拥有的物力资源、财力资源和可以调动的人力资源等都非常有限，大多数都依赖于外部力量的供给。社会组织自身资源的局限性，导致其在参与研究生教育活动时自身的独立性和自主性不足，使其在研究生教育治理中的发展空间受到很大限制。特别是社会组织在承接政府职能转移，提供公共服务等方面能力的欠缺，与研究生培养单位之间缺乏建立良好的互助合作机制。因此，社会组织在代表会员利益，积极反映社会诉求，充当政府、社会和研究生培养单位之间的桥梁纽带和缓冲器，为研究生培养单位改革实践提供服务等方面仍然有很大的可为空间。再加上社会公众对社会组织在认识上存在一定的误区，以及我国法律法规和制度的不完善，使得社会组织在我国研究生教育治理中发挥作用的空间受到了很大限制。

　　（四）社会组织参与研究生教育治理的效能不足

　　在公共管理领域，有效性治理作为一个新的学术热点，日益受到学者关注。社会组织作为研究生教育治理的重要组成部分，评价其在研究生教育治理中的有效性要从形式有效性和实质有效性两个维度开展。既包括参与研究生教育治理的深度和广度，也要从参与取得的效果、效益与效率进行评价。从形式的有效性维度考察，我国现有社会组织在研究生教育治理中的地位总体较低，参与形式比较单一，参与深度不足，参与面比较狭窄，难以有效发挥自身的功能。

> 国外社会组织长期参与研究生教育活动，而我国社会组织参与研究生教育治理不仅范围和程度远远不够，产生的效能不够，影响力也比较小。其中最明显的是，政府基本不会听社会组织提出的政策意见和建议，至少在现有情况下，他们不会听。（受访者3）

综观目前我国社会组织参与研究生教育治理的形式，主要集中表现在进行有关研究生教育的理论与实践研究，组织学术研讨活动，研究生教育质量评价、培训、国际交流等几个方面。在有效性维度方面，从现实的情况看，社会组织在研究生教育治理中的权威性还比较欠缺，参与研究生教育治理的总体效果并不理想，与社会期望存在较大差距，很多举措及成效还未得到社会公众的广泛认可。如部分社会组织实施的科研项目和成果评选等活动，并没有完全得到社会及研究生培养单位的一致认同。在对 X 学会的一位负责人访谈中，她也提到了这一点。

> 虽然近年社会组织的活动范围有所扩大，但是相对于社会的期待而言，学会等社会组织活动的成效并不高。如学会近年自己组织开展的质量评价活动，相比由政府组织的全国优博、国家教学成果奖等教育质量评价活动，学会活动对研究生培养单位提高质量的推动作用还十分有限，甚至是微乎其微。而且部分培养单位不太认可学会等社会组织评选的这些奖项。（受访者10）

　　就社会组织参与的效益而言，社会组织与政府、社会组织与研究生培养单位、社会组织与其他利益相关者并未形成良好的协调与支持体系，社会组织参与研究生教育治理的效益不高。与此同时，社会组织服务社会公众的程度偏低，及时性不足，特别是面对我国研究生教育内外部环境的快速变化时，其做出反应的速度较慢。

　　当前，有能力参与研究生教育事务评估的专业性社会组织，不仅数量上不能满足教育改革与发展的需要，其专业资质也堪忧。因此，其评估的效能也就值得怀疑。（受访者5）

（五）社会组织参与研究生教育治理的公信力弱

　　社会组织的公信力是社会组织在长期为社会提供服务的活动过程中逐渐形成的，它反映了社会公众对社会组织行为及能力的信任度和认可度。目前，我国社会组织参与研究生教育治理的总体形式比较单一，参与的层面较狭小，参与的内容较少，调动社会资源的能力有限，难以在研究生教育治理中产生较大的影响力，难以形成强劲的公信力。同时，大多数社会组织运行机制不完善，信息公开的范围有限且内容详尽程度较低，并缺乏有效的内部监督机构和机制，使得社会组织的行为约束力下降，在研究生教育治理中的作用弱化。再加上我国现有从事研究生教育的社会组织大多数还处于发展和完善阶段，自身的专业化程度较低，组织的专业功能尚未得到有效的发挥，承接公共服务效能较弱，这些因素极大地降低了社会组织的权威性，减弱了社会组织参与研究生教育治理的社会认可度。另外，国家对社会组织在研究生教育治理中的地位和作用并没有提供强有力的制度支撑，对于社会组织参与研究生教育治理活动的条件、内容、形式、评价方式等还缺乏有效的政策支持。而且大多数社会组织具有政府背景，使得他们很难按照社会公众的需求和自身的专业特点独立自主开展活动，从而大大降低了社会组织在研究生教育治理中的公信力。在访谈过程中，两位研究生教育行政部门的领导都指出，当前我国社会组织在缺乏认可制度的情况下，其可信度难以保证。

虽然今后政府不再从微观层面管理研究生教育活动，而是通过购买服务等形式，进行宏观管理。在评价方面，由政府委托社会组织"评"。但是，社会组织自身的公信力，"评"的客观性和公正性等，如何得到保证是一个现实问题。社会组织要成为研究生教育的智库，就必须依靠自身的影响力。（受访者12）

在国内，社会组织的总体影响力不够，社会对它们的认可程度还较低。社会组织在参与研究生教育治理活动中如何保持自身的独立性和客观性，是一个值得深入探讨的问题。（受访者9）

二　社会组织参与研究生教育治理的困境缘由

社会组织参与我国研究生教育治理的行为缺失，有其深刻的缘由。其中，社会组织先天的官办性、对政府资源的依赖性、外部制度的阻滞性、自身权力的有限性，以及社会文化的缺失性，是导致其行为缺失的主要原因。

（一）先天的官办性导致社会组织自身活力不强

在我国社会组织的发展过程中，政府的推动、规范和引导在其中发挥了关键性作用。根据国家和社会的关系定位，中国的社会组织分为自上而下型（官办型）、自下而上型（草根型）、合作型

（半官半民型）三类。① 其中，自上而下型和合作型在我国教育类学术性社会组织中占大多数。它们先天就具有很强的政治和行政色彩，与政府有着千丝万缕的联系。特别是这些社会组织都具有发展主要依赖政府推动，资源获取主要来源于政府供给等特征。如我国某些社会组织，虽然是从事高等教育科学研究、实践探索等活动的全国性、学术性、非营利社会团体，但是作为其日常工作机构的秘书处，却是某部委直属事业单位，这从某种程度上反映出其与政府之间存在一定的联系。特别是一些从政府职能部门转变过来的行业协会，他们的很多行为都打上了深深的行政烙印，受到政府行为的影响。

> 长期以来，受到我国行政体制的影响，我国早期成立的社会组织大多都具有官方背景，甚至就是政府的下属单位。社会组织的主要领导产生仍然都是由主管部门确定，而且主要领导需要有一定的行政级别才能担任相应社会组织的负责人，而相关工作人员就是政府机构的工作人员，并不是真正意义上的由会员代表大会选举产生的。这些年，情况有所好转，但是大多数社会组织对政府的依赖性还是比较强。（受访者5）

由于对政府具有较强的依附性，官办型社会组织往往在研究生教育治理过程中倾向于服务政府，围绕政府需要、回应政府关切方面开展活动，而在服务会员及社会公众多元需求方面存在不足。在参与研究生教育治理的过程中，社会组织难以真正做到公

---

① 贾西津：《第三次改革——中国非营利部门战略研究》，清华大学出版社，2005，第70页。

正、客观。社会组织自身先天的官办性特征，使得它们调动社会资源的能力不高，导致它们在研究生教育治理中活力不强。

（二）资源的依赖性导致社会组织发展自主性低

受行政体制的影响，我国大多数社会组织在形成和发展中长期过度依赖政府在资源特别是财政资源方面的支持，从而导致其自主能力较低。虽然我国社会组织的财政来源包括社会捐赠、会员费、提供服务的收入、政府资助等。现实境况是，我国社会组织总体缺乏独立和稳定的资金来源，其日常运行及参与研究生教育治理活动所需资金更多的是来源于政府的财政支持。政府在资源分配上的绝对优势，造成社会组织对政府资金的单一依赖，并由此影响了组织的自主性，进而影响到教育评价的公正性。① 这种资源的依赖性使得社会组织难以保证其开展活动时自身的独立性和自主性。两位 A 学会分部管理者和一位 A 学会学术委员都指出了学会对政府资源的依赖性。

目前，我国社会组织的经费主要来源于三部分，一是会员缴纳的会费，二是自身开展各类活动的收入，三是政府支持。其中，政府的支持，是当前大多数学术组织经费的最主要来源。因此，当前我国大多数社会组织，特别是具有官方背景的社会组织，对政府的资源依赖性还是比较强。（受访者14）

这几年学会每次几百万元的课题研究经费主要还是靠政府部门的大力支持，单一依靠学会是没有那么多经费支持课题研究的。如果没有政府的支持，学会的很多活动都没法开展。而且学会获得政府部门支持的程度，很大程度上取决于这个组织

---

① 葛孝亿、唐开福：《社会组织参与教育评价的制度障碍及其突破》，《教育发展研究》2016 年第 8 期，第 66～71 页。

的主要领导和教育部门的关系。（受访者 4）

　　目前学会分部最主要的困难还是经费问题。经费一方面来自个人缴纳的部分会费，另一方面是学会支持。但是这些经费根本满足不了分部开展活动的需要。分部工作人员的工作报酬，都是学校投入一些，单位再给一些加班费。（受访者 2）

社会组织自主性的缺失，又使得它在参与研究生教育治理时的行为表现出明显的官僚化倾向，从而大大降低了自身活动的权威性和公信力。在我国现行的行政体制下，社会组织在资源方面对政府等行政部门存在过度的依赖，虽然能够推动社会组织的快速发展。但是，社会公众却把这种资源的依赖性归结为社会组织的无能，将社会组织在研究生教育治理中的主动行为都归为政府授权，从而降低了社会公众对社会组织在研究生教育治理中应有地位和作用的认可度。

（三）制度的阻滞性导致社会组织发展空间受限

　　由于旧制度的惯性和延续性，新制度的结构缺失，共同构成了当前我国社会组织在参与研究生教育治理过程中的制度障碍，导致其发展空间不足，具体包括三个方面。

　　一是"政社一体"的惯性制度阻碍。一直以来，我国研究生教育管理体制实行的都是政社一体的制度。这一制度遵循政府主导的模式，即政府对研究生教育实行全面管理和控制，社会组织参与研究生教育管理的空间非常狭小。近年来，我国研究生教育管理开始逐步由政府单一管理向多元主体共同治理的方式转变，但是由于受到制度惯性造成的选择偏好性影响，政府更愿意将研究生教育治理的相关事务交给有官方背景的专业机构实施，而对于那些没有任何官方背景的社会组织而言，获得参与研究生教育治理的机会则非常少。

在我国，政府习惯将部分事务交给那些所谓具有政府背景的社会组织去实施。因为这些社会组织是它们"亲生的"，和政府有着千丝万缕的联系。而其他的社会组织，与政府的关系没有那么密切。所以在目前阶段，我国非官方背景的社会组织参与教育治理的范围和程度都还十分有限。（受访者6）

二是"双重保险制"的管理制度制约。当前我国对社会组织实行注册登记部门和业务管理部门的双重管理体制，对社会组织参与研究生教育治理形成了制度制约。社会组织在成立之时要有明确的业务管理部门，注册时要接受业务主管部门和登记管理部门严格的审核，在开展活动过程中要接受业务管理部门的全面管理和监督。以教育类社会团体为例，截至2016年，全国共有144个社会团体接受教育部业务管理。[①] 这种双重管理的体制，一方面，导致了社会组织注册难，而未注册的社会组织又无法参与研究生教育治理的活动。另一方面，由于每个社会组织都有一个业务管理部门，这些部门对社会组织又习惯用行政思维进行管理，导致了社会组织在研究生教育治理过程中的行为丧失独立性，难以真正发挥其自身的作用。

一直以来，我国对社会组织都实行严格的管控措施。社会组织成立的时候，需要有一个业务主管部门，如果没有业务主管部门，就没法到民政部门注册登记。业务主管部门主要的职责是负责对社会组织进行业务的管理和指导。而与此同时，民政部门负责对社会组织的业务进行审查，包括二级

---

① 中华人民共和国教育部办公厅：《社会团体》，http：//www. moe. gov. cn/s78/A01/zclm/moe_ 968/s8229/201604/t20160425_ 240007. html，最后检索时间：2019年12月2日。

机构的成立都需要到民政部门进行备案，而且民政部门每年都会对社会组织资质进行审核，如果审核通过不了，就无法开展活动。所以，政府对社会组织的双重管理体制，既有利于加强对社会组织的管理，也限制了社会组织的很多行动。（受访者14）

我们要充分认识我国社会的"中国特色"，社会组织成立，活动的开展，组织机构的建立等都需要一定的程序。目前我国经济社会和社会组织发展所处的阶段，需要政府介入社会组织的相关事务。（受访者6）

三是支持制度的缺乏。法律制度安排缺位也使得社会组织的长期发展空间受到限制。近年来，我国出台《关于改革社会组织管理制度促进社会组织健康有序发展的意见》《教育部办公厅关于加强教育部业务主管社会组织行为规范的通知》（教办厅函〔2016〕39号）等政策文件，以加快推动社会组织的持续健康发展。但是，总体而言我国有关社会组织的法律法规还不完备，甚至有很多法律空白。从我国现有的法律法规来看，大多侧重于对社会组织的管理和规范，而对于支持社会组织参与研究生教育治理的制度非常缺乏。特别是在国家层面，还缺乏有关社会组织参与研究生教育治理的具体制度和文件。

（四）权力的有限性导致社会组织参与有效性不足

治理的前提是向多元主体分权。即通过明确划分各主体之间的权力，引导和规范各主体的活动范围，确保多元主体共同参与治理活动，实现公共利益的最大化。因此，治理权力的向度应是多元的、互相的，而不是单一的和自上而下的。[1] 而社会组织具有权力

---

① 俞可平主编《治理与善治》，社会科学文献出版社，2000，第6页。

制约和推进社会法治进程的双重作用，其健康的发展是推动权力回归的基础。在我国现行的行政体制下，我国社会组织在研究生教育治理中的权力十分有限，它并未完全享有参与治理研究生教育的权力。一是由于当前我国研究生教育的管理体系更多的还是政府主导行为，政府对本应向社会组织转移的公共服务和公共管理职能放权不够，特别是在研究生教育评价领域，政府还未完全退出并还评价权给社会组织。一位省级评估机构的负责人同时也是 B 学会的主要领导在接受访谈时指出，在我国第三方评估组织因权力有限，导致活动范围受限的情况。

> 现在的评价体系中，主要还是政府的行为，政府管控着研究生教育评价的众多方面，而社会组织等其他主体的地位较低且作用体现得非常有限。同时，我国还没有建立完善的市场评价机制，导致市场在评价活动中发挥的作用非常少。社会力量比较弱，归根结底还是我国行政体制和机制上的问题。目前政府不敢放、不愿放、不舍得放等心态非常严重。其实政府的作用是应该"管"社会评价是否中立、客观、公正这种客观性和规范性的事情。（受访者 15）

与此同时，当前我国大多数研究生培养单位并没有将自己无力承担的事务向社会组织开放，也未主动接受来自社会外部力量的监督和评价。从而限制了社会组织参与研究生教育治理的范围和内容。一位社会组织的学术委员就对社会组织如何参与培养单位的研究生治理活动提出了自己的质疑。

> 社会组织如何参与研究生培养单位的治理活动，从当前我国研究生教育发展的环境来看还是一件比较困难的事情。这是

因为，大多数研究生培养单位还缺乏将自己无力承担的事务交由社会组织的意识。大家已经习惯了主要依靠自己的力量，投入大量的人力、物力和财力，对本单位的研究生教育进行全面管理。与此同时，我国的第三方组织还不够成熟和完善，大家对它们的专业化能力和水平还有所怀疑。因此，大家不愿意将部分事务交由社会组织去承担。（受访者4）

此外，我国社会组织的制度化和专业化发展程度还不高，在研究生教育治理过程中的作用还未被社会广泛认可，这也是导致其在研究生教育治理中难以获得相应权力的重要因素。总之，内外因素共同制约了社会组织在研究生教育治理中权力的有限性，导致社会组织不能有效参与研究生教育治理。

（五）文化的缺失性导致社会组织的公信力不高

社会信任是社会文化规范和社会制度制约共同作用下的产物。社会文化通过自身的弥散性和渗透性制约与影响社会组织行为。在研究生教育治理过程中，社会组织获得社会信任是其有效参与研究教育治理的前提。这取决于两个对象的行为：一是取决于社会公众对社会组织的评价。社会组织的工作成果是一种公共物品，这种性质决定社会组织的活动必须符合公众利益，其服务品质要接受政府和社会公众的监督，得到社会的认可。[1] 二是取决于社会组织自身的行为，这是社会组织长期积累的结果。由于研究生教育治理具有自身特殊的复杂性，对参与研究生教育治理的社会组织在专业化等方面要求更高、更严格，使得现阶段我国真正有实力参与研究生教育治理的社会组织数量少。而且这些社会组织发展时间较短，专业

---

[1] 王建军：《当前我国社会组织培育和发展中的问题与对策》，《四川大学学报》（哲学社会科学版）2012年第3期，第5~11页。

化程度不高，内部治理体制和机制还不规范，难以根据社会发展需求和自身特点，依法独立或竞争开展各项研究生教育治理活动。社会组织在研究生教育治理活动中的实际影响力有限，尚未形成具有自身特色并得到社会广泛认同的研究生教育治理文化。在对三位 A 学会高级会员和 C 学会的主要管理者访谈中，他们都提及组织文化的缺失，对社会组织建设的重要性。

在我国，社会对社会组织的认可度比较低的一个重要原因就在于，社会组织没有形成良好的公信力文化。这种文化氛围没有形成，一是由于社会组织的专业性不强、社会影响力比较弱。二是我国长期缺乏真正独立的第三方组织，导致社会公众对社会组织的行为缺乏认同感。因此，当前社会组织如何提高自身的社会公信力，是其发展过程中面临的一个重要问题。（受访者14）

在我国，政府过于注重规制性制度的制定和实施，而在一定程度上忽略了文化－认知性制度的同步制定与执行。这一行为的结果往往是外显的各种行为规则能够很快得到执行和调整，而内隐性的习俗、认知观念、专业规范等内容未能及时转变。并由此成为阻碍深化研究生教育综合改革的重要内在因素。（受访者7）

在当前，我国社会中还缺乏社会组织培育和成长的土壤与环境。随着社会发展到一定的阶段，需要社会组织成长起来，替代政府发挥作用。社会组织在某些方面，比政府更有效，其专业化程度较高。这是社会发展的必然趋势。（受访者3）

学会组织成员参与活动没有可持续发展的基础。成员没有积极性，他们在自身的高校没有实际的利益，同时参与学会的活动获得的成就得不到社会的认可，学会成员在上升阶段愿意

参与学会活动，到了一定阶段后大多数人没有需求，他们参与活动积极性就不高。（受访者16）

第二节　社会组织在研究生教育治理中行为模式的理性选择

党的十八大以来，党中央坚持把教育放在优先发展的战略地位，推动了我国研究生教育事业的持续健康发展，使我国研究生教育事业取得了新成就。当前，我国社会发展迈入新时代，破解人民群众日益增长的对优质研究生教育需要和我国研究生教育发展不平衡不充分之间的矛盾，实现建设研究生教育强国的目标，需要社会组织以分离自主模式作为理性行为选择，积极参与到我国研究生教育治理当中来。

一　分离自主模式是社会组织参与研究生教育治理的理性选择

《国家中长期教育改革和发展规划纲要（2010－2020年）》中明确提出，要促进"管办评"分离，形成政社分开、权责明确、统筹协调、规范有序的教育管理体制。深入推进"管办评"分离，既需要政府转变职能、提高效能、优化服务，也需要研究生培养单位迸发内在潜力，更需要社会组织的积极主动作为。

（一）分离自主模式是深化研究生教育改革的时代要求

到2020年，基本形成政府依法管理、学校依法自主办学、社会各界依法参与和监督的教育公共治理新格局，是当前我国深化教育领域综合改革的重要目标。形成教育公共治理新格局，需要以"管办评"分离为主要抓手，构建政府－培养单位－社会的良性互动机制。它是建立现代教育治理体系、提高教育治理能力的基本途径，也是全面推进依法治教的客观要求。近年来，随着我国政府加大转变职能的力度，特别是在更大范围、更深层次、更有力度地推进简政放权、放管结合、优化服务改革，为我国社会组织参与研究生教育治理营造了良好的外部环境。当代政府统治职能隐性化、管理职能刚性化和服务职能扩大化的趋势日益明显，尤其是政府的高等教育管理和服务职能更在不断加强与优化。① 社会组织只有发挥作为政府承担简政放权承接者的作用，敢于作为，主动作为，担负起相应的职能和任务，才能让政府愿意把该放的权放足、放到位，才能真正克服政府在研究生教育治理中的职能错位、越位、缺位现象，真正推动我国研究生教育事业的长久发展。法国社会学家迪尔凯姆研究发现，如果社会力量整合缺失，社会将陷入"沉睡"状态；如果社会力量整合过度，社会将进入"亢奋"状态。② 研究生教育治理中，社会组织只有充分发挥自身的主观能动性，迸发出其活力与创造力，开辟其监督、服务研究生教育的空间，才能更好地促使政府、培养单位和社会三者之间协调互动、形成合力，更好地满足我国研究生教育的多样化需求，更好地推动我国研究生教育治理体系和治理能力现代化。

（二）分离自主模式是提高研究生教育质量的内在需求

质量是研究生教育的生命线。我国研究生教育事业经过长期发展，特别是党的十八大以来，研究生教育改革稳步推进，质量稳中有升，为国家改革开放和现代化建设培养了大量高层次人才。但

---

① 朱光磊：《转型期尤需重视问题的"社会性"》，《人民日报》2013 年 10 月 10 日，第 5 版。

② 周尚君：《法治中国应激发社会活力》，《人民日报》2013 年 12 月 27 日，第 5 版。

是，我们也应看到，我国研究生教育质量整体还比较低，研究生创新能力还比较弱，与我国建设成为世界研究生教育强国的目标还有很大的差距。因此，当前和今后相当长的一个时期，全面提高研究生教育质量将是我国研究生教育的核心任务。然而，全面提高研究生教育质量不仅需要政府的持续努力，更需要研究生教育的多元利益主体齐心协力和共同行动。其中，社会组织作为研究生教育的核心利益相关者和治理主体之一，充分利用自身的专业特点和优势，主动开展研究生教育质量的监督、评价和监测等活动，对于形成主体多元、形式多样、以外促内的研究生教育治理体系，提高研究生教育治理能力具有重要意义。在"积极发挥行业协会等各类组织在教育公共治理中的作用""促进管办评分离"等方面，全国质量保障与评估的行业组织也是大有作为的。①

（三）分离自主模式是社会组织提供服务的有效途径

社会组织的核心构成要素是会员。社会组织存在的核心要义与首要价值就在于为会员的发展服务，并通过这一核心要素的发展，推动社会组织服务领域的拓展，进而为我国经济社会发展做出贡献。在研究生教育治理中，社会组织服务广大会员，就是要不断提高个人会员的综合能力，不断提高单位会员的治理能力和治理水平；服务社会组织活动的领域，就是要求社会组织引领和推动我国研究生教育的学术研究，促进我国研究生教育事业的长久发展；服务社会，就是社会组织以不断适应和主动满足国家的战略需求为目标，服务我国经济社会发展。当前，我国经济社会发展迈入新时代，完成我国经济社会发展的各项目标，要求社会组织以对接创新驱动发展战略、"一带一路"倡议等国家重大战

---

① 吴启迪：《加强评估机构能力建设 努力促进管办评分离》，《中国高等教育》2011年第Z2期，第16~19页。

略为核心，强化服务意识和服务能力，为我国经济社会发展提供强大的动力和智力支撑。社会组织要利用自身的专业特长和优势，通过组织和开展专业调研、课题研讨等形式，为政府的教育决策提供有益参考。社会组织通过主动对研究生培养单位开展专业性的质量评价、提供用人单位对人才的需求度和满意度调查等服务，推动研究生培养单位持续改进教育教学质量。社会组织通过主动开展专业调查，能够帮助用人单位、在校研究生等利益相关者了解研究生教育质量，能有效发挥社会组织对研究生教育的监督和评价作用。

二　分离自主模式下社会组织的行动机制

在现代治理体系下，社会组织围绕着"竞争与合作、交流与学习、共享与互补、多元与共治"等核心要素参与到研究生教育治理活动当中。为此，社会组织需要建立分离自主模式下的行为机制，形成科学、合理、系统的运行机制。它是在我国加快推进治理体系和治理能力现代化的背景下，社会组织参与研究生教育治理的理性选择，是促进社会组织发展的原动力，也是实现"管办评"分离的基本路径。

（一）树立独立自主理念，提升组织运行机制

理念是哲学中的一个基本问题，内涵十分丰富、复杂。黑格尔从本体论出发认为，"理念是自在自为的真理，是概念和客观性的绝对统一，其本质上是一个过程。"[①] 马克思主义从认识论出发认为，理念属于理性认识的范畴，它源于实践，并接受实践的检验。科学的理念不仅在思想观念中具有思维操作性、在现实实践中具有

---

① 北京大学哲学系外国哲学史教研室：《西方哲学原著选读（下卷）》，商务印书馆，1982，第427页。

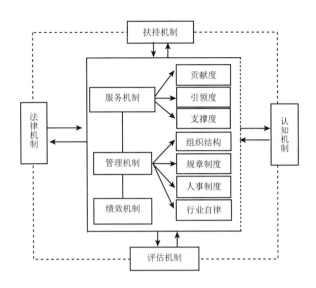

图 6 - 1　分离自主模式下社会组织的运行系统

实践操作性，而且还能从总体上指导实践操作。[①] 社会组织参与研究生教育治理的理念，是社会组织在参与研究生教育实践中形成的，是对研究生教育治理的一种理性认识。它一旦形成，可以进一步规范和引导社会组织在研究生教育治理中的行为。在分离自主模式下，社会组织要以独立自主的理念为引领，强化自身行为对政府、教育行政部门、研究生培养单位的引领度、贡献度和支撑度。社会组织要在我国现有的法律法规和行政管理体制框架范围内，围绕我国研究生教育治理的现实需要与长远发展，依靠自身的专业力量，独立开展各项活动，以实现自身行为过程的独立性、自主性和自愿性，确保活动结果的客观性和公正性。

同时，社会组织树立独立自主的理念，就是要减少对政府的过度依赖和从属关系。在组织内部通过实行民主选举、民主管理、民

---

① 陈鹏勇：《论现代高等教育多元发展理念的整合》，《高教探索》2015 年第 1 期，第 49 ~ 55 页。

主决策、民主监督等机制，使社会组织真正成为广大会员自我管理、自我约束的组织。而社会组织以自身的力量进行运作和发展，是我国政府指导社会组织改革的方向和原则。当前，划清政府与社会组织之间的权责界限、强化各自主体地位仍然是社会组织管理体制改革的关键，也是社会组织实现健康发展的基本前提。[①] 从发展趋势看，我国政府对社会组织的管理正从微观转向宏观，不断强化社会组织的独立自主性。因此，社会组织要在运行过程中树立独立自主的理念，只有确保机构的独立性、行为的独立性和队伍的专业性，才能真正实现自身的独立性、主体性和能动性，使自身的活动真正代表广大会员的利益和愿望，得到社会的认可和支持，扩大自身在研究生教育治理中的影响力和号召力。

树立独立自主意识就是社会组织不要或者不要过多在资源等方面依赖政府部门。但是从目前的情况看，如何保持独立性是困扰很多社会组织发展的一个现实问题。一是政府掌握着大量的资源，二是很多社会组织长期以来就是政府的下属部门。（受访者 23）

很多社会组织的行为不被社会认可的一个重要原因就是，它的独立性不够，很多行为都带有行政色彩。今后，社会组织要想得到社会认可，必须实现专业和组织的独立性，必须通过专业化的活动获得社会认可。（受访者 19）

现在，很多社会组织都是官方和半官方的。在"管办评"分离背景下，政府的管理体制需要改变，需要对社会组织放权，减少对它们的直接干预，让社会组织独立自主活动，政府

---

① 李强：《社会组织建设的内在逻辑与未来方向》，《广州大学学报》（社会科学版）2015 年第 2 期，第 38 ~ 44 页。

只需要进行外部宏观监督和管理就可以。（受访者24）

目前，很多第三方机构的人员愿意出来做，是因为他们有资源、有渠道、有技术，他们参与或自己做评估。这是刚起步的阶段。但是当大家都做强了，做得有经验了，真正的市场打开和盘活以后，这扇大门就关不上了。这就要求社会组织独立出来，独立开展活动。（受访者21）

（二）采取主动作为方式，实施长效服务机制

在我国，"强政府、弱社会"的社会管理状态存在已久。在这一管理体制下，包括社会组织在内的利益相关者长期在公共服务和管理方面处于弱势地位。随着国家治理理念由管控型政府向服务型政府的转变，形成"小政府、大社会"的国家治理格局，需要激发社会组织的活力。研究生教育治理中激发社会组织的活力，就是要充分调动社会组织的积极性和主动性，以主动作为作为其主要行为方式，为多元主体提供多样化的服务。从根本上说，激发社会组织的活力，一方面来源于外源性力量的需求，另一方面源于社会组织自身内在变革的意愿。而社会组织内在变革的意愿，是社会组织活力得以激发的根源。在研究生教育治理中，社会组织采取积极主动作为的行为方式，就是以服务国家和区域经济社会发展的战略需求、行业单位对研究生人才的需要、研究生培养单位的现实需要等为核心任务，以提高我国研究生教育质量为目标，在研究生教育政策的调研与建议、研究生教育咨询与服务、研究生教育信息提供、研究生教育质量评价等诸多方面，为多元主体提供专业化的服务。社会组织通过建立长效的服务机制，能够更好地满足多元主体的多样化需求，更好地服务于我国研究生教育事业的持续健康发展。

近年来，我国的社会组织通过多种方式主动参与到研究生

教育治理活动当中，逐步扩大了自身的影响力。特别是学会近年的活动，比如评优博、评优秀成果奖等，都是学会主动作为的直接表现。（受访者22）

在我国，社会组织服务的功能还没有完全表现出来，特别是很多社会组织主动的意识特别弱。今后社会组织应该在主动服务方面多下功夫。（受访者29）

（三）拓宽多元服务途径，深化务实合作机制

自20世纪70年代以来，随着全球化、市场化的不断拓展，社会公共服务提供主体多元化的趋势日益明显。特别是近年来，以社会组织为社会公共服务多元供给主体的模式，在缓解社会公众多样化服务需求与政府单一化、粗放式供给内容和管理方式之间的矛盾等方面发挥了重要作用。在研究生教育治理过程中，充分发挥社会组织的专业特征，为多元主体提供多样化、专业化服务，才能更好地实现社会组织的健康发展，才能不断提高我国研究生教育治理的水平。但是，研究生教育治理牵涉众多的主体，且各方的需求又不尽相同。为此，不断扩宽服务途径，服务多元主体的现实需求，成为社会组织发挥自身功效、有效参与研究生教育治理的根本遵从。在分离自主模式下，社会组织积极为多元主体服务，就是根据国家、社会、研究生培养单位、用人单位等主体的不同诉求，通过与它们建立长效务实合作机制，为它们提供多样化、个性化服务，以回应其他治理主体的现实及长远需求。

社会组织积极拓宽多元服务途径，与多元主体构建长效务实的合作机制，要采取务实的举措。一是要充分发挥自身组织的专业性特质，通过为多元主体主动提供各项咨询建议、质量评估等活动，建立服务供给的常态化、多元化和制度化。二是社会组织要以服务为导向，以多元主体的实际需要为中心，以开展项目合作为抓手，

充分利用社会组织的专业化平台，通过打造多层次的合作格局，为多元主体提供个性化、务实的服务，并探索建立合作利益分享机制，使之真正为研究生教育服务。社会组织通过与其他主体之间建立的务实合作，在政府与研究生培养单位、研究生培养单位和用人单位等之间扮演着桥梁和纽带的重要角色。

社会组织一定要发挥自身的专业性，才能更好地实现自身的发展。这种专业性，一方面来自人员队伍的专业性，另一方面是源于专业的技术。如果做得不专业，那么就没有公信力，也就无法生存下去。（受访者24）

服务是社会组织的一个基本职能。社会组织只有在服务中才能得以生存和发展。其实，社会组织可以服务的对象和途径很多。目前，A学会服务政府的内容相对多一些，服务个人会员和社会的内容与方式比较少。特别是我国的社会组织与培养单位的合作内容和形式都比较少。今后社会组织应该着重考虑如何与培养单位、企业用人单位等更好地开展合作的方式和途径。（受访者25）

学会的主要职责就是会员。为个人会员提供的服务主要包括提供信息和平台。同时，可以为会员的成长和发展，以及展示自己的更高层面提供机会，包括推荐个人会员为高级会员，成为学会理事等。（受访者2）

（四）统筹优化顶层设计，构建系统扶持机制

当前，我国社会组织的发展整体还处于成长期，在社会公共事务中的作用还未得以完全凸显。有效发挥社会组织在研究教育治理中的作用，需要统筹优化社会组织的顶层设计，构建系统的扶持机制，使之朝着更好的方向发展，才能更好地为我国研究生教育治理

服务。统筹优化顶层设计，既需要社会组织统筹优化内部的顶层设计，更需要政府从外部层面发力，统筹优化对社会组织的顶层设计。社会组织加强自身的顶层设计，就是要从我国国情的实际出发，以独立性为前提，以专业性为引领，以分离自主模式为核心行为模式，不断扩大自身在研究生教育治理中的作用。

就政府而言，统筹优化社会组织的顶层设计，一是要加强有关法律法规和制度建设，为社会组织的健康发展提供法制保障。为推动我国社会组织的法制化和规范化建设，政府应以建立政社分开、权责明确、依法自治的现代社会组织体制为目标，加快顶层制度设计的步伐。相关法律法规和制度的设计，既要规范社会组织的登记和管理等内容，也要明确政府购买服务等具体改革举措。二是要采取明确措施加大扶持力度，培育社会组织的健康发展。政府应积极简政放权，完善公共服务的市场化机制，以外包、合作、购买等市场行为模式寻求公共服务供给。公共服务的市场化推进，可以大大减轻政府的负担，有效发挥组织的功效，有助于提高研究生教育服务的整体供给水平。为了保证研究生教育服务供给上的数量和质量，政府要积极转变职责，将政府部门不宜行使、适合市场和社会提供的研究生事务性管理工作，通过委托、购买服务等方式交由社会组织承担，逐步扩大政府向社会组织购买研究生教育服务的范围和规模，使政府部分管理职能让渡给有资质、有能力承担的社会组织，扩大社会组织的自主权和参与权，实现政府在研究生教育治理中的有所为，有所不为。

今后政府可以适当地放开一部分市场，让社会组织参与其中。现在很多没有任何官方背景的社会组织，要想参与到研究生教育治理活动当中来，是非常困难的。重点扶持一定数量的民间性社会组织，应该是今后推动社会组织发展的一项重点工

作。（受访者27）

目前第三方机构未被充分认可，自身生存比较艰难。多数地方政府知道、了解相关政策，但是支持第三方组织发展者不多。同时，第三方的市场空间非常小，完全没有政府机构那样大的影响力。今后政府要加大对第三方组织的扶持力度，帮助其营造良好的生存和发展空间。（受访者22）

社会组织只要把活练好了，把技术练好了，社会组织参与研究生教育治理活动真的没有问题。社会发展的必然需求在这里，而且我又不求占领所有的市场，我的能力有限，你让我接多了，我还干不了呢。我就把我能吃下的这盘菜吃下就好了，吃准就好了。以后随着政府把市场放开，必然会淘汰一部分。（受访者21）

今后政府一方面可以通过购买社会组织的服务，来扶持社会组织的发展。另一方面，政府还可以将一些事务委托给社会组织，或采用市场的机制，以招投标方式进行运作，促进社会组织的发展，政府只需要做好评估工作。（受访者18）

（五）改进外部监督体系，建立科学评估机制

在当前和今后一个时期，社会组织主动服务我国研究生教育发展，是我国研究生教育治理的重要方向。有效发挥社会组织在研究生教育治理中的咨询、建议、服务、监督、监测和评价等功能，既需要社会组织的积极主动作为，更需要政府建立科学的评估机制，构建完善的外部监督体系。一是要建立政府多部门联合的多维度、多层面监督体系。政府部门要充分扮演社会组织发展的监督者和规范者角色，以引导社会组织在研究生教育治理中发挥更加积极的作用。二是建立社会组织信息公开制度。社会组织的信息公开要充分利用现代信息技术，特别是大数据技术，整合

全国社会组织的相关信息资源，规范社会组织信息公开的机制，打造公开透明的社会组织运行机制，有效发挥政府和社会的监督与制约作用。特别是要加强对社会组织的工作报告、财务、项目活动等基本信息通过一定的途径进行公开。同时，要着重推进社会组织诚信体系建设，通过建立制度化的社会评价、失信惩戒、"黑名单"等信用管理体系，把社会组织的信用建设装入制度的笼子。三是政府、研究生培养单位等要对社会组织在研究生教育治理中的主动行为进行科学评估。政府、研究生培养单位等通过对社会组织提供的主动服务进行科学有效的评估活动，能够有效确保服务的适切性和有效性。这一机制的建立，能够促使社会组织不断提高自身的治理能力与水平，满足多元主体的实际需求，推动社会组织得以长久发展。

"管办评"分离就是要解决政府履职的问题，即政府是要直接管理，还是下放权力给社会组织。政府应该加强宏观管理和监督，包括制定一系列的制度和政策。只要社会组织在政策允许范围内，就让它们自由开展活动。（受访者20）

今后，政府工作的重心是如何监督好社会组织。也就是要加强事前制度建设，事后监督和问责，而不是什么事都去管。（受访者13）

第三节　分离自主模式下社会组织自身能力建设的路径

社会组织是我国研究生教育治理的重要主体之一。社会组织自身治理能力建设的程度和水平，是制约社会组织自身生存和发展的关键，也是影响我国研究生教育治理体系和治理能力现代化的重要因素。在推动我国研究生教育事业的长久发展，加快推进研究生教育治理体系和治理能力现代化进程中，必须不断加强社会组织自身治理能力建设，持续提升社会组织的治理水平。为此，社会组织既要完善内部治理结构、加强自身公信力建设，也需要明晰与多元主体之间的关系，更要增强自身核心能力建设。

一　以创新驱动为基础，完善自身内部治理结构

创新是一个民族发展的不竭动力和重要源泉。社会组织作为研究生教育治理的重要主体之一，要在研究生教育治理体系和治理能力现代化的过程中发挥重要作用，必须以创新驱动为动力，不断完善内部治理结构。一是应以创新思维为出发点，不断完善组织内部机构，并根据需要不断调整机构设置，以提升社会组织适应我国社会经济发展的需要和研究生教育事业发展新形势、新要求的能力。二是以创新组织管理形式为突破口，注重加强内部机构管理的科学性和规范性，注重将顺机构内部及各机构之间的关系，以顺应研究生教育治理主体多元、活动多样、路径多变的新趋势，形成高效协调的运行机制，构建多部门参与、协同高效的创新治理格局。三是应以创新组织内部管理制度为重点，在完善组织章程的基础上，推进民主决策制度、信息公开制度、财务制度和监督制度等各项规章制度建设，以建立促进社会组织良性运行的体制机制。特别是要注重加强理事会的建设，突出理事会在组织内部的地位和作用。四是应以创新组织内部的监督机制为根本，积极组建并不断完善监事会体系，注重发挥其监督和问责的作用，在社会组织内部形成有效的权力相互制约与监督机制。

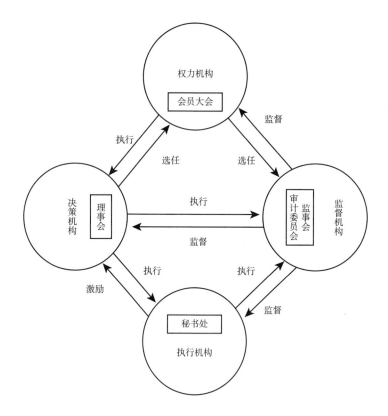

图 6－2　完善的社会组织内部治理结构

二　以深化改革为核心，强化自身的公信力建设

公信力是社会组织建设的核心要素，也是衡量和评价社会组织建设成效的重要指标与依据。它是社会组织在形成公共权力、履行其职责过程中基于自身信用所获得的社会公众的认可程度和信任程度。[①] 从社会组织的角度讲，公信力是其赢得政府和社会信任与支持的能力及程度，反映的是社会组织自身的信用水平；从利

---

① 陈静：《基于社会信任的研究生教育第三方评估机构公信力建设研究》，《学位与研究生教育》2016 年第 7 期，第 25～29 页。

益相关者的角度讲，社会组织的公信力是其对社会组织的信任和支持程度，反映的是利益相关者对社会组织信守承诺的心理期待。①当前，我国研究生教育正处在深化综合改革的关键期和攻坚阶段，充分提升社会组织的公信力，应着重从以下三个方面入手。

一是改革专业化队伍建设机制。社会组织要积极吸纳优秀的、长期从事研究生教育研究与管理的人员加入本组织当中来，不断扩大社会组织的成员数量，持续完善组织成员结构，提升社会组织的专业化水平。

> 社会组织是人的组织，要吸纳哪些人加入社会组织当中？这其中既包括领导人，也包括成员。社会组织要完善学术骨干队伍建设，要多元化，吸纳社会各界人士，培养研究生不仅是教育领域的事，研究生教育已经深入社会各界。如果社会组织的成员也有社会各界人士的加入，就可以使信息的流通更加顺畅，这样既有利于培养单位了解社会的需求，也能形成研究生教育与社会的互动。因此，社会组织要包括四类成员：学术骨干、实践管理部门、从事研究生教育的其他学科门类的专家、研究生的社会服务部门（用人单位）实践基地等。使得我国研究生教育的学术有机构成更加科学合理，以实现我国培养的研究生可以更好地满足社会发展需要，而不是把自身孤立起来，在象牙塔里面培养研究生。（受访者7）

同时，加强社会组织专业化队伍建设，需要对现有成员进行科学管理，以凝聚成员智慧，打造更加专业化的组织队伍。此外，要

---

① 姚锐敏：《困境与出路：社会组织公信力建设问题研究》，《中州学刊》2013 年第 1 期，第 62 ~ 67 页。

注重对社会组织的管理人员在专业知识、专业技能等方面的培训，加大对管理人员综合能力的考核，以切实提升管理人员的专业素养、专业品质和职业道德，提升管理人员的服务意识和服务水平。

> 今后积极发展第三方机构，服务型、专业化的社会组织的发展空间将会非常广阔。因此，社会组织要发挥更大作用，必须加强专业化队伍建设。能力建设也好、内涵建设也好，最终落脚是在专业队伍建设上。因为，社会组织的专业化建设水平从一个侧面来说，就是人的专业化。（受访者7）

二是加强信息公开的透明度。社会组织加强信息公开的透明度，既需要社会组织的管理者提升信息公开的意识，充分认识到信息公开对于提升社会组织公信力建设的重要性和必要性，也需要社会组织不断完善信息公开的途径。社会组织既要充分利用网络、公众媒体、新闻发布等平台强化信息公开，也要积极构建自身的常态化数据信息发布平台。同时，社会组织要健全内部激励和评估机制，以确保信息公开的及时性和准确性，保障利益相关者对社会组织活动的知情权和监督权。

三是强化行业自律制度的建设。在当前我国深入推进"管办评"分离的社会背景下，社会组织不仅要积极主动作为，更要在国家现有的法律法规下，加强自律制度建设。在当前和今后一个时期，社会组织加强行业自律制度的建设，特别是要注重加强自身的人事制度、业务制度、财务制度、审计制度的建设，不断完善内部监督制度，建立健全监事会制度，以确保自身行为的合规、合法。

> 随着我国经济社会发展的需要，以后更多的社会组织要走向独立。监事会成立的目的就是学会加强自身建设、管理，减

少政府对社会组织的监管。今后一个时期，我国研究生教育将逐步实现从完全由政府管理，政府和社会组织共同管理，向社会组织自我管理的转型发展。（受访者6）

三　以"管办评"分离为目标，明晰与多元主体关系

社会组织参与研究生教育治理体现了研究生教育由单一相度的自上而下改革走向"自上而下与自下而上"相结合的变革趋势，呈现了研究生治理多元主体之间平等、互动的伙伴关系。在教育治理体系中，国家机关、社会、公民不是对立对抗关系，而是致力于共赢善治的联动合作关系。[①] 充分发挥社会组织在研究生教育治理中的作用，需要在现代治理理念的指引下，以推动研究生教育领域的"管办评"分离为目标，构建社会组织与政府、培养单位等之间的新型合作关系。对社会组织而言，就是要本着客观、公正、独立的原则，为政府、研究生培养单位等提供服务，帮助政府解决好研究生教育治理中政府管不了、管不好和不该管的事务。社会组织一方面要建立健全自主管理、自主决策的管理机制和运行机制，以保证自身行为的独立性，减少政府对自身的约束力和控制力。同时，社会组织要建立服务协助机制，加强全方位的对话交流，协调服务过程中遇到的各种问题。另一方面，社会组织在参与研究生教育治理过程中要明晰与政府、研究生培养单位之间的权力关系，划分彼此之间责权边界，真正做到各主体各司其职、各行其是，以真正实现研究生教育治理体系和治理能力现代化。社会组织承担教育督导评估、决策咨询、信息管理、考试认证、资格评审等功能，提

---

① 褚宏启：《教育治理：以共治求善治》，《教育研究》2014年第10期，第4~11页。

供管理咨询、监督和评估服务，为政府决策提供参考，为高校改进教学提供依据，为社会监督提供信息来源。[①]

　　近年来，政府简政放权的力度在不断加大，为学会等组织的发展提供了空间。但是，长期以来我国的学会对政府的依赖性比较大，很多学会都有政府背景，甚至就是政府下属的单位。今后，我国的社会组织要摆脱对政府的依赖，和政府处理好彼此的关系，划定好各自的权力和责任。（受访者25）

　　在我国，很多学会的主要领导都是主管部门委派或指定的。学会相关活动都需要得到主管部门的支持。一位刚到任的某学会领导，之前与其工作过的多位主管部门人员就表态将全力支持其工作。（受访者28）

四　以提升服务为根本，不断增强核心能力建设

　　社会组织自身能力的高低，是决定其能否参与研究生教育治理，以及参与程度的关键性因素。社会组织参与研究生教育治理的能力是指，社会组织通过获取各种资源并利用这些资源为研究生教育服务的能力，其中决策能力、资源获取与整合能力、管理能力、协调能力和知识能力等是核心能力（见图6-3）。决策能力反映了社会组织内部的执行力与领导力。资源获取与整合能力体现了社会组织获取和内化人力、财政等资源的能力和水平。管理能力体现的是社会组织内部运行机制，它由选举机制、执行机制、财务和信息管理制度等各种规章是否存在及执行情况衡量。

---

　　① 周海涛：《高等教育"管办评分离"的缘由与路径》，《国家教育行政学院学报》2014年第3期，第3~8页。

协调能力是指社会组织与外部力量合作、协调彼此关系的能力，由政社关系的和谐程度、委托合作项目数等因素衡量。知识能力是指社会组织的专业化和创新情况，它由社会组织的专业化程度和水平、创新机制等来衡量。

　　社会组织自身的能力建设非常重要，特别是应在社会沟通能力、国际化沟通能力、能否为导师沟通的能力上提供服务等方面加强自身能力建设，以更好地在研究生教育治理体系中发挥作用。（受访者9）

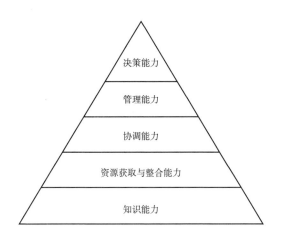

图6-3　社会组织参与研究生教育治理的核心能力框架

　　目前，我国社会组织的能力与现实和长远需求相距较远，需要社会组织以创新的思维不断增强自身能力建设。

　　一是要建立健全内部的各项管理制度，强化科学决策机制，尤其是要注重加强行业自律和自身自律的能力建设。社会组织行业自律建设的进程、质量和水平，不仅仅直接影响到社会组织自身信用体系建设的进展，而且对于转变政府管理方式，完善市场经济体

系，促进社会和谐发展等都具有十分重要的意义。社会组织加强制
度建设，一方面要依照法规政策和章程建立健全法人治理结构和运
行机制等制度安排，完善民主选举、民主决策和民主管理机制；另
一方面，要推进信息公开平台建设，并通过平台及时发布年度报
告、公开相关数据等内容，向社会公布自身有关的财务、制度等信
息。建立健全内部监督保障机制，加快建立和完善社会组织的监事
会等内部机构，构建责权明晰、制衡有效的内部运行机制。在访谈
中，无论是 A 学会的管理者还是 A 学会的高级会员都提及制度建
设对于社会组织建设和发展的重要性。

> 在当前我国社会环境下，学会等学术性社会组织的发展更
> 多的是依靠学会领导人的作用；今后要加强制度建设，形成一
> 种传统和文化。要发展，首先要加强制度建设，完善一切制
> 度，包括会员制度、评价制度、服务制度、交流制度等，有节
> 奏有计划地推进制度建设。(受访者6)

> 目前，学会建立严格的入会制度，要想成为学会的会员并
> 不是特别容易。一方面，学会采取申请制，申请人要有相关的
> 研究成果，或者热爱研究生教育事业。另一方面，需要由专家
> 组成员对申请加入的会员进行筛选和确定。(受访者24)

二是社会组织应不断增强对公共需求的敏感性，提升为公众服
务的质量。为此，社会组织要不断创新研究生教育服务供给机制，
以更好地在承接政府转移职能、提供社会服务、反映社会公众诉求
方面发挥更加积极的作用。创新研究生服务供给机制，既要社会组
织围绕国家重大战略、社会经济发展需要和我国研究生教育的现实
问题，为政府和研究生培养单位等提供多样化的服务。同时，社会
组织也需要积极主动作为，以自身的专业化能力，在咨政建言、理

论研究、社会服务、国际交流等方面发挥积极作用，为推动我国研究生教育事业发展贡献自身的力量。

　　社会组织具有对外服务的功能，如果自身专业化能力不足，其作用发挥将会受到限制。因此，社会组织今后要针对研究生教育的现实需求，加强专业化能力建设。(受访者7)

　　专业化是学会类学术组织的一个非常重要的特征，如果没有专业化，社会组织就没法发挥自己的作用，它也就没有存在的意义和吸引人的地方。今后第三方机构的发展有两个方向：一是满足社会需求，提高信誉和影响力；二是关注政府的需求。因此，第三方机构要积极主动服务，提高评价的科学性、信誉性和权威性，处理好经济效益与社会效益，要加大宣传力度。(受访者26)

第四节　分离自主模式下多元主体和谐关系构建的维度

加快推进我国研究生教育治理体系和治理能力现代化，建设研究生教育强国，是新时代我国研究生教育事业发展的目标。为此，它既需要社会组织的积极主动作为，也需要政府、研究生培养单位、社会等多元主体的共建，才能最终共享研究生教育治理带来的诸多红利。

一　多元主体以协调思路助推社会组织长久发展

社会组织作为我国研究生教育治理的重要主体之一，在研究生教育治理中发挥着重要作用。充分调动社会组织在研究生教育治理中的积极性和主动性，推动我国社会组织的长久发展，需要多元主体以协调发展为思路，以提高研究生教育质量为目标，共同支持社会组织的建设和发展。以协调的思路加快推进我国社会组织的建设，既要强力推进官办社会组织与行政机关脱钩，加快专业性行业协会、学术团体等社会组织的建设，也应积极鼓励和培育社会组织的独立发展，构建多元化的发展道路。以协调的思路发展我国社会组织，就是要协调政府、培养单位、社会之间的利益关系，构建符合我国社会发展实际，具有中国特色的社会组织培育、扶持和发展的体制机制，使社会组织在我国研究生教育及整个教育现代化进程中发挥重要作用。为此需要多元主体不断转变观念，在思想上接受社会组织的作用，在政策上支持社会组织发展，在体制上吸纳社会组织参与研究生教育治理，在行动上推动社会组织参与研究生教育治理，以激发社会组织活力，促进社会组织参与到研究生教育治理的活动当中来，提升社会组织服务研究生教育的能力和水平。以协调的思路建设和发展社会组织，加大对社会组织的规范和引导，使其在研究生教育治理中能够发挥积极作用。

二　政府以服务为动力深化研究生教育治理改革

政府是制约社会组织参与研究生教育治理程度和水平的关键要素和主要力量。有效发挥社会组织在研究生教育治理中的作用，政府既需要转变职能，积极发挥自身的"元治理"作用，也需要持续完善社会组织管理制度建设，更需要不断探索购买研究生教育服务的体制机制。

（一）积极发挥政府的"元治理"作用

治理理论强调治理主体的多元化，即形成政府、社会组织、研究生培养单位等多中心的治理体制。但是，就当代中国教育治理的现实而言，政府教育管理职能存在微观干预多于宏观管理、计划导向的强制执行多于市场导向的问责、治理理念的公平取向多于效率取向等特征。[1]在深化研究生教育综合改革的过程中，发挥政府的"元治理"作用，就是强调政府是研究生教育发展的规划者、研究生教育标准的制定者、研究生教育资源的供给者、研究生教育质量的监督者等。政府在研究生教育治理中扮演的角色由微观管理者转向宏观管理者，由"划桨者"转向"掌舵者"，由"运动员"变成"裁判员"。发挥政府在研究生教育宏观管理方面的宏观主导、协调作用，就是要求政府在完善研究生教育政策体系、财政体制，构建研究教育治理结构和公共服务体系等方面有所作为。特别是在顶层设计和资源配置方面，政府要发挥决定性作用。

政府在研究生教育治理中发挥"元治理"的作用，还需要构建合理、有效的权力分配和制衡机制。政府构建研究生教育权力分配机制，要以"管办评"分离为突破口，以确权、分权、放权、让权为核心，规范研究生教育治理秩序。政府在研究生教育治理中进行确权，就是要对研究生教育中涉及的权力进行整理和分类，根据权力的类别和属性，确定权力所属的主体。

在"管办评"分离的背景下，政府的真正作用不再是实施具体的评估活动，而是要发挥自身的监督和评价作用，确保社会组织、市场评价的客观性和公正性，应该"管"这些宏观事务。政府不能既当运动员，又当裁判员。(受访者8)

明确各主体的权力归属，是实现各方有效参与研究生教育治理的基础和前提。确权就是划分研究生教育治理中各主体之间的

---

[1]　吴景松：《政府职能转变视野中的公共教育治理范式研究》，华东师范大学博士学位论文，2008，第37～45页。

权力边界，明确彼此的权责关系。分权就是政府依据权力所属主体，将其权力分配给与之相匹配的组织或主体，以规范研究生教育治理秩序，厘清研究生管理部门、人事部门、编制部门等不同部门之间的权责关系。所谓放权，就是要求政府把本属于省级研究生教育部门和研究生培养单位的权力下放给它们，以扩大省级教育部门的统筹权，发挥研究生培养单位的自主办学和内部治理主体的作用。所谓让权，就是政府向社会组织等让渡权力，以改变政府和教育行政部门权力过于集中的局面，调动社会组织参与研究生教育治理的积极性和主动性。与此同时，政府也要完善各项监督制度，建立主体明确、权责清晰、相互制约、执行有力、接受监督的研究生教育权力制衡机制，以确保各项权力得以有效发挥。

（二）持续加强社会组织管理制度建设

制度建设是实现社会组织长久发展的根本性、全局性、稳定性、长期性问题。从制度设计的角度，构建完整、系统、规范的制度体系，是提升社会组织活力，推动其持续健康发展的重要保障。在我国研究生教育治理过程中，政府应以改革创新的精神不断完善社会组织的管理制度，以促使其在我国研究生教育治理中发挥积极作用。为此，政府要在以下两个方面发力。

1. 加强制度建设，制定准入门槛

提高社会组织参与研究生教育治理水平，需要政府尽快制定社会组织参与社会研究生教育治理的门槛，积极扶持和培育相关社会组织的健康发展，增强社会组织的服务功能。同时，政府要通过配套完善的财政支持政策、税收政策及人才政策，以助推社会组织的持续发展。政府在制度设计过程中要坚持顶层设计和实践探索相结合、整体推进和重点突破相促进的原则，在凝聚共识、统筹谋划、协同推进的基础之上，提高制度制定的科学性和有效性。

2. 改革监督机制，强化宏观管理

为推动我国社会组织的长久发展，政府应以加强对社会组织行为的规范和监督为重点，保障社会组织行为的合理、合法和合规，维护社会组织的正当权益，提高社会组织在研究生教育治理中的成效。对社会组织的监督要实现由过度监管向适度监管、由限制性监管向激励性监管、由单一监管向多维监管、由前置监管向后置监管的转变。[①] 在研究生教育治理过程中，政府只有不断改革和完善社会组织参与研究生教育治理的宏观管理制度，提高"放管服"水平，才能不断激发社会组织的活力和动力，推动社会组织真正成为研究生教育治理的参与者，研究生教育服务的提供者、多元主体利益的维护者。只有这样，才能真正形成政社分开、权责清晰、依法自治的研究生教育治理体系。

（三）加快社会组织参与研究生教育治理的法制化建设

加快社会组织参与研究生教育治理的法制化建设，是保障社会组织在研究生教育治理中有所作为的基础和前提，也是依法治国的现实需要。法治建设的稳步推进，为社会组织的培育与发展提供了有效的制度保障。[②] 近年来，在国家出台的一系列教育综合改革的文件中，都突出强调了社会组织的地位和作用，各省也针对社会组织参与教育治理开始出台具体的政策。北京市教育委员会、北京市人民政府教育督导室在 2016 年 6 月印发了《北京市人民政府教育督导室关于委托第三方机构开展教育评估监测工作暂行办法》。这一文件对第三方机构参与教育评价过程中的资质、委托范围、委托内容的监督和评价等进行了详细规定。如山东省为着力规范第三方

---

① 马庆钰：《"十三五"时期我国社会组织发展思路》，《中共中央党校学报》2015 年第 2 期，第 58~64 页。

② 范和生、唐惠敏：《社会组织参与社会治理路径拓展与治理创新》，《北京行政学院学报》2016 年第 2 期，第 90~97 页。

评价的范围、内容、程序，建立健全第三方评价的政策体系和体制机制，在 2016 年 9 月出台了《山东省第三方教育评价办法（试行）》。但是总体而言，目前我国相应的法律法规和制度，还缺乏对社会组织参与研究生教育治理的形式、方法、结果评价等内容进行明确界定和规范。

为适应我国研究生教育事业发展的长久需要，推动研究生教育治理体系和治理能力现代化建设，必须以依法治国为根本，加快社会组织参与研究生教育治理的相关法律法规建设进度，加强建设力度。有关法律法规的制定，要彰显研究生教育本身的特性和研究生教育治理利益相关者的合法性。相关法律法规应明确界定社会组织在研究生教育中的地位，明晰各主体之间的权责边界，为社会组织在研究生教育治理中有所作为提供法律和制度保障，以实现我国研究生教育治理的科学化、规范化和法制化。

> 我国的法律，特别是《中华人民共和国高等教育法》没有规定政府要干什么，只规定了党委领导下的校长负责制。政府和社会组织的权力界限不清楚。为此，国家的法律要规范政府的行为。政府要依法行政，法律当中规定了什么，政府就应该做什么，没有规定的就不能做。（受访者8）

（四）不断完善政府购买教育服务机制

现代政府的一个重要角色就是为社会公众提供充分、优质的公共服务。这是政府行为的起点，也是其运行的归结点。在研究生教育治理过程中，政府向社会组织购买教育服务，不是政府责任的转移，而是政府教育供给方式和机制的转变，是政府为了向社会公众提供更加优质的研究生教育服务，将部分权力让渡给专业化的社会组织。政府不断加强购买研究生教育服务机制，一是要转变观念，积极引入社会组织提供的优质服务。目前，我国在基础教育阶段，部分地区在政府购买服务方面已经取得了很好的经验，值得我们借鉴和学习。二是要完善委托和市场竞争方式的程序和机制，以选择更好的社会组织作为研究生教育服务的供给者。三是加强对社会组织承接研究生教育服务资质的认定、行为的监督和绩效评价等。特别是政府要通过契约的方式，规范与社会组织之间的权责关系。政府购买公共服务的关键因素是相关主体（包括政府、社会组织、公民）之间是否在契约基础上建立了清晰明确的责任关系，这种在契约关系基础之上的责任关系，是连接服务购买者、服务生产者和服务对象的纽带。[①]

三　培养单位以开放姿态增强社会组织参与度

开放是推动研究生教育持续健康发展的内在要求，也是保持研究生教育活力的重要因素。研究生培养单位作为研究生教育内部质量保障的主体，只有坚持开放的姿态，积极吸纳社会组织有效参与内部治理活动，才能真正提升研究生培养质量，推动研究生教育走内涵式发展道路。研究生培养单位以开放的姿态增强社会组织的参与度，需要研究生培养单位积极转变观念，不断解放思想，开拓创新，以积极主动的发展战略眼光，吸引和鼓励社会组织参与本单位研究生教育的各个环节，实现互惠共赢的局面。研究生培养单位以开放的姿态吸引社会组织参与研究生教育治理，就是要发挥好社会组织的专业化优势，以委托、合作等多样化的形式，让社会组织从研究生招生、培养过程到就业等诸多环节，全景式参与研究生教育治理活动。只有这样，才能真正促进培养单位的持续健康发展，有

[①]　王浦劬、〔美〕莱斯特·M.萨拉蒙等：《政府向社会组织购买公共服务研究——中国与全球经验分析》，北京大学出版社，2010，第35页。

利于其全面深化研究教育综合改革，推动研究生培养单位不断提高研究生教育教学质量。

同时，以开放的姿态吸纳社会组织参与本单位的研究生培养，还需要研究生培养单位加强自身信息公开的力度，提高研究生教育工作的透明度，以回应社会关切，主动接受社会的监督。为此，研究生培养单位要按照国家要求，一方面要主动公开研究生招生、学科专业设置、重点学科建设、研究生奖助学金制度、研究生导师队伍基本情况、就业等相关信息，以便于社会工作者及时全面地了解本单位的研究生教育状况。另一方面研究生培养单位也要建立及时公开制度，完善年度报告制度，并建立信息公开平台，以保障社会公众的知情权、参与权和监督权。

四 社会以共享为目标培育研究生教育治理文化

研究生教育治理既包含正式的制度和规则，也包括非正式制度安排，是刚性的制度管理与柔性的文化约束二者相结合的产物。作为非正式制度安排的文化，既是协同也是引领，具有深厚的管理意蕴；既洋溢着管理的理性，也包含着寓情于管、以情助管的人文精神。[①] 在研究生教育治理中，充分发挥社会组织的积极作用，既需要加强制度建设，也需要积极培育良好的研究生教育治理文化。一是在全社会营造和培育社会参与研究生教育治理的文化氛围。加强对社会组织正面作用的大力宣传，特别是强化社会组织服务研究生教育治理功能传播，提高社会公众对社会组织的认可度。社会组织参与研究生教育治理的过程，也是社会组织为研究生教育服务的过程。而社会组织参与研究生教育治理的重要表现就是来源于服务力

---

① 张志刚：《第三方文化：社会组织有效参与社会治理的精神支撑》，《大连理工大学学报》（社会科学版）2014 年第 3 期，第 108～112 页。

等文化。二是要打造以多元主体参与为平台，以扁平化的组织网络为特征，各利益相关者双向甚至是多向的互动机制，推动建立和谐的对话和沟通交流关系。特别是民主文化和平等文化，是社会组织参与研究生教育治理的精神条件和规范尺度。

> 社会是社会组织成立的主体，应该更加关注研究生教育的发展，社会对社会组织有非常大的需求。但是，目前对社会组织发展给予关注的主要是社会组织内部成员，而社会关注度不够。今后社会也要对社会组织给予更多的关注，对第三方关注得越多，相关监管机制也就更加健全。（受访者2）

当前，我国研究生教育事业发展迈入新时代。为此，我们必须深刻理解研究生教育治理的内涵，准确把握研究生教育治理的时代特征，以分离自主模式作为社会组织在研究生教育治理中有所作为的理性行为模式，构建社会组织、政府、研究生培养单位、社会等多元主体之间的和谐关系，才能适应我国经济社会发展和研究生教育发展的新常态和新趋势，加快推进我国研究生教育治理体系和治理能力现代化，实现我国建设研究生教育强国的目标。

第七章　研究结论

一　研究结论

研究生教育治理体系和治理能力是国家治理体系和治理能力的重要组成部分。为此我们要充分发挥政府、社会组织、研究生培养单位等多元主体的共同作用，围绕研究生教育治理体系建设、研究生教育治理能力提高，深化研究生教育领域综合改革。但是，我国社会管理长期处于强政府、弱社会的局面，社会组织在我国研究生教育治理中的作用并未凸显。因此，如何充分调动社会组织在研究生教育治理中的积极性和主动性，明晰社会组织在研究生教育治理中的目标定位、内容分类、行为方式选择、绩效评估等，成为加快推进我国研究生教育治理体系和治理能力现代化建设的一项重要政策议题。

本书运用公共治理理论、组织理论、利益相关者理论和博弈理论，采用文献研究法、比较研究法、访谈调查法、案例分析法等质性研究方法，对社会组织在研究生教育治理中的行为进行了深入系统研究，得出如下研究结论。

（一）社会组织是研究生教育治理的重要主体之一

在研究生教育治理中，社会组织与政府、研究生培养单位等研究生教育治理主体共同构成了治理的权力结构，它们通过权力的博弈，实现权力的配置。在研究生教育治理中，社会组织的主要工作包括研究生教育政策的倡导、调研、咨询与建议，研究生教育质量的监督、监测和评价、研究生教育文化的塑造等。

（二）委托－代理模式、松散关联模式和分离自主模式是社会组织在研究生教育治理中行之有效的基本模式

其中，委托－代理模式和松散关联模式是政府或研究生培养单位为适应研究生教育综合改革发展需要进行的一种自上而下的改革行为。分离自主模式是社会组织为了推动研究生教育综合改革而采取的主动行为，它是社会组织的一种自下而上的改革行为。研究生教育综合改革只有自上而下与自下而上改革模式的有机结合，才能真正推动我国研究生教育的综合改革，进而实现我国研究生教育治理体系和治理能力现代化。

（三）美、英、法三国社会组织在本国研究生教育治理中的行为方式既有自身特征，也有诸多共性

从治理视角来看，美国研究生教育治理体制可以归结为分散化的协调型，社会组织在其中发挥着主导作用，是研究生教育治理的核心力量；英国是缓冲型的治理体制，社会组织与其他力量共同参与研究生教育治理活动；法国则是控制型的治理体制，具有官方背景的社会组织在研究生治理中独立开展活动。由于这些国家的行政体制不同，导致这些国家的社会组织在研究生教育治理中的地位与作用有所差异。同时，美、英、法三国的社会组织，在参与研究生教育政策制定、提供教育信息服务、开展咨询服务、实施质量评估等方面，又有诸多共性。

（四）我国社会组织在研究生教育治理中发挥了重要作用

近年来，中国学位与研究生教育学会和中国高等教育学会等社

会组织，不断开拓创新，积极适应我国经济社会和研究生教育事业发展的需要，以加强研究生教育研究、主动发挥参政议政职能、开展第三方评价、创新研究生教育治理手段等途径，为推动我国研究生教育治理体系和治理能力现代化做出了积极贡献。随着我国研究生教育事业发展进入新时代，我国社会组织在提升自身组织能力、打造研究生教育智库、增强服务能力及扩大国际影响力等诸多方面面临着挑战。

（五）社会组织在研究生教育治理中有所成就，既需要社会组织的主动作为，更需要与多元主体构建良性的互动机制

推动社会组织在研究生教育治理中有所成就，需要政府积极转变职能、简政放权，充当好研究生教育政策和研究生教育质量标准的制定者、研究生教育资源的分配者、研究生教育评价的监督者的角色，实现由直接管理向间接管理、由管理型政府向服务型政府转变。研究生培养单位要以开放的姿态，利用社会组织的专业特性，与社会组织加强合作。社会要营造良好的外部环境，积极培育社会组织参与研究生教育治理的优秀文化。

随着我国加快推进治理体系和治理能力现代化，研究生教育治理也面临着体系重构的局面。在公共治理框架下，社会组织作为研究生教育治理的重要主体之一，只有与其他多元主体通过民主协商、共同合作、主动服务等方式，共同构建研究生教育治理体系，才能真正捋顺政府、社会组织与培养单位之间的关系，形成主体清晰、权责明确、相互监督的治理格局。我国社会组织在研究生教育治理中的行为，独立自主是基本前提，主动服务是核心要义，提高自身能力是关键要素。我国社会组织只有从被动走向主动，从控制走向服务，才能真正在我国研究生教育治理体系和治理能力现代化进程中发挥关键性作用。

二　研究的创新点

（一）从社会组织的视角，探讨了研究生教育治理问题

在研究生教育治理中，社会组织、政府、研究生培养单位等共同构成了治理的主体。从社会组织的视角探讨研究生教育治理，需要对社会组织行为的基本内涵进行理论解读，需要对其行为方式从理论角度进行阐释，需要明晰其权力与责任的边界。本书运用治理理论、利益相关者理论和博弈理论等，解析了社会组织在研究生教育治理中行为的学理内涵；探析了社会组织在研究生教育治理中的角色，指出社会组织是研究生治理的主体之一、研究生教育治理活动的平等参与者、研究生教育政策的积极倡导者、研究生教育质量的重要评价者、研究生教育治理文化的重要塑造者。同时，政府的责任和权力是加强宏观管理和监督，培养单位的责任与权力是完善内部治理。政府、研究生培养单位、社会组织三者之间的权力应相互制约均衡，责任边界要清晰明确。

（二）构建了社会组织在研究生教育治理中的三种基本行为模式：委托－代理模式、松散关联模式和分离自主模式

其中，委托－代理模式是指政府、研究生培养单位等利益相关者将原本由自己承担的部分事务以委托等形式，交由社会组织去承担，从而将自己从烦琐的日常事务中解放出来。这一模式下的研究生教育治理活动由委托方和代理方两个独立主体共同完成。松散关联模式是指社会组织在市场机制下，通过政府或研究生培养单位等利益相关者组织的招标活动，参与到研究生教育治理活动当中来。这一模式是以市场化的方式进行有效运作为特征，遵循市场经济的规律和要求，按照商品化的运作方式，为政府或研究生培养单位等利益相关者提供服务，以提高研究生教育质量。分离自主模式是指，社会组织通过自身的一系列积极主动行为，为政府和研究生培

养单位等利益相关者提供有关服务，以参与到整个研究生教育治理活动当中来。本模式突出强调社会组织行为的独立性、自主性和主动性，即社会组织在这一模式下的行为不是消极被动的，而是为了推动我国研究生教育改革和发展主动采取的行为。本书所构建的三种模式，是以社会组织在研究生教育治理中与其他治理主体之间的权责边界为基本出发点，从治理主体、治理方式、治理手段、主体关系等维度进行了模式构建。社会组织在研究生教育治理中的行为模式，体现了多元共治的基本理念，是社会、政府、研究生培养单位等主体之间彼此确权的过程，其实质是其他主体对社会组织参与研究生教育治理的资格与身份的认同。

（三）提出了分离自主模式是我国社会组织在研究生治理中有所作为的理性选择

本书在深入分析国内外社会组织在研究生教育治理中的现实行为基础之上指出，分离自主模式是当前和今后一个时期我国社会组织在研究生治理中有所作为的理性选择。这一模式，是深化我国研究生教育综合改革的时代需求，是全面提高研究生教育质量的必然要求。在分离自主模式下，社会组织既要通过采取完善内部治理结构、强化自身公信力、明晰与多元主体的关系、增强自身核心竞争能力等多项举措持续提升自身治理能力和水平，也需要多元主体构建和谐共治的研究教育治理生态环境。同时，本书以中国学位与研究生教育学会和中国高等教育学会为案例，从它们的产生背景、发展历程、组织结构、运行模式、主要职能等方面，分析了两个学会在我国研究生教育治理中所发挥的作用。本书指出，长期以来，中国学位与研究生教育学会和中国高等教育学会等社会组织在我国研究教育治理体系中发挥了积极作用，究其缘由是我国研究生教育事业发展的现实需要，是政府转变职能、深化制度创新的必然结果，也是社会组织自身优秀品质的直接体现。新时代，我国社会组织在研究生教育治理中也面临着一定挑战。

三 研究的不足

由于缺乏在社会组织工作的实践经验，仅靠相关文献分析和访谈等研究方法获得本书的部分知识，在一定程度上还难以完全支撑对研究生教育管理体制变革的研究。同时，限于知识和时间的原因，本书还存在以下局限与不足。

本书提出了社会组织在研究生教育治理中的三种行为模式：委托-代理模式、松散关联模式和分离自主模式。但是，除了这三种社会组织在研究生教育治理中的基本行为模式，可能还存在其他行为模式。

本书从社会组织的角度探讨了我国研究生教育治理中的相关问题。但是，研究生治理包括多元主体，也包含治理结构、治理功能、治理制度、治理方法和运行体制机制等，如仅仅从社会组织的角度去探讨我国研究生教育治理的治理结构和行为模式等问题，难免存在疏漏与不足之处。

本书提出了社会组织在研究生教育治理中应扮演的角色，指出了其现实困境，并探析了角色缺失的深层次缘由。但是，在"管办评"分离的视角下，本书未从政府和社会的角度对这些问题产生的缘由进行更加深入细致的探讨。

本书以中国学位与研究生教育学会和中国高等教育学会为典型案例，深入分析了我国社会组织在研究生教育治理中的行为方式和运行模式。但是，在我国还有一定数量的独立专业评估机构，在我国研究生教育质量评价中也发挥了一定作用，本书并未选取相关机构作为案例进行深入分析。

本书通过访谈收集到了大量有关我国社会组织在研究生教育治

理中行为方式的材料，但是在文本中并没有完全使用，可能会导致部分重要信息有所遗漏。同时，本书访谈的主要对象是社会组织的会员或主要负责人，缺乏对政府中的社会组织管理人员等相关人员的访谈。

四 研究展望

我国研究生教育综合改革的目标是实现研究生教育治理体系和治理能力现代化，把我国建设成为研究生教育强国。综观国外研究生教育发展历程可以发现，社会组织在美、英、法等国家的研究生教育治理中均发挥着重要作用，成为本国研究生教育治理中不可忽视的力量。从我国研究生教育综合改革的趋势来看，社会组织必将在我国研究生教育治理中占有重要地位，成为我国研究生教育治理的中坚力量。

当前，我国社会发展进入新时代。我国研究生教育事业发展必然要有新理念、新思想、新机遇，也会面临新问题，社会组织在研究生教育治理中的行为也必然会出现新模式，需要对此进行深入研究。

未来，随着我国政府加大"放管服"力度，社会组织在我国研究生教育治理中的作用必将进一步加强。为此，需要对社会组织的领导人产生机制、经费来源、内部管理机制、内外部监督体制等问题进行深入研究，以提升我国社会组织的专业化和规范化能力。

研究生教育治理的主体包括政府、研究生培养单位、社会组织等。今后，政府要进一步完善放权的体制机制，以提高自身的宏观管理能力；研究生培养单位要积极吸纳社会组织等外部力量全面参与本单位的治理活动，以提高自身的治理水平。

参考文献

中文文献

［1］〔美〕安德鲁·德尔班科：《大学：过去，现在与未来》，范伟译，中信出版社，2014。

［2］〔美〕C. I. 巴纳德：《经理人员的职能》，孙耀君译，中国社会科学出版社，1997。

［3］白榕：《治理理论视角下研究生教育质量评价主体的权责分析》，《中国校外教育（理论）》2008 年第 6 期。

［4］〔英〕鲍勃·杰索普、漆燕：《治理的兴起及其失败的风险：以经济发展的论述》，《国际社会科学杂志》（中文版）1999 年第 1 期。

［5］鲍洪杰：《我国政府购买服务模式比较及其机制研究——以四直辖市为例》，《生产力研究》2015 年第 1 期。

［6］北京大学哲学系外国哲学史教研室：《西方哲学原著选读（下卷）》，商务印书馆，1982。

［7］〔美〕彼得·德鲁克：《管理、使命、责任、务实（务实

篇)》，王永贵译，机械工业出版社，2008。

[8]〔美〕彼得·F.德鲁克：《社会的管理》，徐大建译，上海财经大学出版社，2006。

[9]别敦荣：《治理体系和治理能力现代化与高等教育现代化的关系》，《中国高教研究》2015年第1期。

[10]〔美〕伯顿·克拉克：《探究的场所——现代大学的科研和研究生教育》，王承绪译，浙江教育出版社，2001。

[11]茶史俊：《研究生教育制度渐进变迁》，北京大学出版社，2010。

[12]陈春琳：《高等教育治理现代化的逻辑要素及实现路径》，《中国高等教育》2020年第6期。

[13]陈德权主编《社会中介组织管理概论》，东北大学出版社，2014。

[14]陈静：《基于社会信任的研究生教育第三方评估机构公信力建设研究》，《学位与研究生教育》2016年第7期。

[15]陈莲凤：《以社会治理为导向推进社会组织发展》，《福建论坛》（人文社会科学版）2014年第11期。

[16]陈鹏勇：《论现代高等教育多元发展理念的整合》，《高教探索》2015年第1期。

[17]陈晓燕：《论我国公共决策机制的完善》，《湖北社会科学》2007年第6期。

[18]陈一远：《研究生教育治理体系建设论析——来自政治治理理论的启示》，《研究生教育研究》2017年第3期。

[19]褚宏启、贾继娥：《教育治理中的多元主体及其作用互补》，《教育发展研究》2014年第19期。

[20]楚旋：《我国职业教育的治理模式分析》，《职教论坛》2010年第7期。

［21］ 褚宏启：《教育治理：以共治求善治》，《教育研究》2014 年第 10 期。

［22］ 褚宏启：《追寻教育治理的本意》，《教育发展研究》2020 年第 7 期。

［23］ 崔月琴：《转型期中国社会组织发展的契机及其限制》，《吉林大学社会科学学报》2009 年第 3 期。

［24］ 〔美〕丹尼尔·约翰·奥康纳：《教育哲学导论》，宇文利译，中国人民大学出版社，2015。

［25］ 董克难、林敏华：《社会组织分类与行为模式浅析》，《吉林省教育学院学报（下旬）》2015 年第 6 期。

［26］ 范和生、唐惠敏：《社会组织参与社会治理路径拓展与治理创新》，《北京行政学院学报》2016 年第 2 期。

［27］ 范文曜：《高等教育治理的社会参与》，《复旦教育论坛》2010 年第 4 期。

［28］ 范文曜、马陆亭：《高等教育发展的治理政策——OECD 与中国》，教育科学出版社，2010。

［29］ 〔美〕菲利普·库珀：《合同制治理——公共管理者面临的挑战与机遇》，竺乾威、卢毅、陈卓霞译，复旦大学出版社，2007。

［30］ 〔美〕弗兰克·纽曼、〔美〕莱拉·科特瑞亚、〔美〕杰米·斯葛瑞：《高等教育的未来：浮言、现实与市场风险》，李沁译，北京大学出版社，2012。

［31］ 〔美〕弗朗西斯·福山：《什么是治理》，刘燕、闫健译，《中国治理评论》2013 年第 2 期。

［32］ 〔美〕弗里曼：《战略管理——利益相关者方法》，王彦华、梁豪译，上海译文出版社，2006。

［33］ 〔美〕B. 盖伊·彼得斯：《政府未来的治理模式》，吴爱明、

夏宏图译，中国人民大学出版社，2001。

[34] 甘肃省民政厅课题组、沙仲才、袁同凯、建宏、王进财：《社会组织与政府关系模式研究》，《甘肃社会科学》2009 年第 5 期。

[35] 甘永涛：《美国公共高等教育的治理架构与院校教师参与的界面》，《江苏高教》2013 年第 6 期。

[36]〔英〕格里·斯托克：《作为理论的治理：五个论点》，《国际社会科学杂志》（中文版）1999 年第 1 期。

[37] 葛孝亿、唐开福：《社会组织参与教育评价的制度障碍及其突破》，《教育发展研究》2016 年第 8 期。

[38] 耿技、杨斌：《美国研究生院协会》，《学位与研究生教育》1995 年第 5 期。

[39] 顾海良：《中国特色新型智库建设的高校作用与责任》，《中国高等教育》2015 年第 7 期。

[40] 何增科主编《公民社会与第三部门》，社会科学文献出版社，2000。

[41] 贺江群、胡中锋：《参与式治理视角下我国教育政策制定的变革》，《高教探索》2016 年第 10 期。

[42]〔美〕亨利·明茨伯格：《明茨伯格论管理》，闾佳译，机械工业出版社，2010。

[43] 胡娟、李立国主编《大学协会组织研究》，中国人民大学出版社，2007。

[44] 胡伶：《教育社会组织发展与教育行政职能转变》，《国家教育行政学院学报》2009 年第 3 期。

[45] 黄彬：《大学外部治理的法权逻辑与重构路径——基于"管办评分离"的政策视角》，《中国高教研究》2016 年第 11 期。

［46］黄敏、杨凤英：《第三方治理：美国高等教育协会组织的管理职能》，《河北师范大学学报》（教育科学版）2014 年第 3 期。

［47］黄震海：《促进我国社会组织发展的若干思考》，《学术界》2011 年第 6 期。

［48］贾生华、陈宏辉：《利益相关者的界定方法述评》，《外国经济与管理》2002 年第 5 期。

［49］贾西津：《第三次改革——中国非营利部门战略研究》，清华大学出版社，2005。

［50］〔英〕简·埃里克·莱恩：《公共部门：概念、模型与途径（第三版）》，谭功荣等译，经济科学出版社，2004。

［51］江波：《质量保障：从管治到治理——中国特色高等教育质量保障治理体系研究》，《高教发展与评估》2019 年第 3 期。

［52］江小平：《法国研究与高等教育评估机构简介》，《国外社会科学》2009 年第 3 期。

［53］姜德琪：《关于构建城市社区公共服务供给平台的思考》，《湖北社会科学》2009 年第 3 期。

［54］姜美玲：《教育公共治理：内涵、特征与模式》，《全球教育展望》2009 年第 5 期。

［55］金绍荣、刘新智：《非政府组织参与公共教育治理：目标、困境与路向》，《教育发展研究》2013 年第 5 期。

［56］瞿葆奎主编《法国教育改革》，北京人民教育出版社，1994。

［57］瞿振元：《发挥群众性学术社团优势 在推进高等教育现代化进程中建功立业——中国高等教育学会第六届理事会工作报告》，《中国高教研究》2017 年第 8 期。

［58］瞿振元：《建设中国特色高等教育治理体系 推进治理能力现代化》，《中国高教研究》2014 年第 1 期。

[59] 孔令帅、张民选、陈铭霞：《联合国教科文组织全球高等教育治理的演变、角色与保障》，《教育研究》2016 年第 9 期。

[60] 〔美〕莱斯特·M. 萨拉蒙等：《全球公民社会》，陈一梅等译，北京大学出版社，2007。

[61] 〔美〕莱斯特·M. 萨拉蒙：《公共服务中的伙伴——现代福利国家中政府与非营利组织的关系》，田凯译，商务印书馆，2008。

[62] 〔美〕莱斯特·M. 萨拉蒙：《全球公民社会——非营利部门视界》，贾西津、魏玉译，社会科学文献出版社，2002。

[63] 李晶、吴开俊：《嵌入性理论视野下研究生教育治理中的政社关系》，《学位与研究生教育》2020 年第 5 期。

[64] 李敏：《非营利组织与美国研究生教育的改革与发展》，《复旦教育论坛》2005 年第 1 期。

[65] 李明忠：《"治理"视野下的中国高等教育管理架构》，《现代教育管理》2010 年第 6 期。

[66] 李强：《社会组织建设的内在逻辑与未来方向》，《广州大学学报》（社会科学版）2015 年第 2 期。

[67] 李以所：《现代国家治理：西方的经验和教训》，《领导科学》2014 年第 17 期。

[68] 李忠华、单伟峰：《美国高等教育治理体系》，《教育与职业》2014 年第 34 期。

[69] 〔美〕W. 理查德·斯格特：《组织理论：理性、自然和开放系统》，黄洋等译，华夏出版社，2002.

[70] 廖湘阳：《研究生教育发展战略研究》，清华大学出版社，2006。

[71] 刘金良、姚云云：《社会组织的发展路径选择：基于政府购买公共服务的研究》，《辽宁行政学院学报》2011 年第 5 期。

[72] 刘淑珍：《公共治理结构转型背景下的社会组织发展与变革》，《理论学刊》2010年第12期。

[73] 鲁品越编译《社会组织学》，中国人民大学出版社，1989。

[74] 〔英〕路易斯·莫利：《高等教育的质量与权力》，罗慧芳译，北京师范大学出版社，2008。

[75] 路甬祥：《面向社会主义建设需要立足国内培养高级人才》，《学位与研究生教育》1992年第1期。

[76] 〔美〕罗伯特·M.罗森兹威格：《大学与政治——美国研究型大学的政策、政治和校长领导》，王晨译，河北大学出版社，2008。

[77] 〔英〕R.A.W.罗茨：《新的治理：没有政府的管理》，杨雪冬译，《经济管理文摘》2005年第14期。

[78] 〔英〕罗纳德·巴尼特：《高等教育理念》，蓝劲松译，北京大学出版社，2012。

[79] 麻宝斌等：《公共治理理论与实践》，社会科学文献出版社，2013。

[80] 马长山：《NGO的民间治理与转型期的法治秩序》，《法学研究》2005年第4期。

[81] 〔英〕马尔科姆·泰特：《高等教育研究进展与方法》，侯定凯译，北京大学出版社，2007。

[82] 马庆钰、贾西津：《中国社会组织的发展方向与未来趋势》，《国家行政学院学报》2015年第4期。

[83] 马庆钰：《社会组织发展面临的突出问题》，《中国机构改革与管理》2015年第4期。

[84] 马庆钰：《"十三五"时期我国社会组织发展思路》，《中共中央党校学报》2015年第2期。

[85] 马庆钰：《治理时代的中国社会组织》，国家行政学院出版

社，2014。

[86] 〔美〕迈克尔·希特、〔美〕斯图尔特·布莱克、〔美〕莱曼·波特希特：《希特管理学（原书第 2 版)》，张骁译，中国人民大学出版社，2009。

[87] 〔美〕帕翠西亚·冈伯特：《高等教育社会学》，朱志勇、范晓慧译，北京大学出版社，2013。

[88] 潘懋元、王伟廉主编《高等教育学》，福建教育出版社，2013。

[89] 潘懋元、左崇良：《高等教育治理的规约机制》，《吉首大学学报》（社会科学版）2016 年第 3 期。

[90] 潘武玲：《美国研究生教育质量评价中的三种主要力量》，《现代教育科学》2006 年第 9 期。

[91] 庞海芍：《北京市高校研究生教育学会召开年会》，《学位与研究生教育》1991 年第 6 期。

[92] 彭国甫、梁丽芝：《治理视野中的研究生教育质量保障机制的完善》，《学位与研究生教育》2007 年第 1 期。

[93] 齐世泽：《角色理论：一个亟待拓展的哲学空间》，《北京交通大学学报》（社会科学版）2014 年第 4 期。

[94] 乔东平、高克祥等：《政府与社会组织的合作：模式、机制和策略》，华夏出版社，2015。

[95] 〔美〕乔纳森·R. 科尔：《大学之道》，冯国平、郝文磊译，人民文学出版社，2014。

[96] 〔美〕H. 乔治·弗雷德里克森：《新公共行政》，丁煌、方兴译，中国人民大学出版社，2011。

[97] 秦惠民：《研究生教育的发展、进步与问题》，《学位与研究生教育》1991 年第 3 期。

[98] 全球教育治理委员会：《我们的全球伙伴关系》，牛津大学出

版社，1995。

[99]〔法〕让-皮埃尔·戈丹：《何谓治理》，钟震宇译，社会科学文献出版社，2010。

[100] 上海市浦东新区社会发展局：《中国教育改革前沿报告：浦东新区教育公共治理结构与服务体系研究》，上海教育出版社，2009。

[101] 邵金荣：《非营利组织与免税》，社会科学文献出版社，2003。

[102] 舒永久、李林玲：《高等教育治理体系现代化：逻辑、困境及路径》，《现代教育管理》2020年第6期。

[103]〔美〕斯蒂芬·P.罗宾斯、〔美〕玛丽·库尔特：《管理学（第11版）》，李原等译，中国人民大学出版社，2012。

[104] 宋官东：《教育公共治理导论》，东北大学出版社，2012。

[105] 宋平、郭海凤：《美、英、日三国研究生教育质量保障体系比较研究》，《研究生教育研究》2017年第1期。

[106] 苏曦凌：《激发社会组织活力的政府角色调整——基于国际比较的视域》，《政治学研究》2016年第4期。

[107] 孙杰远：《教育治理现代化的本质、逻辑与基本问题》，《复旦教育论坛》2020年第1期。

[108] 唐兴霖：《国家与社会之间：转型期的中国社会中介组织》，社会科学文献出版社，2013。

[109] 滕世华：《公共治理理论及其引发的变革》，《国家行政学院学报》2003年第1期。

[110] 王处辉、朱焱龙：《欧洲高等教育治理研究的新动向及其启示》，《中国高教研究》2014年第5期。

[111] 王建军：《当前我国社会组织培育和发展中的问题与对策》，《四川大学学报》（哲学社会科学版）2012年第3期。

[112] 王名主编《社会组织概论》，中国社会出版社，2010。

[113] 王名：《走向公民社会——我国社会组织发展的历史及趋势》，《吉林大学社会科学学报》2009年第3期。

[114] 王浦劬、〔美〕莱斯特·M.萨拉蒙等：《政府向社会组织购买公共服务研究——中国与全球经验分析》，北京大学出版社，2010。

[115] 王身余、刘曼华：《中国公共治理领域利益相关者研究的现状与展望》，《湖湘公共管理研究（第六卷）》2015。

[116] 王想平、宗君：《加快完善现代社会组织 法人治理结构的行动策略》，《社会与公益》2013年第7期。

[117] 王雁琳：《英国大学治理现代化和教育中介组织的变迁》，《比较教育研究》2019年第11期。

[118] 王战军等编著《中国研究生教育质量保障体系理论与实践》，高等教育出版社，2012。

[119] 王战军、乔刚、李芬：《高等教育评估新类型：监测评估》，《高等教育研究》2015年第4期。

[120] 王战军：《我国研究生教育的国际影响力》，《国家教育行政学院学报》2013年第2期。

[121] 王战军主编《中国研究生教育质量报告2019》，中国科学技术出版社，2019。

[122] 文军：《中国社会组织发展的角色困境及其出路》，《江苏行政学院学报》2012年第1期。

[123] 吴启迪：《加强评估机构能力建设 努力促进管办评分离》，《中国高等教育》2011年第Z2期。

[124] 吴小林：《充分发挥专业学会作用 服务我国研究生教育改革》，《研究生教育研究》2015年第6期。

[125] 夏杨燕、程晋宽：《英国国家教育公共治理新政——基于英

国教育部教育治理重心调整的政策分析》,《现代教育管理》2019 年第 6 期。

[126] 夏杨燕、程晋宽:《国家教育治理职能重心的转变——英国国家中央教育行政机构变革评析》,《外国教育研究》2019 年第 8 期。

[127] 肖文明:《观察现代性——卢曼社会系统理论的新视野》,《社会学研究》2008 年第 5 期。

[128] 谢维和、王孙禺主编《学位与研究生教育:战略与规划》,教育科学出版社,2011。

[129] 〔法〕辛西娅·休伊特·德·阿尔坎塔拉、黄培生:《"治理"概念的运用与滥用》,《国际社会科学杂志》(中文版)1999 年第 1 期。

[130] 熊耕:《美国高等教育协会组织研究》,知识产权出版社,2010。

[131] 熊耕:《解析美国协会组织对高等教育治理的参与》,《比较教育研究》2008 年第 6 期。

[132] 徐来群:《美国公立高等教育治理的模式及特点》,《高等工程教育研究》2008 年第 6 期。

[133] 徐自强、鲁瑞丽:《高等教育治理中的社会组织参与机制》,《当代教育科学》2016 年第 1 期。

[134] 严振书:《现阶段中国社会组织发展面临的机遇、挑战及促进思路》,《北京社会科学》2010 年第 1 期。

[135] 研究生教育评估制度研究及其体系构建课题组:《国外研究生教育评估制度研究》,华东师范大学出版社,2015。

[136] 研究生教育质量报告编研组:《中国研究生教育质量年度报告(2015)》,中国科学技术出版社,2016。

[137] 阎凤桥:《大学治理的文化意涵》,《清华大学教育研究》

2020 年第 1 期。

[138] 杨斌:《治理视角下的研究生教育:权力重构与制度调整》,《学位与研究生教育》2015 年第 6 期。

[139] 杨冠琼、刘雯雯:《国家治理的博弈论研究途径与理论洞见》,《中国行政管理》2017 年第 6 期。

[140] 杨文明:《美国州级高等教育治理组织:定位、职能与分类》,《外国教育研究》2013 年第 11 期。

[141] 杨雪冬:《要注意治理理论在发展中国家的应用问题》,《中国行政管理》2001 年第 9 期。

[142] 姚锐敏:《困境与出路:社会组织公信力建设问题研究》,《中州学刊》2013 年第 1 期。

[143] 姚志友、仇苗苗、董维春:《战略管理视角下研究生教育治理体系和治理能力研究》,《学位与研究生教育》2020 年第 5 期。

[144] 易轩宇:《社会协同治理中社会组织的博弈评价与优化对策》,《甘肃社会科学》2014 年第 6 期。

[145] 游旭群、杨睿娟:《高等教育治理中利益相关者的角色再造》,《重庆高教研究》2015 年第 2 期。

[146] 于显洋:《组织社会学(第二版)》,中国人民大学出版社,2009。

[147] 俞可平:《治理和善治:一种新的政治分析框架》,《南京社会科学》2001 年第 9 期。

[148] 俞可平主编《治理与善治》,社会科学文献出版社,2000。

[149] 袁本涛、孙健:《治理视域下我国研究生教育结构调整问题研究》,《高等教育研究》2011 年第 11 期。

[150] 袁浩、刘绪海:《社会组织治理的公共政策研究》,广西师范大学出版社,2014。

［151］〔美〕约翰·S. 布鲁贝克：《高等教育哲学》，王承绪、郑继伟等译，浙江教育出版社，1987。

［152］〔英〕约翰·亨利·纽曼：《大学的理念》，中国人民大学出版社，2012。

［153］〔美〕约翰·克莱顿·托马斯：《公共决策中的公民参与》，孙柏瑛等译，中国人民大学出版社，2010。

［154］〔美〕詹姆斯·Z. 罗西瑙：《没有政府的治理》，张胜军、刘小林等译，江西人民出版社，2001。

［155］张萃萍：《当前我国社会组织存在的问题及对策思考》，《求实》2010 年第 3 期。

［156］张继明：《我国高等教育治理现代化的核心要素及其优化》，《现代教育管理》2020 年第 6 期。

［157］张尚仁：《"社会组织"的含义、功能与类型》，《云南民族大学学报》（哲学社会科学版）2004 年第 2 期。

［158］张胜利：《开放大学的外部质量评估：英国高等教育质量保障署的成功经验》，《北京广播电视大学学报》2011 年第 3 期。

［159］张维迎：《博弈论与信息经济学》，格致出版社、上海三联书店、上海人民出版社，1996。

［160］张文修：《研究生教育十年的回顾与反思》，《学位与研究生教育》1990 年第 1 期。

［161］张志刚：《第三方文化：社会组织有效参与社会治理的精神支撑》，《大连理工大学学报》（社会科学版）2014 年第 3 期。

［162］张中华：《完善办学体制机制 推进高校治理能力建设》，《中国高等教育》2014 年第 1 期。

［163］赵沁平：《关于我国研究生教育的二十个问题》，《研究生教

育研究》2015 年第 6 期。

[164] 赵沁平：《社会发展的需要 改革开放的成就——中国学位与研究生教育 50 年发展回顾》，《学位与研究生教育》1999年第 5 期。

[165] 赵沁平：《中国学位与研究生教育学会的价值与定位》，《学位与研究生教育》2015 年第 4 期。

[166]〔美〕珍妮特·V. 登哈特、〔美〕罗波特·B. 登哈特：《新公共服务：服务，而不是掌舵》，丁煌译，中国人民大学出版社，2010。

[167] 中华人民共和国国务院学位委员会办公室：《中国学位三十年》，高等教育出版社，2011。

[168] 钟秉林：《普及化阶段我国高等教育质量保障体系的构建》，《河北师范大学学报》（教育科学版）2020 年第 2 期。

[169] 周光礼：《中国高等教育治理现代化：现状、问题与对策》，《中国高教研究》2014 年第 9 期。

[170] 周海涛：《高等教育"管办评分离"的缘由与路径》，《国家教育行政学院学报》2014 年第 3 期。

[171] 周红云：《中国社会组织管理体制改革：基于治理与善治的视角》，《马克思主义与现实》2010 年第 5 期。

[172] 周俊：《社会组织管理》，中国人民大学出版社，2015。

[173] 周晓梅、谢水明、李蜜：《发展和规范社会组织——以广东省为例》，《中国行政管理》2008 年第 11 期。

英文文献

[1] Aims C., McGuinness, Jr, *State Postsecondary Education Structures Handbook* (Denver: The Education Commission of the States,

1988）.

［2］ Alan Rawel, " How Far Do Professional Associations Influence the Direction of Public Relations Education?" *Journal of Communication Management* 1（2002）.

［3］ Catherine Paradeise, Emanuela Reale, Ivar Bleiklie, Ewan Ferlie, *University Governance*: *Western European Comparative Perspectives*（Netherland: Springer, 2009）.

［4］ Donald Chisholm, *Coordination Without Hierarchy*（Berkeley: University of California Press, 1989）.

［5］ E. Merrick Dodd, " For Whom are Corporate Managers Trustees?", *Harvard Law Review* 7（1932）.

［6］ Frank M. Bowen, etc, *State Structures for the Governance of Higher Education*: *A Comparative Study*（San Jose: The California Higher Education Policy Center, 1997）.

［7］ Gary Sykes, Barbara Schneider, David N. Plank, Timothy G. Ford, *Handbook of Education Policy Research*（*I*, *II*）（New Nork: Routledge Taylor & Francis Group, 2009）.

［8］ Hugh Hawkins, *Banding Together*: *The Rise of National Association in American Higher Education 1887 – 1950*（Baltimore: Johns Hopskins University Press, 1992）.

［9］ Jan Kooiman, *Governing as Governance*（London: SAGE Publication Ltd, 2002）.

［10］ Kate Mlaughlin, Stephen P. Osborne, Ewan Ferlie, *New Public Management Current Trends and Future Prospects*（London: Routledge Taylor & Francis Group, 2002）.

［11］ Kramer,R. M. , *Voluntary Agencies and the Personal Social Services in Walter W. Powell, The Nonprofit Sector*: *A Research Handbook*（New

Haven: Yale University Press, 1987).

[12] Majone, G. Evidence, *Argument and Persuasion in the Policy Press* (New Haven: Yale University Press, 1989).

[13] Mark Bovens, Paul's Hart, B. Guy Peters, *Success and Failure in Public Governance: A Comparative Analysis* (Cheltenham: Edward Elgar Publishing Limited, 2001).

[14] Marsh, D., Rhodes, R. (eds.), *Policy Networks in British Government* (Oxford: Oxford University Press, 1992).

[15] Michael Burrage, *Twentieth—Century Higher Education: Elite to Mass to Universal* (Baltimore: The Johns Hopkins University Press, 2010).

[16] M. Ramesh, Eduardo Araral Jr, Xun Wu, *Reasserting the Public in Public Services: New Public Management Reforms* (London: Routledge Taylor & Francis Group, 2010).

[17] R. Edward Freeman, *Strategic Management: A Stakeholder Approach* (London: Cambridge University Press, 2010).

[18] Richard Callahan, "Governance: The Collision of Politics and Cooperation," *Public Administration Review* 2 (2007).

[19] Richard H. Hall, *Organizations: Structures, Processes and Outcomes* (Upper Saddle River: Prentice Hall, 1998).

[20] Robert D. Shriner, "Governance Problems in the World of the Future," *Public Administration Review* 5 (1980).

[21] Stephen P. Osborn, *The New Public Governance? Emerging Perspectives on the Theory and Practice of Public Governance* (London: Taylor & Francis Group, 2010).

[22] Thomas A. Birkland, *An Introduction to the Policy Process: Theories, Concept and Models of Policy Making* (New York: M. E.

Sharpe. Inc. , 2011).

[23] Theodore Levitt, *The Third Sector: New Tactics for a Responsive Society* (New York: AMACOM Press, 1973).

[24] Tedt Apper, *The Governance of British Higher Education* (Netherlands: Springer, 2007).

[25] Thomas J. Sergiovanni, *Educational Governance and Administration* (United States: Allyn and Bacon, 1999).

[26] Todd Ziebarth, *Models of State Education Governance* (Denver: Education Commission of the States, 2004).

[27] Tom Christensen, Per Laegreid, *Transcending New Public Management: The Transformation of Public Sector Reforms* (Aldershot: Ashgate Publishing limited, 2006).

[28] Tomas Wolf, *The Non-Profit Organizations' Management in* 21 *th Century* (New Jersey: Prentice Hall Press, 1990).

[29] Thomas Donaldson, Lee E. Preston, "The Stakeholder Theory of the Corporation: Concepts, Evidence, and Implications," *Academy of Management Review* 20 (1995).

[30] Tomas M. Koontz, "We Finished the Plan, So Now What? Impacts of Collaborative Stakeholder Participation on Land Use Policy," *The Policy Studies Journal* 3 (2005).

[31] Tomas M. Koontz, Elizabeth Moore Johnson, "One size does not fit all: Matching breadth of stakeholder participation to watershed group accomplishments," *Policy Sciences* 37 (2004).

附录　受访者基本情况一览表

编号	工作单位	身份	访谈方式	访谈时间
1	高校	A 学会前秘书长	实地访谈	2016. 7. 15
2	高校	A 学会分支机构管理人员	实地访谈	2016. 7. 14
3	高校	研究人员	实地访谈	2016. 10. 11
4	高校	A 学会学术委员、常务理事	实地访谈	2017. 3. 12
5	高校	研究人员	实地访谈	2016. 10. 13
6	高校	A 学会学术委员、理事	实地访谈	2016. 11. 10
7	高校	A 学会副会长	实地访谈	2017. 4. 14
8	高校	A 学会会长	实地访谈	2017. 4. 13
9	高校	管理人员、教育研究人员	集体访谈	2017. 4. 14
10	高校	A 学会副会长	实地访谈	2017. 4. 15
11	高校	A 学会理事、教育研究人员	集体访谈	2017. 4. 14
12	高校	管理人员、教育研究人员	集体访谈	2017. 4. 14
13	高校	研究人员	集体访谈	2017. 4. 14
14	高校	A 学会分支机构管理人员	实地访谈	2016. 9. 20
15	省级评估机构	B 学会副会长、评估机构负责人	实地访谈	2016. 8. 16
16	社会组织	C 学会副秘书长	实地访谈	2017. 7. 24
17	高校	A 学会学术委员、理事	实地访谈	2016. 11. 10
18	高校	A 学会学术委员、理事	实地访谈	2017. 3. 20
19	高校	A 学会会员、教育研究人员	实地访谈	2017. 6. 22
20	高校	A 学会会员、教育研究人员	实地访谈	2017. 6. 21
21	评估机构	D 评估机构负责人	实地访谈	2017. 8. 2

编号	工作单位	身份	访谈方式	访谈时间
22	评估机构	D 评估机构管理人员	实地访谈	2017. 8. 2
23	高校	A 学会高级会员、教育研究人员	实地访谈	2016. 11. 10
24	高校	A 学会管理人员	实地访谈	2017. 1. 15
25	高校	A 学会管理人员	实地访谈	2017. 1. 15
26	高校	A 学会学术委员、理事	实地访谈	2017. 8. 12
27	高校	A 学会学术委员、理事	实地访谈	2017. 11. 22
28	高校	A 学会理事、教育研究人员	实地访谈	2017. 11. 24
29	高校	A 学会理事、教育研究人员	实地访谈	2017. 11. 25
30	国外高校	研究人员	实地访谈	2017. 11. 25

后　记

　　"完善和发展中国特色社会主义制度，推进国家治理体系和治理能力现代化"是我国全面深化改革的总目标。研究生教育治理体系和治理能力现代化，是国家治理体系和治理能力现代化的重要组成部分。推进研究生教育治理体系和治理能力现代化，不仅需要政府的简政放权，更需要发挥社会组织等其他治理主体的主动性和积极性。为此，应深入探讨社会组织在研究生教育治理中的地位，明确社会组织在研究生教育治理的哪些方面发挥作用，发挥什么作用，与其他主体之间的关系如何，权力如何分配等，才能更好地推动研究生教育治理体系和治理能力现代化。

　　本书在对国内外相关研究进行分析的基础之上，构建了社会组织参与研究生教育治理的三种行为模式：委托－代理模式、松散关联模式、分离自主模式，并综合运用文献研究法、访谈调查法、案例分析法、比较研究法等方法，对社会的组织框架、治理结构、运行机制、行为方式等进行了理论研究和实践探讨，进而提出分离自主模式是社会组织参与研究生教育治理的理性选择。

　　本书在我博士学位论文的基础之上进行了修改和完善。自

2015 年 5 月确定选题至今，前后经历了近五年的时间。五年时间，转瞬即逝；五年时间，弥足珍贵。在本书即将出版之际，有太多感谢的话语，需要表达。

在此，首先要衷心感谢我的导师北京理工大学研究生教育研究中心主任王战军教授。王老师在我眼里既是一位学者，更是一位长者。作为一位学者，王老师治学严谨、视野开阔，教会了我很多的知识，把我引上了学术的道路。自己唯有不断努力，才不负老师的谆谆教诲。作为一位长者，王老师教会了我许多做人的道理，在生活方面给予了我很多的帮助与关怀，自己时刻感恩于心。

感谢教育部原副部长、中国学位与研究生教育学会原会长赵沁平院士，中国科学技术大学原副校长张淑林研究员，哈尔滨工业大学丁雪梅副校长，广东省教育厅原副厅长罗远芳，中国高等教育学会叶之红副秘书长，中国学位与研究生教育学会原秘书长陈浩明老师，东南大学耿有权研究员，北京航空航天大学马永红教授，中国学位与研究生教育学会个人会员部副秘书长英爽老师等众多接受我访谈和对本书研究做出贡献的老师。

感谢学位与研究生教育杂志的周文辉老师、赵清华老师、周玉清老师、刘俊起老师、黄欢和贺随波，以及中国科学技术大学的裴旭主任、李金龙编辑等人给予的帮助。

感谢北京师范大学周海涛老师、湘潭大学廖湘阳老师、华北电力大学翟亚军老师，李江波师兄、唐广军师兄、乔伟峰师兄等众多王氏同门师兄师姐师弟师妹的支持。

感谢中国科学技术出版社的王晓义主任和社会科学文献出版社的张雯鑫主任为本书出版提供的大力支持和帮助。

感谢我的家人，谢谢你们这些年对我的支持、理解和宽容。感谢这些年一直鼓励我、支持我的所有人，谢谢你们！

本书为延安大学博士科研启动项目：社会组织在研究生教育治

理中的行为模式研究（项目编号：YDBK－2019－038），陕西省社会科学基金项目：普及化阶段地方高校内部治理机制研究（项目编号：2020P022）的阶段成果，在此表示感谢！

　　本书只是初步研究，由于主客观因素的限制，还存在很多的不足之处。请研究生教育战线的各位前辈、专家和同行等批评指正。

乔　刚

2020 年 6 月于延安

图书在版编目（CIP）数据

研究生教育治理中的社会组织行为／乔刚著. －－北
京：社会科学文献出版社，2020.10
ISBN 978 - 7 - 5201 - 7346 - 9

Ⅰ.①研… Ⅱ.①乔… Ⅲ.①研究生教育 - 教育研究
- 中国 Ⅳ.①G643

中国版本图书馆 CIP 数据核字（2020）第 180492 号

研究生教育治理中的社会组织行为

著 者／乔 刚

出 版 人／谢寿光
责任编辑／张雯鑫 陈 颖

出 版／社会科学文献出版社·皮书出版分社（010）59367127
地址：北京市北三环中路甲 29 号院华龙大厦 邮编：100029
网址：www. ssap. com. cn
发 行／市场营销中心（010）59367081 59367083
印 装／三河市尚艺印装有限公司

规 格／开 本：787mm×1092mm 1/16
印 张：18.75 字 数：241 千字
版 次／2020 年 10 月第 1 版 2020 年 10 月第 1 次印刷
书 号／ISBN 978 - 7 - 5201 - 7346 - 9
定 价／98.00 元

本书如有印装质量问题，请与读者服务中心（010 - 59367028）联系